L'INDE INCONNUE

PAR

Le R. P. ÉTIENNE BROSSE

DE L'ORDRE DE SAINT-DOMINIQUE

PARIS

LIBRAIRIE CH. POUSSIELGUE

RUE CASSETTE, 15

—

1897

L'INDE INCONNUE

ORLÉANS, IMPRIMERIE PAUL PIGELET, RUE SAINT ÉTIENNE, 6.

L'INDE INCONNUE

PAR

Le R. P. ÉTIENNE BROSSE

DE L'ORDRE DE SAINT-DOMINIQUE

PARIS

LIBRAIRIE CH. POUSSIELGUE

RUE CASSETTE, 15

—

1897

APPROBATION

L'ouvrage du P. Étienne BROSSE, O. P., intitulé: *L'Inde inconnue*, est la suite et l'achèvement des deux autres ouvrages du même auteur, *Les Chamites* et *L'Aurore indienne de la Genèse*. Comme ces derniers, il ne contient rien de contraire à la foi et à la morale, rien qui ne puisse être librement discuté. Comme ces derniers aussi, il montre chez l'auteur une grande connaissance de son sujet et une très remarquable ingéniosité de méthode pour l'étude de ces questions lointaines. Nous jugeons l'ouvrage digne de l'impression.

<table>
<tr><td>MANDONNET,</td><td>L.-J. BERTHIER,</td></tr>
<tr><td>Professeur à la même Université.</td><td>Professeur de théologie à l'Université de Fribourg.</td></tr>
</table>

Fribourg, le 20 mai 1896.

INTRODUCTION

En inscrivant en tête de ce livre un titre qui peut sembler prétentieux, Dieu nous garde de songer un instant à déprécier les glorieux travaux d'une chaîne d'hommes éminents qui ont fait vivre pour nous la mystérieuse Péninsule. Plus que personne nous les admirons ; nous avons même puisé abondamment et avec reconnaissance à leurs trésors.

Et cependant, à plusieurs égards, notre titre est vrai. Pour le moins, deux immenses inconnues creusent des abîmes devant les premiers pas que fait la science en ce monde si vieux et si nouvellement étudié.

Une première inconnue est celle de la *Race*, qui dès l'origine se répandit sur la plus grande partie de l'Inde, et ne l'ayant jamais quittée demeure jusqu'à présent la race indigène. Quelle est cette race? Qui peupla l'Inde dans le passé, et la peuple encore aujourd'hui? On ne le sait.

Une seconde inconnue est *historique*. C'est que le sol de l'Inde a vu en des âges archaïques s'accomplir des faits d'un intérêt universel et souverain. Quels faits? Avouons-le encore, on ne le sait pas davantage.

Reprenons.

La *Race indienne?*... C'est en très grande partie la *race brune des fils de Cham*, mentionnée par la Genèse (ch. x, 6 et s.), et qui, célèbre au loin sous les noms *de Koush* en diverses contrées, de *Mits-raïm* en Égypte, de *Chanaan* dans ce pays et en Phénicie, remplit de sa vie et de ses grandes œuvres les temps primitifs. Mais la Genèse ne dit pas que dans l'Inde fut le berceau de cette race brune, et qu'elle s'y épanouit tout comme à l'étranger. La science ne le dit pas davantage. Quoique l'Inde fût son berceau et sans contredit son plus vaste domaine, cette grande famille, au souverain dommage de l'ethnographie et de l'histoire, n'est que très imparfaitement connue et, qui plus est, n'est pas même soupçonnée chez elle et par ses fils. Les Indiens ne savent pas ce qu'ils sont.

A la place de cette famille de Cham que met-on?

On suppose que des flots de barbares descendus du Nord inondèrent la contrée, des Tartares, des Scythes, des Dravidiens, des Kolariens, tous membres de la *race mongolique* ou *jaune*, et qu'ils furent la première assise, les aborigènes du pays.

Plus tard, en conquérants, se présentèrent les *Aryens;* et de leur fusion avec les restes de ces aborigènes qui n'avaient pas fui dans les montagnes, se serait formée la plus grande masse de la population actuelle. Cette population actuelle, on la dit elle-même *aryenne.*

L'erreur est capitale. Notre espoir est qu'on le reconnaîtra.

Mais que l'on y prenne garde : si l'on se trompe sur la race fondamentale, on se trompe par cela même sur la nature de la civilisation entière ; on se trompe sur la langue ; on se trompe sur la religion ; on se trompe sur les coutumes, sur les arts, sur tout ce qui fait la base de la vie indienne ; on se trompe sur l'âge de cette civilisation, sur le passé comme sur le présent de l'Inde. Comment avec cela en faire la monographie et l'histoire?

Pour seconde inconnue, nous avons annoncé des événements qui remontent au plus haut des âges. Dans cette famille chamitique, en son gîte indien, se trouve en effet la ruche d'où partirent les fondateurs d'empires coloniaux non seulement les plus avancés de l'époque, mais dignes d'être comptés parmi les plus insignes des annales humaines. Rappeler les noms déjà prononcés d'Égypte, de Phénicie, c'est assez dire. Et quelle fut leur mère? Ce fut l'*Inde !...* Peut-on laisser cela dans l'oubli?

Au lieu de commencer l'histoire de l'Inde de manière à y comprendre ces faits mémorables, on ne part que de l'invasion des Aryas, c'est-à-dire d'une date relativement fort tardive, peut-être vers 2,000 avant J.-C. Eh quoi! ne s'était-il donc rien passé avant les Aryas? On répond que ces siècles primitifs furent des siècles de sauvagerie. Loin de là! Ils ont, au contraire, porté les germes les plus étonnants et les plus féconds ; les germes, disons-nous, car c'est dans les colonies que se développe la ramure.

Nous irons plus loin ; nous reculerons au delà même de ces antiques colonies, car on le peut. Alors on découvrira dans l'Inde un ordre de faits tout différents, encore plus glorieux pour elle. Ce sont ceux-là mêmes qu'à son début raconte la Genèse, et dont l'*Éden* forme le majestueux portique. Aux pages suivantes viendront les preuves : elles seront sans nombre. Et alors, il sera bien permis de répéter : sans la connaissance de tels faits est-il possible d'écrire l'histoire de l'Inde?

Peut-être va-t-on se récrier ! Sur quels documents vous fondez-vous donc pour aborder de tels problèmes ? Les documents sont anéantis mille et mille fois... — Nullement. Loin d'être anéantis, ils sont aux mains de tout le monde, lus et relus sans cesse. — Lesquels donc ? — La Genèse. — Mais elle dit si peu ! — Elle dit beaucoup. Si l'on eût fouillé chaque donnée, chaque expression, et tiré les conséquences qu'implicitement elles renferment — ce qui n'a pas été fait — la vérité se fût montrée clairement. Aussi, après avoir déterminé le *site de l'Éden* dans notre ouvrage l'*Aurore indienne*, avons-nous pu renchérir par une petite publication supplémentaire, que nous résumerons ici, et qui porte le titre de *Surabondance des indications touchant le site de l'Éden*.

Un secours d'une infinie valeur nous est venu d'un côté presque systématiquement dédaigné. L'Inde, siège des événements, elle-même a fait entendre ses voix. Ce sont les voix des antiques Livres indigènes, le Rig Véda, les Poëmes, les Pourânes, voix païennes et quelque peu rauques, mais voix à sérieusement écouter. Ces livres, pleins de pierres précieuses, quoique enveloppées de leur gangue, sont par malheur si peu consultés et mis à profit par les commentateurs qu'on peut les dire, à propos des questions qui nous occupent, totalement ignorés.

Avec défiance sans doute on aura reçu nos affirmations que l'Inde fut le siège de l'Éden et des premiers événements bibliques; mais si, après avoir lu la Genèse, un esprit attentif et impartial entend les Livres indigènes reprendre, sans la moindre notion de la Bible, les mêmes récits, quelquefois aussi semblables dans les détails que dans l'ensemble, il ne pourra manquer d'être vivement impressionné.

Nos deux précédents ouvrages, les *Chamites* et *l'Aurore indienne de la Genèse*, ayant déjà abordé ces questions, nous sommes forcé d'y renvoyer souvent (1). Le propre de l'œuvre actuelle est de tendre à restituer à l'Inde ce qui lui appartient.

De ces recherches il sortira peut-être des solutions qui ne semblent pas avoir trouvé place dans la science actuelle, touchant par exemple :

le Berceau de la grande famille de Cham,

la Race qui peupla et peuple encore la majeure partie de l'Inde,

l'Histoire de l'Inde pré-aryenne,

l'Origine des Colonies des Chamites,

(1) Des vues et preuves nouvelles s'étant offertes, nous avons profité de l'occasion pour leur accorder une place.

et par suite les contrées étrangères qui peuvent
refléter la première civilisation indienne,

la Langue qui fut le plus profond stratum des
langues vulgaires de l'Inde,

la Religion des aborigènes,

la part qui en survit, et celle que possède le
Brahmanisme,

les Coutumes aborigènes,

les Arts, l'architecture, la navigation (des Pré-
Phéniciens), etc.

le Gîte sûr de l'Étain, et l'emplacement de la
première métallurgie du bronze,

le Berceau de cette civilisation orientale qui a
tant fourni à l'Occident,

la détermination de l'Inde comme siège de
l'Éden, des premiers faits bibliques et des
traditions premières,

la haute et méconnue antiquité, pré-égyptienne
et pré-chaldéenne, de notions qui sont encore
à dégager des ténèbres de l'Inde.

L'INDE INCONNUE

LIVRE PREMIER

LES ORIGINES (1)

CHAPITRE PREMIER

L'ÉDEN DANS LES INDES

Quelques savants ont soupçonné que l'Éden fut l'ornement des Indes ; mais généralement les opinions se portent ailleurs. Les uns veulent le bas

(1) Les lecteurs que n'intéresseraient pas ces *Origines* indiennes des faits bibliques et des traditions premières peuvent passer aux livres II et suivants qui concernent spécialement la présence des Chamites dans l'Inde.

Ceux qui désireraient sur les *Terres* éléniques de *Kouch* et *'Havilah* plus de développements les trouveront dans *l'Aurore indienne*.

Euphrate, d'autres offrent l'honneur à l'Arménie, où prennent leurs sources le Tigre et l'Euphrate compris dans la description de la Genèse. Ce sont les deux opinions les plus communes. .

Notre conviction intime est en faveur de la grande Péninsule. Les preuves nous en sont arrivées et nous arrivent encore si nombreuses que la solution nous paraît définitive. Pourquoi cette contrée, qui réalisait excellemment toutes les données du problème, a-t-elle été écartée? 1° Parce que l'Inde et sa littérature n'ont été connues que de nos temps. — *Avant ce siècle le problème du site de l'Éden ne pouvait donc pas être résolu.*

Mais ajoutons 2° que, depuis, les auteurs n'ont pas étudié suffisamment ce monde, riche au milieu de ses fables en renseignements précieux. On ne connaît pas même la moitié des éléments de la question. Nous rencontrerons des indices éminemment lumineux, comme la signification de 'Havilah, les éponymes, le *nâga*, le bdellium, la Tentation, dont on a à peine ou plutôt pas du tout tenu compte.

L'Inde, disons-nous, était délaissée ; souvent même elle était repoussée. M. Vigouroux intitule l'un de ses remarquables ouvrages : *La Bible et les découvertes modernes en Palestine, en Égypte et en Assyrie.* L'Inde n'est pas là... : cependant que ne dévoileraient pas les études modernes! Quand vient le chapitre sur le *site du Paradis terrestre*, où l'Inde aurait eu tant à dire, elle est absente; seule apparaît la Babylonie. — Le surprenant récit indien de la *Tentation* est tout à fait ignoré. — Pour

M. Sayce (*Fresh light*), la Chaldée l'emporte de
même, quoique les écrits de l'Inde renferment infiniment plus de notions que les textes cunéiformes,
et quelquefois d'une antiquité qui devance leur
propre rédaction.

A deux reprises, nous venons de le dire, nous
avons sur l'emplacement réel de l'Eden multiplié
les preuves, mettant à large profit les traditions
que renfermaient comme échos les vieux Livres du
pays. Ce travail ne serait donc pas à recommencer ;
toutefois, parce que l'Éden revient nécessairement
dans le présent ouvrage, il nous oblige d'autant
plus à donner les raisons du site véritable que l'Éden
est encore cherché, et qu'il n'est pas le moindre
joyau des Indes.

Nous n'aurons qu'à résumer, apportant néanmoins des données nouvelles et importantes.

Comme la Genèse déclare que la sphère paradisiaque se compose de deux divisions, *Terre de
Koush* et *Terre de 'Havilah*, elle nous ouvre les
voies, et indique que les études doivent consister
principalement à identifier ces deux pays. A eux se
rattachent les grands signes, les trois produits, les
patriarches-éponymes réunis au domaine de famille,
l'Arbre de vie et la Tentation par le serpent, la
langue qui a tout dénommé, les fleuves. De ces
fleuves, que beaucoup envisagent uniquement, il
sera traité à part.

En chacun des sujets qui suivent deux témoins
viendront déposer, la *Bible* d'abord, puis l'*Inde*
avec ses textes propres.

2

§ I. — *Terre de Koush* (1).

La Bible. — La Terre de Koush s'étendit au nord-ouest de l'Inde, aux lieux où règne encore la chaîne de l'*Hindou-Koush*. Elle y touchait la Terre de 'Havilah, et les eaux l'environnaient. Là se trouve le berceau de la famille, comme on l'établira l. II, c. 1.

Une foule de lieux à noms de *Koush*, dont beaucoup ont traversé tous les siècles pour arriver jusqu'à nous, l'attribuent à cette région. Des signes notables en font autant, comme les produits précieux ou les êtres exceptionnels qui n'existent en aucune autre contrée de Koush.

La blanche chaîne qui s'élève en impérissable étendard sur le berceau de la race fut loin cependant d'en garder toute la famille. Ainsi que les monts envoient mille cours d'eau, ainsi s'échappèrent de ses flancs mille ruisseaux humains de *Koushites* ou *Koçalas*. Sur les Indes nous les verrons par deux fois courir en toutes les directions (2). Ils dépasseront même les frontières, et toujours portant le même nom, iront fonder des établissements sous des cieux éloignés. Mais vers la chaîne était la source maîtresse. Si l'on désire le Koush tout à

(1) L'hébreu dit *Koush*. On lit aussi le mot d'*Ethiopie* ; mais si l'Éthiopie reçut, en effet, des Koushites, ce fut tardivement, et certes elle n'était pas le berceau (V. liv. II, ch. 1, § 1).

(2) Consulter sur ce point Liv. II, ch. III, au § 1, *Nations chamites dans les Indes*, et § III, *Nations chamites d'après la géographie contemporaine.*

fait primitif, comme il convient lorsqu'il s'agit de l'Éden, c'est là, et non aux colonies postérieures, qu'il faut le prendre.

Écoutons les gens du pays.

L'Inde, en effet, l'affirme également. Ses livres ont une Description de la Terre, qui en ses points principaux répond à l'Éden (1). Bien qu'elle compte sept divisions territoriales, les deux divisions de la Genèse y sont parfaitement comprises, et accompagnées des mêmes conditions. Pour le *Pays de Kush*, c'est le *Kuça-dvipa*, et pour le *Pays de 'Havilah* le *Krauncha-dvipa*, dans lequel Krauncha est synonyme de 'Havilah.

Les deux douîpes sont contigus l'un à l'autre, comme le sont les deux Terres de l'Éden.

Comme celles-ci encore, ils sont entièrement entourés par les eaux, d'où leur appellation de *douîpes*, « deux eaux ».

Produits précieux et êtres exceptionnels s'y trouvent également.

Enfin l'Inde voit ses deux douîpes dans l'ouest himalayen, là où nous reconnaissons aussi le pays de Koush, celui de 'Havilah, et l'Éden avec eux.

§ II. — *Terre de 'Havilah*.

La seconde Terre est la *Terre de 'Havilah* ou *'Navilah*. Les signes, soit dans la Bible, soit dans l'Inde, y sont nombreux et décisifs.

(1) *Vishnu-purana*, Liv. II, IV.

La Bible. — 1° La Terre de 'Havilah doit être voisine de la Terre de Koush, puisque l'Éden ne comporte que deux districts.

Effectivement, aux pieds de l'Hindou-Koush et autres Koush qui l'environnent s'étend le pays de Kaboul, qui va se montrer, et par son nom même, et par sa position, et par ses produits remarquables, identique au pays de 'Havilah. Il est, comme le pays de Koush, au berceau de la famille.

2° 'Havilah et l'Éden sont encore attachés au nord-ouest d'une manière certaine par l'habitat commun des trois produits caractéristiques que leur confère la Genèse, l'or optime, les pierres précieuses, le bdellium. Ils y sont *abondamment* et *simultanément*.

L'or y est copieusement répandu, et sa qualité y fut de tout temps fort recherchée. — Les *pierres précieuses* les plus variées y brillent en quantité non moins considérable. — L'*aguru*, arbre du *bdellium*, est par les botanistes tenu pour spontané entre les 34° et 35° degrés de latitude dans le Petit-Tibet et les environs, c'est-à-dire en la région où nous reconnaissons l'Éden. D'autres informations l'y placent également. Il fut acheté là par l'antiquité, en particulier par les rois d'Assyrie et de Chaldée; et tandis qu'ailleurs il était ignoré ou n'arrivait qu'à haut prix, il inondait l'Inde avec l'or et les gemmes. Sa valeur indicative nous engage à reproduire (§ III) des notions données autre part. — *Abo ndante* et *simultanée* dans l'Inde seule, la présence des trois produits suffirait à résoudre le problème de l'emplacement.

3° Au groupe l'on doit adjoindre le serpent Tentateur, dont le nom hébreu *nakhash* n'est autre que celui du fameux *nâga* de l'Inde, le *cobra de capello*. En même temps qu'il est le serpent de l'Éden, il est celui du berceau des Chamites, qui lui prêtent d'extraordinaires pouvoirs magiques.

Par une connexité très confirmative, son nom est aussi celui de l'*étain* et du *plomb*, trouvés près des serpents dans les mêmes montagnes.

Bien plus, le nom du serpent de l'Éden est encore celui du peuple *Nâga*, adorateur de l'ophidien, et travailleur des métaux.

Ainsi, peuple *Nâga*, serpent *nâga* ou *nakhash*, étain et bronze *nâga*, or, pierreries, bdellium, avec le lotus et l'ibis dont nous aller parler, tous ensemble, hôtes de l'Éden, forcent d'aller à eux pour rencontrer l'Éden.

'Havilah est aussi déterminé par sa propre signification, et par les circonstances qui l'accompagnent. Cette signification est celle d'*ibis*, en égyptien *habu*, en éthiopien *howe* (1), nom autrefois très aimé, et porté par les hommes et les lieux, tandis que l'échassier lui-même était un objet d'hommages dans tout le domaine chamitique, Inde, Chaldée, Accad, Égypte, Polynésie.

(1) Il s'en faut que 'Havilah signifie « Terre de sable », comme le pensent Bochart, Delitzsch et plusieurs savants. Le bel Éden était autre chose qu'une terre sablonneuse et aride.

Le nom qu'avait l'Égypte, *habu*, partait des Indes, et y est conservé, souvent uni en un seul avec celui du lotus, comme dans *kuba, kubal, karela*. Ici il offre le grand avantage de fixer le *Pays de Kavilah* ou *'Havilah*, en ce qu'il s'applique à la rivière et aux pays homonymes de *Kaboul* qu'animent des myriades d'ibis et de lotus. *Kaboul est 'Havilah*.

L'Inde. — Dans ces mêmes conditions, ses livres sacrés placent aussi, comme nous l'avons annoncé, un *douïpe* des oiseaux pêcheurs, dont l'accord n'est pas moins probant que celui entre le *Pays de Koush* et le *Kuça-dvîpa*. Seulement, le nom du volatile subit la traduction des Aryas, et fut *krauncha* « courlis, héron », avec un *Krauncha-dvîpa* pour séjour. Ce *Krauncha-dvîpa* est ainsi le double du *'Havilah-dvîpa* ou *Pays de 'Havilah*. Qui plus est, le *Krauncha-dvîpa* des Indiens est contigu à leur *Kuça-dvîpa*, absolument comme le *Pays de 'Havilah* de l'Éden est contigu à son *Pays de Koush*.

L'entourage complet par les eaux se répète aussi.

Les mêmes livres ont un *Pushkara-dvîpa* « douïpe de la grue ou du lotus », un *Vaka-dvîpa* « douïpe du héron ou de la grue », une division territoriale de *Kanka* « le héron », et au sein même du *Kuça-dvîpa* une montagne de *Kucé-çaya* « la grue ». Tous ces êtres et ces noms, liés étroitement à *Karela* ou *Havilah*, et désignant des contrées semblables, montrent bien qu'un pays des ibis ou de

'*Havilah* 'était en celle région parfaitement à sa place.

Aux noms de Koush et '*Havilah* répondent des noms de personnages et des *Éponymes*; et entre ces éponymes, de même qu'entre les pays, il y a parenté. Or, chose curieuse, celle parenté d'éponymes et de pays se répète encore de la Bible aux Pourānes.

Dans la Bible, *Kush* est père de '*Havilah* « l'ibis »; dans les Pourānes, *Kuça* est petit-fils de *Balāka* « la grue ».

En outre, une contrée d'ibis réclame le dieu des ibis, et le premier siège du dieu *Tekh* à tête d'ibis, et de son peuple de *Tak* ou *Tākas* fut en réalité au pays des ibis, '*Havilah* le *Kaboul*. Aussi serpent qu'ibis, ce dieu était frère du *nāga*, et son peuple de *Tākas* était frère du peuple de *Nāgas*.

Les éléments de l'Éden trouvent donc leur site naturel dans l'Inde du nord-ouest, soit d'après les renseignements de la Genèse, soit d'après les renseignements des livres indigènes.

Nous voulons parler des deux divisions édéniques de *Koush* et '*Havilah*, — de leur faune d'ibis et de nāgas, — de leur flore de bdellium et de lotus, — de leurs pierreries, — de leurs minéraux, or, étain, plomb, cuivre.

Autant que les choses le comportent, la représentation en est même copieuse.

Koush avec ses seconds y est en abondance,

'*Havilah* avec tous ses analogues en abondance,

L'*or optime* en al ondance,
Les *pierreries* en abondance,
Le *bdellium* en abondance,
Le *nâga*, l'*ibis*, le *lotus* en abondance.

L'*étain* n'avait que ce gîte alors connu; mais son homonyme le plomb, et son socius dans le bronze, le cuivre, y sont en abondance.

La Genèse n'a pas donné pour caractéristiques des objets presque introuvables; de toute part, ses signes éclatent à la vue.

Quelle autre contrée que l'Inde offrirait un pareil assemblage et en aussi grande quantité?

Encore ne rappelons-nous ainsi que les signes qui frappent à première vue; mais il en est bien d'autres et des plus considérables. Nous en traiterons, mais après avoir cédé au bdellium la place promise et dont il est digne.

§ III. — *L'Inde patrie du bdellium.*

On sait que le bdellium est la gomme parfumée de l'*amyris agallochum*, en sanscrit *aguru*.

Il est un indice on ne peut plus frappant du Jardin embaumé. Et il mérite d'autant plus d'avoir son chapitre à lui que les auteurs en parlent à peine, et que de ses titres exclusivement indiens et même paradisiaques ils ne parlent pas du tout.

Donnons quelques-uns de ces titres incontestables. L'Inde y gagnera la preuve la plus formelle de ses droits sur l'Éden.

L'habitat reconnu par les botanistes est la région

qui s'étend entre les 31ᵉ et 35ᵉ degrés de latitude. C'est le Petit-Tibet ou le nord-ouest de la Péninsule, juste dans la sphère édénique.

2° Les Poëmes de l'Inde mentionnent souvent les prodigalités que dans le pays on fait de l'aloès (pris par erreur pour l'amyris), soit dans les fêtes, soit comme présents.

3° La *Chronique du Kashmire* parle d'un bois entier d'aloès et de son odeur aromatique (1).

4° Les Tibétains faisaient aux empereurs de Chine des dons de la substance.

5° Les rois d'Assyrie l'exigeaient de l'Inde comme tribut, et s'en servaient dans les solennités.

6° Au dire de Pline (2), de Dioscoride (3), d'Isidore de Séville (4), l'antiquité se pourvoyait en Bactriane, qui confine à l'Inde du nord, et à une époque s'étendit même jusqu'à l'Indus. Le parfum en était réputé *laudatissimum*.

Maintenant, que l'on arrête son attention sur les noms que dans l'Inde même portait le parfum. Ils sont au dernier point décisifs. On l'appelait :

7° *Kauçika* ou tenant à *Kuça*..... Il serait impossible d'imaginer une dénomination plus lumineuse, puisqu'elle désigne le bdellium précisément par le nom de ce *Kuça-dvîpa* qui répond aux *Pays de Koush et'Havilah* dotés du bdellium par la Genèse. Ce

(1) Liv. IV, sl. 171.
(2) Plin., XII, 1-10.
(3) I, 60.
(4) *Orig.* XVIII, 8.

n'est pas seulement sur l'Inde en général que le regard est dirigé par ce nom, c'est sur les cantons *édéniques* eux-mêmes, en même temps que sur les collecteurs et vendeurs.

Les *Koush* dont on gratifie l'Arménie et autres lieux que l'on suppose pour l'Éden n'étant pas le *Kuça-dvipa* indien, que les synonymes et les traits suivants précisent de plus en plus, sont par là-même écartés.

8° *Dailya-meda-ja* « produit de la moelle des Dailyas », peuple de la même contrée comme les Kirâtes, et qui reparaissant à la Tentation fixeront deux fois les lieux.

9° Les *Kirâtes* sont des montagnards qui courent dans ce nord-ouest himalayen. Le *Mahâ-bhârata* (Sabha-parva, sl. 1864 et s.) les représente faisant des dons de *pierres fines*, *d'or du plus radieux éclat*, *de charges de bois d'agallochum* (l'aguru). Ce sont précisément les trois beaux objets que la Genèse donne pour signes de l'Éden. Ils sont donc réunis chez les Kirâtes.

10° *Guggula*, terme chamitique au sens de « résine ». Il est parfois accompagné de l'épithète *sindhava* « produit du Sindh » ou de la terre de l'Indus, ce qui nous maintient toujours à ix mêmes lieux.

11° *An-Arya-ja* « produit des An-Aryas », c'est-à-dire des indigènes non-aryens.

12° Les *Kumbhârs* ou *Kumbha-Kâras* étaient des potiers de l'Inde supérieure; mais par leur nombre ils formaient une population, qui, descendue dans le Guzerat, y vit encore sous le nom de *Kumbhis*. Or le bdellium s'appelait, d'après l'antique résidence, *Kumbhini* et *Kumbham*.

13° *Çira* ou *Çambhura*, de *Çambhu*, l'une des appellations du dieu, qui est à la fois le dieu de la contrée que nous parcourons et le grand dieu des Chamites. *Çira* est donc le bdellium. *Durgâ*, sa femme l'est aussi. Quelques autres de leurs noms propres étaient accordés à la substance odorante.

Les lieux se déterminent ainsi excellemment : Çiva est *Meru-dhâman* « l'habitant du Mérou ou du gros massif qui termine la chaîne » (1). Il est avec les An-Aryas, avec les Daityas, les Kumbhârs et si bien avec les Kirâtes que lui et sa femme Durgâ s'honorent d'être *Kirâta* et *Kirâtî*.

14° Le mot *bdellium* lui-même n'est pas sanscrit, mais chamito-indien ; et c'est de l'Inde qu'il se répandit sous cette forme première, dans les États de l'Occident, où on le répétait en l'altérant de diverses manières. Si l'on remonte sa route, on aboutit à l'Hindou-Koush. Là il vit encore conservant un vestige de son ancienne apparence dans le mot de *palhân*.

15° De même pour le nom de l'arbre, *aguru*. Il n'est pas, comme le font les lexiques, de *a-guru* « non pesant, » mais d'une expression chamitique au sens de aromatique qui à l'aguru donna pour fils notre *arôme*.

---

(1) Le gros grain qui termine chaque dizaine du chapelet en est devenu un *Mérou*

16° Quoique le bdellium ait été d'abord le bien des autochthones, le sanscrit venu sur place a recueilli, soit pour la plante, soit pour son extrait, quantité d'appellations ; mais toujours elles reviennent à l'Inde.

Ainsi, avec *dhûpa* « parfum », *Dhûpa-aguru*, *Dhûpa-arha* « parfum excellent » ; avec *Khal* « gomme », *Udâ-Khal* « gomme de l'*Ud* ou aloès », pris pour l'*aguru* ; — *Palan-Kasha* « gomme parfumée » (deux termes chamitiques, conservés par le polynésien) ; *Gandha-râja* « roi des parfums » ; *Svarnakana* « à grains d'or » ; *Kana-guggul* « grains de guggul », etc.

Si l'on désire des informations sur le siège édénique du bdellium, où les trouvera-t-on ? Dans les ouvrages indiens et les lexiques sanscrits... N'est-ce pas significatif ? Quel autre pays et quelle autre langue aurait cela ?

17° Pour nous, modernes, qui tirons aussi une sorte de bdellium d'un pays sans prétentions à l'Éden, le Sénégal, nous appelons celui que l'on connut de tout temps *myrrhe de l'Inde* (I). De l'Inde... ! C'est donc la voix publique qui se charge elle-même de nous montrer dans l'Inde le bdellium de l'Éden.

A peine en deux ou trois autres localités trouverait-on quelques traces de la précieuse gomme. Mais comme l'extrait de l'Inde était le plus connu, apprécié *laudatissimum*, recueilli pour l'exportation,

(I) Le bdellium et la myrrhe ont quelque analogie.

c'est évidemment celui que le rédacteur du Chapitre II avait en vue.

Combien de preuves n'avons-nous pas accumulées en faveur du nord-ouest indien ! Entre autres, chaque dénomination en est une. *Kauçika, Dailya-meda-ja, Guggula-sindhava, An Arya-ja, Kumbhini, Çiva et Çambhava, Durgâ*, avec les *Kirâtes, Myrrhe de l'Inde*, etc., appartiennent à des divinités, peuples, localités, objets de ce nord-ouest ; grâce à elles, se lisent donc et le lieu de croissance spontanée, et l'âge pré-aryen de l'exploitation et de l'exportation, et les populations qui s'y livraient. Ainsi est incontestablement fixée la région que la Genèse, d'accord avec les autochthones, d'accord avec les Aryas, d'accord avec les marchands étrangers, d'accord avec la voix publique, d'accord avec les botanistes, reconnaît pour habitat à l'arbre du bdellium, à savoir l'Inde du nord-ouest, qui en devient l'*Inde paradisiaque.*

On voit qu'il eût été bon d'approfondir le problème. Si on l'eût fait, la question *insoluble* serait résolue depuis longtemps.

§ IV. — *L'Arbre de vie. Le Serpent.*
La Tentation.

Les trois points indiqués sont connexes dans la Bible ; nous les retrouverons connexes dans les Indes.

La Bible. — 1. *L'Arbre de vie.* Lisons :

Gen. II, 9. « Produxitque Dominus Deus de humo... lignum vitæ in medio Paradisi. »

Notre intention n'est pas de nous livrer à une dissertation sur cet arbre ; mais il a sa place dans le grand mystère de la Tentation. Les traditions indiennes le voient aussi dans les conditions qui représentent notre Éden, au même cercle où la Bible admet le sien. Et leur thème, bien que très mêlé de fantaisies, au fond correspond encore avec la Genèse.

2. Le *Serpent* tentateur est appelé par excellence *ha-nakhash* « ce serpent » connu. C'est le plus fameux et le plus doué de prestiges de toute la contrée, sous le même nom originel de *nâga*. Il est pour nous de la dernière importance, non seulement par le rôle qu'il remplit dans le mystère, mais parce que donnant son nom au métal qui permet le bronze, et aux premières nations qui le travaillent, il fixe les emplacements si discutés avec une entière précision.

3. La *Tentation*. Le théâtre en est par cela même établi dans la sphère du *nâga*, des éléments du bronze et des ouvriers *Nâgas*.

L'Inde. — Les trois notions précédentes unies dans la Genèse le sont tout autant pour les Indes.

1. Son *Arbre de vie* est le *Jambu* (1), *Eugenia Jambu*, « pomme rose », élevé comme un étendard sur le continent insulaire du *Jambu-dvîpa*, qui, avec

(1) *Vishnu-pur.*, liv. II, 11.

le Mérou en son milieu, est centre de la terre. Ses fruits donnent une liqueur qui garde les habitants du douîpe dans une vie sans décrépitude et dans la félicité. Quand viendra la Tentation, le Jambou remplacera l'Arbre de vie.

Le Jambou offre donc ces similitudes :

Qu'il croît dans une région répondant à l'Éden, et située dans son voisinage ;

Que si l'Arbre de vie est au milieu de l'Éden, le Jambu est central avec son douîpe ;

Que les fruits du Jambou ont les mêmes vertus que ceux de l'Arbre de vie ;

Que dans la Tentation son rôle est encore le même.

2. Le *Serpent nâga*, pour nous *cobra de capello*, n'est que trop connu aux Indes, où il rend toujours des oracles, et a ses temples desservis par des prêtres de classe inférieure, c'est-à-dire par les Chamites indigènes, de tout temps ses adorateurs.

3. La *Tentation*, que la matière des *Traditions* ramènera à notre examen au chapitre II, est dans la littérature indienne un sujet profondément remarquable par les développements qu'il y reçoit et la fidélité surprenante de ses détails avec ceux de la Bible.

Qui ne sentira combien la reproduction exacte aux Indes et dans ses traditions de trois données de cette importance, unies en un seul et même fait accompli dans l'Éden, fortifie singulièrement les raisons qui nous font reconnaître l'Éden dans ces mêmes Indes ?

§ V. — *Le berceau.*

En déterminant le site des *Pays de Koush* et *'Haviluh*, nous avons affirmé qu'ils faisaient partie du Berceau de la famille de Cham. Outre ces Koush et 'Havilah de l'Éden et du Berceau, il y en eut dans les colonies d'autres de même nom. Mais il est clair que les Koush et 'Havilah de l'Éden et ceux des colonies sont de la même famille. Ces derniers reparaîtront comme membres de la lignée de Cham au tableau ethnographique du chapitre X. Ils avaient transporté leurs noms en pays étranger ; mais ceux de l'Éden étaient bien au Berceau, où les rattachent quantité de notions, comme les signes mêmes de l'Éden, les produits rares, le bdellium, le nâga, la Tentation, qui font corps avec eux.

Par une double, fortune les Koush et 'Havilah des Colonies ou du chapitre X sont accompagnés d'autres fils de Cham, *homines et gentes*, Mitsraïm, Phutb, Chanaan, Seba, car toute la famille avait encore au premier logis des frères restés plus stables — ce qui est fort naturel — et qui par conséquent indiquent le lieu de ce premier logis ou du Berceau.

Ce Berceau était aux Indes en son nord-ouest. Nous lui consacrerons un chapitre spécial (L. II, c. 1), que nous placerons plus loin afin de ne pas nous encombrer ici.

On estimera sans doute que cet emplacement du Berceau des Koush et 'Havilah de l'Éden et de toute leur famille *dans les Indes* résout le problème du *site de l'Éden* d'une manière certaine. Si le Berceau des Koush et 'Havilah édéniques fut aux Indes, *l'Éden fut donc aux Indes.*

En d'autres termes, les hôtes des Koush et 'Havilah de l'Éden sont des *Chamites*, comme le dit le chapitre X, comme le dit aussi la foule des émigrés, Koushites, Egyptiens, Chananéens, Libyens, etc. : or ces Chamites eurent toujours et ont encore aux Indes leur demeure patriarcale restée peuplée de tribus de même sang et de même nom. Là donc était la ruche première, et là, *dans l'Inde*, les Koush et 'Havilah territoires de l'Éden.

Cette solution nous semble aussi sûre qu'elle est grave.

En se développant, le Berceau dévoilera de nouveaux faits qui éclaireront encore davantage la question de l'Éden. Ainsi les frères de Koush et 'Havilah que nous reconnaîtrons, sous les modifications introduites par les déplacements, dans les Kefas (Chanaan), Anu (Mistraïm), Çiva (Seba), apporteront des renseignements personnels précieux.

Parmi eux nous trouverons les *Eponymes*, qui vont parler eux-mêmes, parce que personne n'en parle et ne les fait parler.

§ VI. — *Les Eponymes.*

Dans les pays de Koush et 'Havilah ce sont les terres que nous avons principalement considérées ; mais soit dans la Bible, soit dans la littérature indienne, à ces pays correspondent des personnages *éponymes*, qui, se prononçant dans le même sens, augmentent beaucoup la valeur des informations. L'Inde est encore ici d'un secours inappréciable, parce qu'elle possède et met en relief les patriarches de la Genèse en des héros ou dieux qui n'appartiennent qu'à elle, et dont elle seule raconte l'histoire.

Malgré l'importance extrême de ces éléments dans le problème qui nous intéresse, ils sont toujours restés, à notre connaissance, entièrement inaperçus.

Les Terres de Koush et 'Havilah avaient deux éponymes de ces mêmes noms qui reviennent au Chapitre X, et sont attribués à la famille de Cham. Dans les deux cas ils relèvent tout à fait de la même race, bien que pris en des circonstances différentes. On a vu qu'une parenté curieuse est révélée entre eux. 'Havilah signifiant « ibis », Koush est dit père de 'Havilah ou du personnage au nom de l'ibis.

L'Inde va nous renvoyer cette parenté.

Aux deux éponymes qui représentent les deux districts de l'Éden, le chapitre X ajoute des frères, sans sortir de la famille de Cham. Mais ni sur Koush, ni sur 'Havilah, ni sur leurs frères la Bible qui les enregistre ne donne aucun renseignement. Ce qu'ils furent, leur histoire, au moins en quelques traits, elle n'en souffle pas mot.

Il est loin d'en être ainsi dans les écrits

indiens. Les personnages donnés comme éponymes répondent toujours à des contrées, mais ils sont nettement à part ; ils ont vécu ; on raconte leurs biographies ou légendes comme héros ou comme dieux, ils entrent dans l'histoire. Leur existence personnelle vient donc ajouter un témoignage d'un ordre nouveau au témoignage des territoires. Si les territoires par leur emplacement fixent la position de l'Eden, les éponymes dont nul n'ignore la patrie, et qui parfois y furent des sujets très importants, non seulement la fixent aussi par leur propre habitat, mais ajoutent de nombreux et significatifs détails, qui font connaître le pays aussi bien que les autres contrées du globe.

Il se peut sans doute que ces personnages, en tant qu'éponymes, soient des fictions ethnologiques, — l'antiquité les imaginait si facilement ! — mais il importe peu dans le cas présent, parce qu'ils avaient beaucoup de compatriotes de même nom, et qu'il est à peu près indifférent avec de nombreux homonymes nuageux, qu'il s'agisse de tel ou tel en particulier. L'essentiel est la correspondance de l'homme et du pays.

Quoique les noms aient été portés sur la terre étrangère, l'Inde seule peut en revendiquer l'origine, et raconter des vies vraiment locales, et trop souvent comiques ou honteuses. Ses livres en sont remplis (1).

(1) Plus loin (liv. II, ch. I, § II) il sera dit comment ces éponymes indiqués dès l'Eden répondent exactement à ceux du berceau des Chamites.

Écoutons ce que le bel Empire nous dit sur les personnages dont les ℣ 6 et 7 du chapitre X ne font que citer les noms.

1° *Kush* ou *Kuça* est dans le *Râmâyana* (*Adi Kanda* XXXV-XXXVI) un héros issu du sein même de Brahmâ; et dans les *Pourânes* (*Vish.-pur.*, L. IV, vii) un roi de race lunaire qui a une nombreuse et illustre postérité. De lui on fait naître tout le peuple des *Kuça-jas* « nés de *Kuça* » ou *Koçalas*, nos Koushites des Indes.

2° *Havilah* a pour variante *Kural*, et *Kural-dçra* est un prince de même lignée, qui galope sur un ibis (*Vis.-pur.*, IV, viii). Ce pourâne lui donne 21.000 fils, que le *Hari-rança* plus modeste réduit à cent. Avec eux il extermine les démons. Les *Kurala* sont assez nombreux.

Se rappelle-t-on ce qui a été dit sur la parenté de Kush et 'Havilah? Dans la Genèse,

Kush est père de *'Havilah* à nom d'ibis; or dans les Pourânes (*Vis.-pur.*, IV, vii),

Kuça est fils de *Balâk-dçra* « le cavalier sur grue », et dans le *Bhâgavata*,

Kuça est fils de *Balâka* « la grue ». Les rôles de père et fils sont intervertis, mais le genre très caractéristique de la filiation est conservé.

Entre la Bible et l'Inde conformité nouvelle.

On voit aussi que lorsque, sur des données différentes, nous avons traduit 'Havilah par *ibis*, nous étions dans le vrai.

3° *Seba* pour *Çiva* mériterait à lui seul un traité.

La Genèse, qui nomme *Seba* ou *Çiva* au ℣ 7,

signalé par deux traits : 1° elle le déclare *Chamite* ou de la race de Cham ; 2° dans cette famille elle en fait un *fils de Koush*. Or ces deux faits, 1° du caractère ethnique de Çiva, 2° de sa filiation par rapport à Koush, sont aussi positivement exprimés dans les conceptions indiennes. Car, pour elles, 1° Çiva non seulement est un *Chamite*, mais le souverain dieu des Chamites. Il est *Mahâ-deo* « le grand dieu ». 2° Çiva le Chamite est doublement uni à Koush : il est dit *Koçala* ou de la nation des Koushites, et *Kauçika* ou descendant de Kuça.

Ainsi sont confirmées ces deux vérités capitales, de la corrélation des notions bibliques et indiennes, et de la localisation des données bibliques dans l'Inde.

4° *Kapi* répond à Chanaan, bien que son nom signifie « singe ». Le peuple était celui des *Kefas* ou *Kapilas* maîtres de la *Kapisène*.

Les animaux *Kapi* reçurent aux Indes, dès les temps pré-égyptiens, des hommages non-pareils. Aussi les gardèrent-ils en Égypte, où on les disait presque sans altération *Kef* et *Keflen*.

Leur nom passa aux hommes, leurs serviteurs. L'histoire des Kapi serait longue et féconde en péripéties amusantes. *Kapi-vaktra* « à visage de singe » était le philosophe et saint Nârada, ami du dieu incarné Krishna. *Kapila* était aussi un ancien sage, que l'on identifie parfois avec le dieu Vishnou.

Si des éponymes de la famille de Cham peuvent nous conduire aux Indes, les fameux Kapi connus de tout le monde ancien, et en particulier de Salomon, en tant que *Koph*, auraient droit de prendre un des premiers rangs. Malheureusement on n'a pas encore reconnu dans les *Kapilas* indiens les Proto-Phéniciens du Golfe Persique, et dans les uns et les autres les *Kefas* de Phénicie et Chanaan.

5° *Anu.* — Anou, qui se rapporte à Mitsraïm d'Égypte, est lui aussi un roi de race lunaire (*Vis-pur.*, IV, x, xiii), père d'une puissante famille, qui fonda de remarquables principautés.

Inséparables de leur patrie, ces éponymes doublent les liens qui rattachent l'exposé indien à l'exposé biblique où ils sont enregistrés. Quand l'Inde elle-même se prononce ainsi sur ce qui fut dans son sein et dans la Genèse, comment chercher ailleurs le siège des faits? Est-ce que l'Arménie, le bas Euphrate et autres pays proposés eurent jamais pareils acteurs?

La tradition indienne n'a pas créé *ex nihilo* ces noms et tout ce qu'ils entraînent. Elle ne les a pas davantage empruntés à la Bible ou à quelque contrée et tradition étrangères. Noms et encadrement des faits sont encore présents. C'est sa propre histoire que l'Inde a entendu raconter. Indiens sont donc et les éponymes et le Berceau.

Et de plus, bien qu'il y eût dans l'Inde des races diverses, tous les éponymes mentionnés par elle appartiennent à la race de Cham, absolument comme dans la Bible. Par conséquent, indiens et chamitiques sont les deux cantons du Jardin si mystérieux.

Disons-le résolument : pour nier la part magistrale faite à l'Inde dans les premières annales bibliques, il faut ignorer complètement ce pays.

§ VII. — *Les fleuves paradisiaques.*

La question des Fleuves a attiré beaucoup plus d'attention que les autres signes de l'Éden, et suivant nous très à tort. Négligeant tout le reste et des points de la dernière importance, on ne voyait que l'Euphrate et le Tigre (1), et croyant avec eux partir du connu, c'est de l'inconnu que l'on partait.

Nous ne nous consumerons pas à cette recherche, parce que nous pensons avoir sûrement déterminé le site de l'Éden sans avoir eu recours à ces deux fleuves ; mais seulement deux points seront signalés, afin de constater dans les deux traditions des corrélations nouvelles.

La Bible. — Elle dit :

Gen. II, 10. « Dans l'Éden il sort un fleuve, qui de là se divise en quatre courants » coulant en directions différentes.

L'Inde. — Les Pourânes (2) ont dans leur description semi-paradisiaque un fleuve (le Gange) qui sur le Mérou « se divise en quatre fortes rivières, coulant en directions opposées ».

On n'oubliera pas ce second trait, que les fleuves

(1) Voir sur le *Tigre* et l'*Euphrate* le § suivant VIII.

(2) Vich.-par II, II. Il y a des versions différentes, et le nombre des courants y varie. Nous suivrons le *Vishnu-purâna* qui a la version la plus authentique.

sont dits dans l'Inde et la Genèse *entourer complètement* leurs districts, et que deux districts indiens
sont les correspondants exacts de ceux de l'Éden.

§ VIII. — *L'Euphrate et le Tigre.*

On nous reprocherait de ne point parler de
l'Euphrate et du Tigre, généralement gratifiés d'un
rôle qui dépasse le leur. Nous leur ferons alors
l'honneur d'un paragraphe spécial.

Notre travail sur le *Site de l'Éden* procède
d'après les indications bibliques : or notre conviction très ferme est que ces indications, soutenues
par celles des livres indiens, désignent, sans aucun
doute possible, *les Indes.* Ce fait n'a pas encore été
expressément reconnu, parce que autant l'Inde et ses
écrits étaient ignorés, autant l'étaient des éléments
de la plus haute valeur que la Bible elle-même offre
comme signes. Et une fois hors de la voie, on ne
pouvait qu'errer à l'aventure.

Lit-on les commentaires sur l'Éden, on s'aperçoit
avec peine qu'ils se méprennent sur presque tous
les points, ou n'en possèdent qu'une légère notion.
Nous l'avouons à regret, mais il faut pourtant le
dire. — Le *Pays de Koush* est ignoré, puisque au lieu
de le prendre dans le berceau de la famille, et là où
tous les autres indices ont également leur site, et
ainsi le confirment, on le cherche en des Colonies
qui ne peuvent être que relativement modernes. —
Le *Pays de 'Havilah*, qui le touche à la frontière, est
par suite tout aussi méconnu. — La signification

de *'Havilah*, qui donne le paysage réel de la contrée, échappe tout à fait. — Sur les éponymes des deux pays, jamais nous n'avons lu un mot. — Fort peu de lignes suffisent aux trois produits, qui sont cependant prodigués, et grandement estimés dans les Indes. — Presque rien sur le *bdellium*, qui aurait pourtant à livrer nombre de renseignements tombant droit sur l'Éden. — Point de *nakhash*, bien qu'il ouvre les plus importants points de vue, quelques-uns de nature spéciale sur les métaux et les populations autochthones. La Langue qui nomme les choses n'a pas un souvenir. — La Littérature indienne, si décisive par sa correspondance, n'est aucunement mise à profit. — Ainsi tout manque. Si aucune des routes menant à l'Éden n'est connue, comment y arriver? Et l'on n'y arrive pas du tout!

Que l'on veuille consulter, dans notre *Aurore indienne*, le chapitre intitulé: *l'Éden ne fut pas en Arménie*, et par cet exemple on verra combien superficiels et erronés étaient les systèmes par malheur les plus communs.

Mais on va faire la grande objection. Nous plaçons l'Éden d'après les renseignements bibliques et indiens dans les Indes; or les Indes ne possèdent pas le Tigre et l'Euphrate mentionnés par la Genèse. Il est vrai; mais croire que ces fleuves attireraient l'Éden dans leur sphère serait une illusion complète. Les raisons qui confèrent l'Éden à la Péninsule sont absolument certaines. Le malheur est qu'elles ne sont pas considérées.

La modification proposée ne les détruirait certes pas. — Elle n'empêcherait pas sans doute Koush et 'Havilah d'être au Berceau indien de leur famille, et avec les autres signes, — ni leurs personnages éponymes de s'y trouver également. — Elle ne supprimerait pas l'abondance simultanée de l'or, des gemmes, du bdellium, et l'habitat lumineux de ce dernier, — ni le serpent *nâga*, avec les métaux et les peuples homonymes. — Ce qui n'est pas minime, elle n'anéantirait pas toute cette littérature indo-sanscrite qui fait exactement les mêmes récits que la Genèse. — Et le reste. — Sans aucun doute possible, toutes les indications bibliques, indépendamment des deux fleuves, visent les Indes. Dès lors, ce ne sont pas les indications multiples et sûres, affirmées par la Genèse, et confirmées par les textes indigènes, qui ont besoin d'être soutenues, ce sont les deux fleuves qui demandent justification. Il serait par trop déraisonnable de prétendre qu'une seule exception l'emporte sur l'unanimité des meilleurs témoignages.

Les indications que plusieurs fois nous avons mises sous les yeux ne montrent nullement le Tigre et l'Euphrate au sein même de l'Éden.

En premier lieu, les deux grands fleuves ne sont pas traités par le texte comme les deux autres. Le Phison et le Géhon sont dits *compris entièrement dans l'Éden*; ils forment les ceintures et les barrières de ses deux districts. Mais, au contraire, le Tigre et l'Euphrate, au lieu d'y être insérés, et de former ceintures et barrières, fuyent au loin et en droite ligne pour aller s'engouffrer dans la mer.

En second lieu, l'Éden ne comporte que deux divisions, Koush et 'Havilah, chacune avec son fleuve propre, et aussi avec tout ce qui est attaché au Jardin, produits divers, ou faune et flore, métaux, éponymes des districts. Le Tigre et l'Euphrate ne sont pas là. Pour eux pas de districts, car on ne voudrait sans doute pas annexer au Jardin l'Assyrie et l'immense contrée qu'arrosent les deux courants. Ils transportent sous d'autres cieux où l'on ne trouverait rien de ce qui fait la richesse, le charme de l'Éden, et le caractérise, ni or, ni pierreries, ni parfums, ni oiseaux voyageurs, ni nāga, ni peuple Nāga, ni métaux, ni marteleurs, ni littérature marchant toujours unie à la Genèse pour tout garantir.

Cette littérature de l'Inde, par ses nombreux éléments au cachet de la Genèse, par ses noms indigènes, par ses narrations, en particulier le surprenant récit de la Tentation, enchaîne nécessairement dans ce pays, fort loin par conséquent du Tigre et de l'Euphrate (1). *Avec les deux fleuves serait perdu l'incomparable avantage de la confirmation par les textes indiens.*

En troisième lieu, la circonstance que les eaux *entourent complètement* chacun des cantons édéniques paraît établie d'après un système bien arrêté,

____

(1) A moins que les noms aient été changés, mais dans ce cas l'objection disparaît.

reposant sur l'aspect du pays, ainsi que sur les nécessités et habitudes des premiers temps. Cette disposition, expressément consignée et dans l'hébreux et dans les Septante et dans la Vulgate, s'applique avec exactitude aux deux cantons de Koush et 'Havilah. Elle convient du reste on ne peut mieux à la configuration du triangle hindokoushite, où des torrents nombreux descendus des montagnes enserrent tous les habitats humains, et où une multitude de lacs s'offrent en refuges naturels contre les dangers. En effet, les populations de ces terres usaient largement de séjours lacustres. Tels les Nāgas, les Kirātes, et sans doute bien d'autres tribus.

Cette topographie à résidences aquatiques milite fortement en faveur de la situation de l'Éden dans une contrée pareille. On ne trouverait pas telle chose en Chaldée.

La topographie des Pourānes vient on ne peut mieux répéter, expliquer et soutenir celle du texte biblique. Pour elle l'Océan environne la terre entière, en sorte que la Terre entière est une île; et de plus, chacune de ses divisions, qui sont au nombre de sept, est une île encore. Le système est évident. Parmi les sept divisions sont comprises celles de *Kuça* et *Krauncha* qui représentent *Koush* et *'Havilah* de l'Éden. Ainsi de même que ces dernières, *Kuça* et *Krauncha* sont encerclés par les eaux, des îles, ou, suivant le sanscrit, des *dvipa*. *Douipa* est une expression consacrée qui, à elle seule, révèle et la figure et le motif de l'entourage *complet*, car en énonçant « deux eaux », elle dit aussi « asile, protection ». — Or le Tigre et l'Euphrate n'obéissent nullement à cette loi d'analogie. Elle leur manque, comme leur manquent tous les autres signes. Aussi, lorsqu'on veut leur conférer l'Éden, on est contraint, pour y retrouver ces signes, de se livrer à des inventions forcées dont aucune n'aboutit.

Généralement on admet que la description de ces deux fleuves n'a été rédigée qu'après le départ d'Abraham de la Chaldée (1); nous pouvons donc sans témérité admettre la supposition appuyée dans la Bible par bien d'autres cas sujets à interprétation, que les deux noms n'appartenaient pas à la conception première.

Nous n'avons toutefois pas besoin de cette hypothèse pour reconnaître les droits de la fertile Péninsule sur le Jardin de délices, puisque la Genèse par toutes ses indications et la littérature indigène par toutes ses sympathiques confirmations, le lui décernent de la manière la plus positive. Accorder au Tigre et à l'Euphrate une importance telle qu'elle éclipse les autres données laisserait voir que l'on ne s'est aucunement rendu compte

(1) Citons comme exemple Hummelauer in Gen. II, 14. « Hæc paradisi fluminum (le Tigre et l'Euphrate) descriptio *non ante Abrahami e terra Chaldæorum recessum in præsentem formam* redacta fuisse videtur... Ita utique hæc paradisi fluminum descriptio ad inferiorem etiam Euphraten concinnari primum potuit *vix ante Abrahami tempora*, quod Assur et Kush e Noe oriundi jam in nationes excrevissent. »

Notons le *in præsentem formam* qui supposerait une *antiquam formam* abandonnée.

des éléments variés du problème. Et c'est presque toujours le cas. En apparence les fleuves sont très connus, les autres conditions le sont extrêmement peu ou pas du tout, en sorte que les deux noms surgissant aussitôt à l'esprit fascinent, tandis que le reste, quoique de la plus haute valeur, reste totalement invisible.

Que de fois n'avons-nous pas entendu opposer au site indien de l'Éden : *Mais le Tigre et l'Euphrate!* A quoi il est bien facile de rétorquer : Mais le Pays de Koush...! Mais le Pays de 'Havilah...! Les Pays mêmes ont certes autant et plus d'importance que des cours d'eau. Koush et 'Havilah sont deux noms *chamitiques* (1) qui déterminent pour l'Éden une contrée *exclusivement chamitique*, ce que l'Arménie, la Mésopotamie, l'Assyro-Babylonie ne sont pas. Et l'on continuerait : Mais l'or excellent et recherché...! Mais les pierres précieuses...! Mais le très rare bdellium, dont on a vu quantité de synonymes visant net la sphère de l'Éden, et que la Chaldée achetait dans l'Inde...! — Mais les éponymes de Koush et 'Havilah...! Mais le serpent tentateur *nâga*, et ses étonnants compagnons, hommes et métaux...! Mais la Tentation telle que la donnent avec amplification les Poèmes et Pourânes...! A de pareilles répliques le bassin des deux fleuves resterait sans réponse, tandis que l'Inde en aurait d'immédiates et de péremptoires.

(1) A deux reprises la Bible enregistre Koush et 'Havilah dans la descendance de Cham : *Gen.* X, 6 et 7. — *Paral.* I, 8 et 9.

En de semblables questions, toutes les faces veulent être étudiées et approfondies.

§ IX. — *La Langue.*

Encore un signe indicateur de premier ordre mis en oubli.

Si l'on veut connaître la sphère de l'Éden, où des noms sont spécialement conférés aux personnes et aux choses, il faut savoir quelle langue fournissait ces noms. On comprend qu'il ne s'agit pas du parler du premier homme, mais de l'idiome qui dénomme les êtres de l'Éden.

Naturellement ce fut la langue que parla Koush, et qui fut en usage dans le Pays de Koush, la langue que parla 'Havilah, et qui fut en usage dans le Pays de 'Havilah, celle que parlèrent par conséquent les nations de la famille, Égyptiens, Chananéens, Phéniciens, Libyens.

Cette langue ne fut pas l'hébreu ni le sumérien, ni aucune autre étrangère à l'Inde ; mais nécessairement *l'indo-chamitique* ou celle des lieux berceau de tout ce qui fut nommé, berceau de *Kush*, *'Havilah* et des autres fils de Cham, *Çiva*, *Kef* ou *Kapi*, *Anu*, berceau ou habitat du *nâga* et de ses homonymes, l'étain, le plomb, le peuple *Nâga*, habitat où régna le *bdellium* sous tant de noms locaux significatifs et presque paradisiaques.

Contre toute attente, les types premiers de plusieurs de ces noms sont encore au berceau dans leur native fraîcheur ou peu s'en faut. Tels, *Kush*,

Kavila ou *Kawal* et *Kaboul*, *Çiva*, *Kapi* (les *Koph* de Salomon), *nâga*. Ils y sont même d'une exactitude plus grande que dans la Genèse, qui les prenait à l'étranger (1).

Ainsi la langue édénique, dont la forme primitive est aux Indes, accuse le siège indien des faits.

§ X. — *Surabondance des indications bibliques et indiennes touchant le Site de l'Éden.*

On vient de s'assurer par combien de signes irrécusables le texte biblique et les œuvres indiennes assignent à l'Inde la possession de l'Éden. Il n'est pas rare pourtant de voir des savants de grande autorité prétendre que les preuves manquent complètement. Nous ne citerons que Lenormant (2) : « *La tradition sacrée*, affirme-t-il, *ne fournit aucune indication précise sur la situation du Jardin de l'Éden.* » Nous sommes fort loin de souscrire à un pareil jugement, qui ne saurait venir que d'une étude très imparfaite. Non seulement des documents, et des documents de premier ordre, existent, mais ils abondent et surabondent, soit dans la tradition sacrée, soit en dehors d'elle dans les traditions de cette Inde que tous les documents signalent. Ne s'en est-on pas aperçu par tout ce qui précède (3) ?

(1) Sur ce dernier point, voir plus loin liv. II, ch. 1, § 11.

(2) *Hist. anc. de l'Orient*, IXe édit., t. I, p. 7.

(3) Voir notre supplément à *l'Aurore indienne* publié à part, et portant le titre du présent paragraphe.

Cependant, à cause de ces négations et de l'importance du problème, nous dresserons pour plus de brièveté un tableau qui, concentrant les notions offrira en regard les indications bibliques et les indications indiennes, et atteindra le triple but : 1° de faire toucher au doigt la grande quantité des renseignements, 2° de montrer que les indications bibliques se réfèrent aux Indes, 3° de faire ressortir la surprenante conformité des données indiennes avec les données bibliques.

Signes tirés de la Bible.	*Signes tirés des livres indiens* (1).
1. Dans l'Éden : *Pays de Kush* (Genèse, II, 13.) Il ne faut pas le prendre aux colonies, mais au berceau, ou dans l'Inde, région de l'Hindo-Kush. Tous les autres signes sont réunis au même lieu.	1. *Kuça-dvipa* (Vishnu-pur. II, IV), identique au pays de Kush.
2. Sa population de *Kushites.*	2. Sa population de *Kuçalas,* identique aux Kushites.
3. *Pays de 'Havilah* (Gen., II, 11), à reconnaître encore au berceau, dans le *Kabulistân.* Ne pas prendre surtout le 'Havilah d'Arabie, qui n'est pas chamitique, mais sémitique (Gen., X, 29).	3. *Krauncha-dvipa* (Vis.-pur., id.), identique au pays de 'Havilah (2).
4. Sa population de *'Havilites* ou *Kabulites.*	4. Sa population à nom d'oiseaux d'eau, comme les 'Havilites.

(1) Ils sont extraits principalement du *Vishnu-purâna*, quelquefois du *Mahâ-bhârata.*

(2) *Krauncha* est un synonyme de 'Havilah. Tous deux désignent des oiseaux d'eau très friands du lotus au même nom que 'Havilah.

5. *Kush* et *'Havilah* sont *contigus* comme seuls districts de l'Éden. Tels sont en effet l'Hindo-Koush et le Kaboulistan.	5. *Kuça* et *Krauncha-deipas* sont aussi contigus (*Vis-par.* II, II, IV).
6. *Kush* et *'Havilah* considérés comme *Eponymes* des deux Pays.	6. *Kuça* et *Krauncha Eponymes* des deux pays.
7. Pris au Nord-Ouest (G., II, 11-13).	7. Pris au Nord-Ouest.
8. *Parenté* curieuse de ces Eponymes.	8. *Parenté* semblable.
9. *L'arbre de vie* (G., II, 9) (1),	9. *L'arbre de vie* nettement décrit (*Vis-par.* (II, II),
10. avec des *propriétés* bien déterminées,	10. avec des propriétés identiques,
11. au *centre* du Jardin.	11. au centre du *Jambu-deipa* et du monde.
12. Produits édéniques : *l'or*,	12. Mêmes produits : *l'or.*
13. Son *excellence* (V. 12).	13. Id.
14. *Pierreries* (Id.)	14. Id.
15. *Bdellium* et son arbre l'*Agaru* (Id.)	15. Id.

Les Indes du Nord-Ouest sont, en effet, très riches en ces trois produits ; et le bdellium y est spontané. Les livres indiens font souvent mention de ces trois richesses.

16. *Signification de 'Havilah* : « Ibis, lotus ». Elle est descriptive du pays de l'Éden, fleurs, oiseaux, lacs, montagnes, belle nature, doux climat. L'Éden est donc :	16. *Signification de Krauncha* : « courlis ». Elle dit les mêmes choses.
17. Région d'ibis,	17. Id.
18. » de lotus,	18. Id.
19. » d'eaux,	19. Id.
20. » de montagnes,	20. Id.
21. » d'une nature fertile et belle,	21. Id.

(1) Cette donnée, qui ne peut être vérifiée sur place, l'est par la correspondance indienne. Ainsi de plusieurs autres.

22. avec un *climat tempéré* indiqué par cette nature.	22. Id.

Tels sont, en effet, l'aspect, la fertilité, beauté et température du Nord-Ouest indien (1).

23. Un *fleuve* unique,	23. Id.
24. se divisant en quatre rameaux. (*Gen.*, II, 10. « En l'Éden il sortait un fleuve pour arroser le Paradis, et de là il se divisait en quatre bras ».	24. Id. (*Vis.-pur.*, II, II). « Le Gange entoure la cité de Brahmâ, puis se divise en quatre puissantes rivières. »
25. *Entourage complet* de chaque district par les eaux (*Gen.*, II, 11-13).	25. Id. (*Vis.-pur.*, II, II).
26. *Création d'Adam* (*Gen.*, I, 26).	26. *Formation de* ¡*Manu* (*Vis.-pur.*, I, VII).
27. Au sens de « homme »,	27. Id.
28. A l'image de Dieu.	28. A l'image de Brahmâ. (Id.)
29. Il commandera aux êtres (Id.)	29. Il protégera les êtres (Id.)
30. *Genèse de la femme*,	30. Id.
31. par dédoublement (*Gen.*, II, 21).	31. Id. (I, VII) (2).
32. Le *nakhash* tentateur (*G.*, III, 1).	32. Les *Nâgas* tentateurs (*Mahâ-bhâ.*, *Adiparva*).
33. La *Tentation* par le *nakhash* dans l'Éden.	33. La *Tentation* par les *Nâgas* au même site avec de grands développements.
34. Le *Berceau* de Kush, 'Havilah et la famille de Cham dans la sphère de l'Hindou-Koush.	34. Le *Berceau* des Chamites aux mêmes lieux.
35. *Siège des faits* vers l'Hindou-Koush et le Kaboul.	35. *Siège des faits* vers le Méru, tête de l'Hindou-Koush (*Vis.-pur.*, II, II).

(1) V. *Aurore indienne*, liv. II, ch. III.

(2) Dans les sources purement chamitiques l'union des deux êtres est fortement accentuée.

36. *Langue indo-chamite* dénommant les choses de l'Éden, *Kush, 'Havilah, nâga, bdellium* et son arbre *aguru*, etc.

36. *Langue indo-chamite* dénommant les mêmes choses.

37. *Exactitude des noms* plus grande aux Indes que dans la Genèse, indice de leur origine indienne.

A ces signes nombreux on aurait à en ajouter d'autres, et il serait facile après ces deux fois 37 d'atteindre et de dépasser 80. La Tentation, à elle seule, renferme beaucoup de points communs, dont les principaux seront indiqués dans le prochain tableau. — De même le bdellium enrichit de quantité de dénominations indiennes qui sont autant de marques significatives dirigeant le regard juste sur les lieux.

Il y aurait encore à adjoindre, en tant que conséquences de ce qui précède, — le gisement des métaux travaillés par Tubal, — et le centre de la fabrication future du bronze.

§ XI. — *Les sites de l'Arménie et de la Chaldée éliminés.*

Sur l'emplacement de l'Éden, parmi une foule de suppositions auxquelles il est inutile de s'arrêter, et qui du reste sont annulées par les notions précédentes, il en est deux qui, adoptées par des savants de premier ordre, demandent à être réfutées, celles qui veulent pour sites soit l'*Arménie*, soit la *Chaldée*.

Avant d'en traiter séparément, il convient de présenter une observation, qui non seulement repousse

les deux thèses, mais toutes les autres sans exception, et à elle seule résoud le problème.

C'est, — et nous en avons déjà dit quelque chose,
— que rien ne saurait ravir à l'Inde l'armée de
preuves qui ont été apportées plus haut, et qui, dé-
rivées de la Genèse et des écrits indigènes, se prêtent un mutuel appui. Il n'est pas d'objection ; —
1° qui puisse enlever *Kush* et *'Havilah* au berceau
des Chamites en l'Hindou-Koush, et qui s'oppose
à ce que *Kuça* et *Krauncha-drîpas* soient dans les
textes indiens leurs représentants réels ; — 2° qui
supprime les mêmes Kush et 'Havilah en tant que
personnages *éponymes* de ces deux pays ; — 3° qui
fasse disparaître de l'Inde la présence abondante,
réunie et exclusive des trois beaux produits édéniques, particulièrement celle du très caractéristique
bdellium ; — 4° qui prive les deux districts de leur
aspect naturel, de leur flore et faune élégantes ; —
5° qui efface des deux sources, biblique et indienne,
les données identiques, — de contiguïté des districts, — d'entourage complet de chacun par les
eaux, — d'un fleuve unique se partageant bientôt en
quatre bras, — d'un arbre de vie , doué des mêmes
vertus, et dans un même emplacement central, —
de la formation de l'homme, — et de celle de la
femme par le dédoublement d'un corps unique ; —
6° qui anéantisse le célèbre *nakhash*, lié à des faits
locaux de la plus haute portée, comme la Tentation
et la métallurgie ; — 7° et passant sous silence
d'autres indications, qui contredise ces deux points
capitaux, que la langue nommant toutes choses re-

lève à la fois des Indiens et des Chamites ; — 8° enfin, que seule la littérature indienne reproduit les faits bibliques avec une correspondance indiscutable.

Sur l'Inde ces conditions nombreuses, variées, importantes, s'ajustent avec perfection, tandis qu'il serait impossible de les reconnaître en n'importe quel autre pays. Et prétendre, par le seul signe de l'Euphrate et du Tigre, qui nous valent l'Arménie et la Chaldée, annuler tout l'ensemble des indications désignées, laisserait voir qu'on ne les a nullement saisies.

I. *Arménie* (1). — Suppose-t-on l'Arménie, un examen scientifique et sérieux fait promptement reconnaître qu'aucune des indications, surabondantes pour l'Inde, ne saurait lui être appliquée. Pour le Tigre et l'Euphrate, seuls refuges de cette thèse, ils ont beaucoup plus besoin d'apologie que les preuves précédentes.

A l'Éden placé en Arménie il faudrait un *Pays de Koush* et un *Pays de 'Havilah* : or elle n'a pas plus l'un que l'autre. 1° Il n'y a pas en Arménie de Pays de Koush. Pour en trouver un, on fait le grand voyage de la Susiane, afin d'y prendre les *Cosséens* ; mais prendre les *Cosséens* pour des *Koushites* est une grosse erreur : ils ne le sont nullement. Dans le voisinage est bien une tribu de vrais Koushites ; mais la Susiane est à 150 ou 200 lieues de l'Arménie,

(1) *L'Aurore indienne* s'étend sur cette question, liv. I, ch. IV.

et tout à fait en dehors d'elle, comment donc ce corps éloigné de Koushites serait-il dans l'Arménie un *Pays de Koush?*

2° Le Pays de Koush doit être complètement environné par les eaux du Phison, et pour Phison on adopte l'Araxe; mais l'Araxe, on vient de le dire, coule à 150 ou 200 lieues au nord de cette Susiane que l'on a pris pour Pays de Koush! Du reste, la Susiane a ses fleuves propres, qui n'ont rien à faire avec l'Araxe et l'Arménie.

3° L'Arménie n'a pas plus de *Pays de'Havilah* que de Pays de Koush; alors on transforme la Colchide adjacente en Pays de'Havilah. Pure invention! Ce pays masqué serait bien loin de remplir les conditions, d'être contigu au Pays de Koush que l'on a rejeté en Susiane, et d'être complètement environné par les eaux. Il n'aurait pas non plus ce qui suit.

4° Des Eponymes de Koush et 'Havilah il n'est question ni en Colchide ni en Arménie. — 5° Des trois beaux produits rassemblés dans l'Éden, absence pareille, même de cet or qui ne brille pour la Colchide, nous l'avons prouvé ailleurs, que dans la légende de la Toison d'or. — 6° Point de nâga, de peuple Nâga, et rien de ce qui doit les accompagner. — 7° La langue arménienne ne fut jamais cette langue indo-chamitique affectée à tout ce que renferme l'Éden. — 8° Enfin, la littérature locale, au lieu d'avoir les nombreux récits de l'Inde, est tout à fait muette sur les faits bibliques.

Absolument privée de tous les signes indicateurs, l'Arménie n'a donc nul titre au site de l'Éden.

11. Mais *la Chaldée?* Elle n'en a pas davantage. Nous nous étendrons un peu sur elle, à cause des illustres patrons qui, dédaignant les Indes, la prennent sous leur égide.

Dans l'Inde, où les Chamites eurent leur berceau, leur extrême antiquité, avec une civilisation spéciale, leur antériorité sur ces illustres frères-colons, qui sont les Kushites de Chaldée, les Égyptiens, les Kefas, etc., fait dans cette même sphère indienne émerger au delà du monde que l'on croyait le plus ancien, Égypte ou Chaldée, un monde indien encore plus primitif. Et tout alors y recule dans les âges.

Ce n'est donc ni à l'Égypte ni à la Chaldée que l'on doit demander les premiers renseignements. L'antériorité et paternité de l'Inde l'enrichit d'un titre nouveau et de la plus haute valeur.

Il faut à ce sujet rappeler une observation sur laquelle nous avons insisté à plusieurs reprises. C'est que les écrits, tels que seraient les textes cunéiformes, ne sont nullement le gage de l'antiquité la plus haute. Que ne s'est-il point passé avant que l'on écrivît! Lorsque nous parlons de l'Inde, ce n'est pas sa littérature en ce qu'elle a d'*aryen* que nous envisageons, c'est l'Inde *pré-aryenne* que nous recherchons, ce sont surtout les conceptions et les traditions qu'elle eut avant les Aryas. Mais, d'une part, cette Inde n'a laissé rien d'écrit; de l'autre, la littérature aryenne s'annexa, en les altérant, les traditions des indigènes; on est donc réduit à fouiller le pré-aryen dans l'aryen même. Maintes fois ce travail est possible grâce aux signes évidents d'antiquité pré-aryenne que dans les Poèmes et Pourânes présentent un certain nombre de passages, grâce également à l'écho rendu sur ces traditions par les vieilles colonies.

Par un insigne bonheur les Poèmes et Pourânes ont englobé les faits de la plus grande portée, essentiellement primitifs, et qui nous intéressent le plus, comme ceux qui touchent à la création de l'homme et de la femme, au monde primordial, à la Tentation, au célèbre *nâga* tout local, à l'Arbre de vie, à sa garde, au Sauveur promis, aux éponymes des régions édéniques, au Déluge, avec des descriptions de lieux, et avec des peuples infiniment antérieurs à la venue des conquérants. La constante conservation par les indigènes de traditions d'un tel âge prouve le haut prix qu'ils y attachaient.

Cependant, quoique ce soit le pré-aryen que nous poursuivons, l'Inde aryenne nous est d'un précieux secours. Elle garde les noms de localités et de tribus nombreuses ; elle a naturellement l'ordre physique du passé, ou les animaux, végétaux, minéraux, dont plusieurs ont une notoriété historique.

Par ces souvenirs le pays moderne raconte celui du passé, et les préhistoriques indications de l'Inde en deviennent souvent des indications contemporaines.

Les textes de l'Égypte et de la Chaldée sont

extrèmement loin d'apporter en face des données bibliques la même série *ininterrompue* de faits, les mêmes développements, la même précision que ceux de l'Inde. En vain la Chaldée est fière de ses vieux textes cunéiformes; leur antériorité sur la littérature indienne ici ne prouve rien, puisque nous nous attachons au pré-aryen. Cette littérature indienne reproduit-elle beaucoup plus complètement et exactement les récits bibliques, oui ou non ? Oui, incontestablement. Alors cela suffit.

Disons même, que si la Chaldée répète quelque tradition, c'est que l'Inde la lui a donnée par ses *Chamites* (1). Elle était pleine de Chamites, et de Chamites puissants et très influents, qui firent accepter jusqu'à leurs dieux (Anu, Siva, Thot, Ouloul...) ; mais l'Inde ne reçut jamais un Chaldéen.

On ne peut se réfugier dans le prétexte que les textes cunéiformes sont trop peu connus, que l'avenir amènera peut-être des documents nouveaux, et que la thèse indienne est prématurée. Prématurée, elle ne l'est pas, dès qu'elle repose sur les plus solides preuves, et que nombre de signes de la dernière valeur veulent l'Inde de toute nécessité, tandis que la Chaldée les ignore totalement.

Toutefois, comme des assyriologues de premier ordre préfèrent la terre chaldéenne (2), nous allons la soumettre à l'épreuve des signes, terminant par

(1) V. *Aurore indienne*, liv. VII, ch. I.
(2) H. Sayce, *Fresh light*, p. 22-31-33.

un tableau comparatif des récits de l'Inde avec ceux de cette contrée, les indications de la Genèse restant toujours le type. Nos observations et ce tableau feront ressortir dans la question présente la pénurie chaldéenne.

Prenons les principales indications sur l'Éden ; à peu près toutes, sinon toutes, seront absentes du bassin de l'Euphrate.

Kush. — Il y avait des *Kassi* en Chaldée ; mais, corps transplanté et non initial, ils étaient émigrés des Indes. '*Havilah,* quoique le nom géographique se trouve en plusieurs lieux, n'apparaît nullement en Chaldée ; et pour l'avoir on se livre à des suppositions gratuites.

L'expression de '*Havilah,* loin de désigner une « Terre de sable », par son sens d' « ibis », dépeint une contrée montagneuse et accidentée, pleine de lacs et courants, d'oiseaux d'eau et de lotus, conditions que la Chaldée n'offre pas.

Le bel or, les pierres précieuses, l'aromatique bdellium sont les ornements de l'Éden, mais aussi du nord-ouest de l'Inde, où la Providence les a répandus avec profusion. La Chaldée n'a pas cela. Les pierres précieuses et le bdellium, indices des plus marquants, elle les possède si peu qu'elle fait venir les pierres de ses sceaux et le parfum de la Bactriane et de l'Inde.

Fleuves. — En Chaldée courent bien le Tigre et l'Euphrate, mais, ainsi qu'on l'a dit plus haut, elle ne peut compter sur eux. L'on ne voit pas non plus dans ses textes, comme on voit dans les Pouranes, ce *fleure unique, qui arrose, puis se dirise en quatre courants*, ni *l'entourage complet* des districts par les eaux.

Le Berceau. — Koush et 'Ilavilah sont des territoires chamitiques, ayant des *Chamites* pour éponymes. Or le berceau de la famille de Cham est dans l'Inde : les descendants des patriarches y sont encore. Ce berceau ne fut certainement pas en Chaldée.

Parmi les patriarches ou éponymes il en est de célèbres, comme *Anu*, représentant les Égyptiens, *Kapi*, représentant les Chananéens et Phéniciens, *Çira*, le dieu suprême, qui est *Meru-dhîman* « habitant du Meru ». Ni les premiers Anous et Kapis, ni Çiva n'ont pris naissance en Chaldée.

Le *nâga*, qui dans la Tentation joue un rôle essentiel, ce serpent, dont on ne sépare pas les grands métaux ni un peuple tout entier, revêtus du même nom, ce serpent sans lequel pour ainsi dire on ne conçoit pas l'Éden, est inconnu en Chaldée.

La Tentation. — Tandis que la Chaldée ne livre aucun texte sur la Tentation, l'Inde la traite dans tous ses livres sacrés avec une précision de détails qui confond d'étonnement. Ces larges, exactes, multipliées narrations enlèvent la présence de l'événement à tout autre pays qu'à l'Inde.

La *langue* propre aux éléments édéniques est le *chamito-indien*. Ce n'est pas le chaldéen qui de son propre fonds a nommé Kush, 'Ilavilah, le nâga, l'aguru, les patriarches éponymes du chapitre X.

Le Bocage d'Éridu et le Gan Dunyas « Jardin du dieu Dounyas », que l'on propose pour l'Éden, ne peuvent nullement soutenir la comparaison avec tout ce que l'Inde nous offre.

Un tableau comparatif entre les traditions premières de la Chaldée et celles de l'Inde, d'après le type de la Genèse, va résumer les vues qui précèdent, en y ajoutant quelques traits nouveaux.

Tableau comparatif des traditions premières de l'Inde et de la Chaldée.

INDE.	CHALDÉE.
Éden : Deux districts de *Kuça-dvipa* et *Krauncha-dvipa* (synonyme de 'Havilah.)	Pas de 'Havilah, et sur lui suppositions gratuites.
Contiguïté des deux districts.	Nulle ou supposée.
Fleuve qui coule d'abord,	Nul.
puis se divise en quatre rameaux.	»
Entourage complet de chaque district par les eaux.	»
Produits abondants : Or optime, pierreries,	»
	»
bdellium : l'Inde est son habitat.	» La Chaldée fait venir le sien de l'Inde.
Région (suivant le sens de 'Havilah) d'ibis,	Nul.
de lotus,	»
d'eaux,	»
de montagnes.	»
Formation de l'homme, *Manu,*	»
au sens de « homme »,	»
à l'image de Brahmâ,	»
pour protéger les êtres.	»
Formation de la femme par dédoublement.	»
Éponymes avec monographies, pour *Kuça,*	»
et *Krauncha* (ou 'Havilah).	»

Parenté de ces éponymes.	»
Berceau de la famille de Cham au nord-ouest.	»
Patriarches éponymes du chapitre X.	»
Tentation. Récits développés, avec	» « Aucun récit de la chute de l'homme semblable à celui de la Genèse n'a encore été trouvé (1). »
les *Nâgas*, hommes-serpents tentateurs.	»
l'arbre de vie,	» Absence remarquable en présence des données de l'Inde (2).
au centre du pays,	»
avec les mêmes vertus que dans la Genèse.	»
Offrande de l'aliment à une femme.	»
Punition des tentateurs, leur malédiction.	»
Promesse d'un Sauveur.	»
La garde de l'aliment de vie :	Nul.
Ce sont, comme dans la Genèse, deux redoutables défenseurs,	»
et un glaive étincelant et tournant se soutenant par lui-même,	»
Langue indo-chamitique dénommant les choses.	» (3)
Accompagnement du *nâga*, étain, plomb, cuivre.	»
Métallurgie du bronze (Tubal).	»
Déluge.	Déluge.

(1) H. Sayce, *Fresh light.* — La représentation qu'offre un cylindre babylonien isolé ne saurait être l'équivalent des amples récits indiens.

(2) Le *cèdre* est ordinairement pris pour l'arbre de vie. C'est une erreur que nous réfutons dans l'appendice A.

(3) Que l'on prenne n'importe quelle donnée chaldéenne de l'ordre que nous étudions, le *Bocage d'Érida*, la *Création*, le

19

Le récit du Déluge est le seul que la Chaldée produise comme ayant une sérieuse conformité avec celui de la Bible; mais nous le croyons, d'après des motifs donnés autre part, reçu des Chamites émigrés de l'Inde, et aussi influents que nombreux dans la région chaldéenne. En outre, les concordances du *Bhâgavata* indien sont plus multipliées et saisissantes. L'on connaît du récit non pas une, mais quatre versions indiennes.

On cite encore comme voisin de celui de la Bible l'exposé de la *Création*, qui ne présente pourtant que deux ou trois points de ressemblance. C'est maigre, en regard de tout ce que donnent les Indes.

Nous pensons donc être dans le vrai en affirmant que le point de départ des traditions, est l'Inde et non la Chaldée. Si parfois l'on tient beaucoup à la thèse chaldéenne, c'est que *l'Inde est inconnue.*

§ XII. — *L'Éden n'a nullement été bouleversé.*

Il reste, pour bien assurer le site du Jardin de délices, à répondre à une supposition, qui pour être très commune n'en est pas plus exacte; c'est que le site aurait été bouleversé par des cataclysmes, en particulier par le Déluge, et que maintenant il est introuvable. S'il est déclaré introuvable, c'est sans doute parce qu'on ne l'a pas trouvé.

Déluge, l'on n'y trouvera pas ce vocabulaire chamitique devenu biblique, qui nomme les choses de l'Éden, et que l'Inde possédait sous sa première forme.

Un bouleversement et effacement de l'Éden sont démentis par l'étude des conditions dans lesquelles le place la Genèse, et par l'état réel des lieux. Quelques remarques suffiront à en convaincre (1).

De tout temps les *Pays de Koush et 'Havilah* furent vus en place, et en eux-mêmes, avec leurs noms propres conservés, et avec tout ce que la Genèse leur accorde, et que nos lecteurs connaissent bien, or excellent, gemmes, *aguru*, serpent *nāga*, auxquels on peut ajouter les métaux, les oiseaux pêcheurs, le lotus des étangs, et même le figuier et la vigne cités en des pages voisines de celles de la description. A présent comme autrefois, ces nombreux témoins de la Genèse sont toujours là. Conservant dans la longue suite des siècles l'habitat qui leur convient, tous ces êtres, appartenant à des règnes différents, déclarent par leur permanence que ni le sol ni le climat n'ont subi de changement, et que les choses sont encore ce qu'elles étaient lorsque pour la première fois on en releva la peinture. C'est même leur présence continuée qui nous a permis de retrouver le Jardin.

CHAPITRE II

LES FAITS BIBLIQUES DANS LES INDES

A la suite de la peinture de l'Éden, tous les faits de la Genèse jusqu'à son chapitre XI ont pour théâtre

(1) Pour plus de développements, voir *Aurore indienne*, L. I, III.

la seule sphère indo-édénique. Ils viennent donc légitimement se placer ici. Des sommaires suffiront, parce que nos précédents ouvrages ont déjà traité ce sujet, mais ils seront nécessaires pour rappeler au grand empire ses honneurs passés.

§ I. — *La Tentation.*

A peine l'Éden est-il décrit qu'il devient la scène de la *Tentation*. Difficilement on supposerait qu'un fait pareil puisse avec tous ses éléments essentiels se montrer en des œuvres païennes surchargées de fables ; cependant il a sa place aux textes indiens, non en quelques traits vagues et peu significatifs, mais amplement, et dans ce qu'il a de plus spécial et singulier. Comme on peut toutefois s'y attendre, la leçon morale de la chute est absente, et l'esprit mythologique circule dans les veines de la narration, mais l'ossature est tout à fait celle du récit biblique.

L'histoire en est si parfaitement locale, et si bien dans la tradition des indigènes, que tandis qu'elle ne paraît clairement en aucun autre pays, la Chaldée comprise, elle s'étale dans toutes les principales œuvres indiennes. C'est elle qui ouvre le grand poème du *Mahâ-bhârata*. Elle est dite racontée pour la première fois par le célèbre compilateur *Krishna-Dwaipâyana* « le Noir né dans une île », à qui le poème attribue et sa propre composition et celle des Védas. Ce « Noir », qui n'était que *brun*, est un Chamite, né d'une femme *Matsyâ* « poisson », également Chamite. On peut donc présumer que l'origine du récit est chamitique, nullement aryenne.

Les Aryas paraissent le reconnaître, car ils disent (*Adi-parva*, st. 1022) : « Les Brâhmes ont nommé cette histoire un *Pourâne* », un récit antique par excellence.

Presque universel, ce récit se voit encore dans le *Râmâyana* (*Adi-kanda*), dans le *Vishnu-purâna* (l. I, ix), et en nombre d'autres Pourânes, le *Matsya*, le *Padma*, *Agni*, *Bhâgavat*, etc., dans le *Hari-vamça*. Le fond ne varie pas ; le voici en abrégé :

Une liqueur, *amrita* « non-mort », ou bien un aliment, le fruit de l'arbre *Jambu* « pomme rose », qui *per se* peut conférer une vie immortelle, est le grand objet de la tentation et de la guerre qu'elle provoque. Des *hommes-serpents*, qui portent littéralement le nom du *serpent-tentateur*, *Nâga*, le convoitent ardemment. Et en effet la région fut habitée par un peuple de ce nom, encore vivant dans les montagnes de l'est, où il a émigré de l'ouest. Ces hommes-serpents luttent contre les dieux auxquels seuls appartient l'amrite, afin de se l'approprier. — Une femme séduisante apparaît : ils brûlent de lui donner la liqueur, et dans ce but continuent le combat. — Mais ils sont vaincus par les dieux, massacrés, livrés à la voracité de l'aigle Garuda, et condamnés au feu. — Ils avaient été *maudits* par leur mère.

Or voici le salut. Brahmā, qui avait approuvé la malédiction maternelle, promet aux bons Nāgas un *Sauveur*. — Le Sauveur vient en effet « au temps révolu ». — Saint, fils de saint, et de race serpentine lui-même, il a ainsi la même nature que les condamnés, — et il délivre en réalité du supplice du feu ceux qui sont ses frères.

Le fait de la *garde* que les dieux préposent alors à l'amrite contre les convoitises des Nāgas est on ne peut plus frappant de similitude avec la *garde* de l'Arbre de vie dans l'Éden. Cette garde est composée de deux redoutables serpents, et un *glaive* terrible *flamboie* et *tourne* sans cesse au-dessus du vase contenant la liqueur, pour en interdire l'approche. C'est exactement le *flammeum gladium atque versatilem* de *Gen.*, III, 24.

Nous venons de dire que l'aliment d'immortalité est tantôt la liqueur *amrita* obtenue par le barattement de la mer, tantôt la pomme de l'arbre *Jambu* (1). Mais la tradition originelle ne pouvait être double, et de très fortes raisons portent à croire que la version première, et pour nous chamitique, fut non pas celle de l'amrite obtenue de la mer, mais celle du Jambu. Le Jambu est un arbre comme celui de l'Éden ; il est situé au centre de son douipe comme l'arbre paradisiaque est au centre du Jardin ; il offre très naturellement son fruit comme aliment, et n'exige pas la mer, son barattement et toutes les folles inventions qui font cortège (2).

Tout à fait en faveur de ce point de vue sont deux

(1) Le Jambu, *Eugenia Jambu* « pomme rose », porte de petites pommes au parfum de la rose, qui lui ont valu son nom.

(2) *Vish.-pur.*, Liv. II, ch. II.

figures très connues, où l'on voit généralement la scène de la Tentation. L'une est sur un cylindre chaldéen, représentant un arbre entre un homme et une femme qui tendent la main pour en cueillir les fruits, tandis qu'un serpent se lève derrière la femme. L'autre figure est sur un vase antique de l'île de Chypre de travail phénicien, qui représente, mais sans les personnages, un arbre d'où pendent des fruits qu'un serpent dressé s'apprête à saisir.

La version de l'arbre Jambu nous semble donc beaucoup plus traditionnelle, plus répandue, plus vraie que celle du barattement.

Et quand nous la pensons due aux Chamites, d'importantes considérations nous appuient. — Le pays où se passa la scène n'est-il pas leur propre pays, et ne devaient-ils pas avoir le récit de première main ? — Les lieux où se trouvent les deux figures que nous venons de citer, Chypre et la Chaldée, ne figurent-ils pas pour eux des tendances où ils vécurent longtemps, tandis que les autres n'y mirent jamais les pieds ? Il est donc probable que ceux-ci empruntèrent l'histoire aux Chamites en l'ornant à leur façon. Les Chamites durent la posséder sous une forme beaucoup plus rapprochée de la Bible.

Nous avons fait observer combien dans les Indes le récit prend un caractère local, tout en fixant les mêmes régions que la Genèse, et combien aussi il réclame les Chamites. Les combattants pour l'aliment de vie sont en effet les Nâgas, habitant l'Hindou-Koush vers les mines dont les métaux répétaient leurs noms. Ils étaient soutenus par les *Dānavas* et les *Daityas*, que les Pourānes rattachent à la même contrée, au *Kuça-drīpa*, notre *Pays de Koush*, et qui s'y trouvaient réellement. Tous occupaient les deux terres de la Genèse, *Pays de Koush* et son voisin *Pays de 'Havilah*; et tous étaient des plus purs Chamites.

D'autres données désignent les mêmes emplacements et les mêmes populations. En premier lieu, le dieu local est *Çiva*, que le Vishnou-pourāne (II, iv) reconnaît pour divinité principale du *Krauncha-drīpa*. Or ce Krauncha répond au Pays de 'Havilah, et Çiva préside aux Chamites. Ce dieu est dit en outre « seigneur de l'arbre Jambu », *Jambukeç-rara* (1), et un pèlerinage est établi dans la localité, *Jambukeçraratīrtha*. Il est encore le dieu des serpents et des démons. Ces faits sont autant de liens qui maintiennent la Tentation des livres indiens dans les mêmes parages que la Bible.

En second lieu, on a vu que les tentateurs avaient été livrés à la voracité de l'aigle Garuda, qui est le faucon *bisha*, toujours célèbre. Mais ce faucon est dans la réalité l'hôte spécial de ces cimes himalayennes, alors propriété des Nāgas. Et par son aire, et par le genre de sa proie, Garuda place donc l'événement encore en ces mêmes régions.

Ainsi pour la Genèse et pour les livres de l'Inde, le siège de la Tentation est un seul et même, l'Inde

(1) Monier Williams, *Brāhmanism and Hinduïsm*, p. 331.

du nord-ouest. De plus les indigènes sont également les mêmes, pour la Genèse des Koushites et 'Havilites, c'est-à-dire des *Chamites*, avec le serpent *nâga* ; pour l'Inde, encore des *Chamites*, dont les plus en vue sont les *Nâgas*, hommes-serpents (1). Au reste, les deux conditions s'unissent, car dire les lieux c'est en dire les populations.

Un récit comme celui de la Tentation, si développé et explicite, sur un mystère dont les conséquences atteignent tout le christianisme, un récit qui mentionne les mêmes contrées, les mêmes acteurs, et sous les mêmes noms que la Bible, qui dans les détails les plus à part marche de front avec elle, qui par ses éléments se rattache à tout l'ordre primitif, un tel récit est fait pour jeter sur les origines une éclatante lumière, et mettre nettement en évidence que les faits primordiaux se sont accomplis en *pleine sphère indienne.*

Mais quoi ! il semble que nul commentateur n'a connu une mine si riche, puisque aucun n'en a parlé. Dieu veuille que l'attention s'y porte à l'avenir ! Il est vrai que c'est un nouveau problème qui s'ouvre,... et ce ne sera pas le plus petit.

§ II. — *L'origine de la métallurgie dans les Indes*

Ce qui nous intéresse dans ce travail est de savoir si la première fabrication du bronze, qui se

(1) Elle leur associe les *Daïtyas*, que nous avons déjà vus aux mêmes lieux édéniques, vendeurs du bdellium, *Daïtya-mela-ja.*

répandit à l'occident, et sur lequel repose un âge de la civilisation, fut un des privilèges de l'Inde. Hardiment l'on peut répondre que oui, par des raisons péremptoires. C'est — le nom même des métaux, — le récit de la Bible sur Tubal-Caïn, — le témoignage des écrivains compétents, — la présence des mines, — celle de populations de mineurs, — le très antique emploi du bronze en des pays qui le tiraient de l'Inde, comme la Chaldée et l'Égypte.

Mais parler du bronze, c'est parler de l'étain. Si l'on est encore à chercher où furent fabriqués les premiers bronzes, c'est que l'on se demande d'où fut extrait le premier étain connu. Les raisons que nous venons de rapporter vont nous le dire.

Avant tout se prononcera son nom. Il révèle on ne peut mieux l'emplacement des mines. Pictet dit en ses *Origines indo-européennes* (I, 209) : « L'ancien nom de l'étain ne paraît se trouver nulle part. » C'est une erreur. Souvent uni à celui du bronze, le nom le plus antique et vraiment originel fut au contraire le plus répandu, notamment dans les vieux et célèbres empires, enfants de l'Inde, et qui avaient conservé des relations avec elle.

Pour ne pas trop nous répéter, disons ici seulement que le nom de l'étain est fils et homonyme de celui du serpent *nâga*. Les indigènes de l'Hindou-Koush, trouvant les cachettes du serpent *cobra* parmi les veines de l'étain et du plomb, en avaient conclu que ces métaux étaient la progéniture du reptile. Ainsi la demeure de l'étain et du plomb nous est dévoilée par la demeure et le nom de leur prétendu père, comme par celle du peuple *Nâga*, qui eut dans l'Hindou-Koush sa résidence initiale. Pour nous, elle ressort aussi du fait qu'elle appartient à la région de l'Éden, désireuse de son *nakhash*.

Quand la Genèse arrive à Tubal-Caïn, elle le fait par des chapitres qui tiennent étroitement à ceux de l'Éden et du serpent tentateur. L'Éden est au chapitre II, le Tentateur au chapitre III, et Tubal au chapitre IV.

L'Éden est donc révélateur du bronze, et *vice-versâ*.

Sur quelques autres points du globe la métallurgie se montra, mais le bronze qui devait jouer le plus grand rôle dans le premier monde civilisé ne peut être ravi aux provinces indiennes du *nâga*. On va mieux s'en rendre compte en suivant étape par étape la pérégrination du métal, que la figure du serpent accompagne avec fidélité.

Inde : *nâga*, serpent et.		étain, plomb.
Ethio. :	{	*nakk*, étain, plomb.
		nakes, cuivre, airain.
Egyp. : *nak*, serpent		*bas-nag*, étain.
Chaldéo-Ass. :		*anak*, étain, plomb.
Sumérien :		*anna*, *nigi*, étain.
Arabe : *nakhs*, serpent.	{	*anak*, étain, plomb.
		nahds, cuivre.
Syrie :	{	*anka*, étain, plomb.
		nakaha, cuivre, étain.
Hébr. : *nakhash*, serpent	{	*nekhoket*, cuivre, airain.
		anakh, plomb.
Arm. :		*anak*, étain, plomb.
Pers. :		*anak*, id., id.

Voilà ce qu'enfanta le *nāga*.

Mais il est une seconde appellation de l'étain, dont on ne peut ordinairement saisir l'étymologie et l'origine parce qu'on les cherche dans le sanscrit, qui n'y est pour rien, attendu qu'elles appartiennent au chamitique : c'est celle de *kastīra*. La dénomination est un composé dont les deux membres sont chamitiques, *kasā* pour *kansa*, cuivre, et *tīra* étain. Ce *tīra*, resté mystérieux, en disait pourtant beaucoup, car il désigne « l'agitation » (ass. *tiru*), pour dire la substance qui, mêlée au cuivre, produit par l'agitation le métal composé. *Tīra* est l'alliage.

Avec ce nouveau nom reprenons notre voyage, et il nous fera passer par les mêmes stations que le *nāga*, ce qui est bien concevable, la provenance indienne et les vendeurs étant les mêmes.

Inde : *Kas-tira,*	étain.
Assy. : *Kasasa-tirra,*	id.
Arabe : *Kastir,*	id.
Nubie] (Darfour), *Kastir,*	id.
Grec : κασσίτερος,	id.
Anc. slave : *Kasiter,*	id.
» prussien ? : *Starstis,*	id.

Quoique toutes les stations ne soient pas là, celles qui nous sont connues n'en tracent pas moins le grand rayonnement d'une influence partie d'un même point. Car on a,

Inde,	Syrie,
Accad,	Palestine,
Babylonie et Assyrie,	Arabie,

Éthiopie,	Arménie,
Nubie,	Grèce,
Perse,	Pays slaves.
Égypte,	

Un fait suppléera aux noms des localités qui nous manquent, celui des trouvailles du métal même, dont les proportions ont juste les proportions indiennes ou de 10 à 15 d'étain contre 85 à 90 de cuivre. Il ajouterait la Libye, la presqu'île du Sinaï, la Suède, la Norvège, etc.

Tel est le champ conquis par le *nāga* et son étain. La métallurgie est bien indienne.

Cette aire fut à peu près celle des mégalithes, qui paraissent, dans l'Inde, leur tête de ligne, dans la Palestine, la Phénicie, l'Arabie, la presqu'île du Sinaï, l'Égypte, l'Éthiopie, la Libye entière, l'Espagne, le Portugal, l'Angleterre et l'Irlande, la Suède et la Norvège.

Cette unité de parcours est fort naturelle, puisque les porteurs du bronze étaient en même temps les érecteurs de mégalithes. Tout aussi naturelles sont les différences, car les marchands de haches et d'épées n'avaient pas à construire partout des dolmens pour des morts de distinction.

Nous venons de nous étendre sur les noms qui rattachent à l'Inde nos grands métaux ; restent quelques autres preuves.

1. En réalité, y avait-il dans l'Inde nord-occidentale des gisements d'étain, et proche d'eux d'autres copieux gisements de cuivre? Burnes y signale l'étain près de la passe occidentale de Bāmian, non

loin de la source de l'Hilmend. Le plomb, qui par l'identité de son nom de *nâga* avec l'étain montre au même titre le lieu où on les trouva réunis, et où on les prit pour frères, a encore, à l'heure actuelle, dix à douze mines en pleine exploitation. — Quant au cuivre, il est dans le voisinage on ne peut plus commun.

2. Des nations de métallurgistes et de trafiquants peuplent aujourd'hui et peuplaient déjà ces montagnes riches de matières premières en presque toute leur étendue. C'étaient alors les Nâgas, les Tâkas, les Kefas ou Kapilas ou Phéniciens futurs, si connus par leur habileté, les Tibâras. Un type du temps en est tracé par la Genèse dans la « brune » et belle Çillah, mère de Tubal le forgeron.

3. Dès Sargon Ier, déjà fier, en 3.800, de ses chars de bronze, l'étain et le bronze, nommés comme on l'a dit plus haut, étaient au golfe Persique, dans les îles occupées par les Kefas descendus de l'Hindou-Koush. Ils étaient en Babylonie, venus de l'Inde, puisque la Babylonie n'avait pas d'étain. Ils étaient aussi parvenus en Égypte.

En résumé, la réalité des gisements, la présence de populations de mineurs, les noms qui expriment les gîtes précis, et par leur parcours disent les commerçants des ustensiles nouveaux et leurs voyages, l'industrie des Kefas au golfe Persique, la Bible, les auteurs compétents, donnent hautement la priorité du travail du bronze à l'Inde du voisinage de l'Éden.

Il faut donc écarter les Touraniens que nombre de savants regardent comme les initiateurs de la métallurgie.

§ III. — *Fils de Dieu et Filles des hommes, ou un corps de Sémites dans les Indes et le point de départ pour Babel.*

Nous n'aborderions pas le sujet à apparence toute biblique de la rencontre des *Fils de Dieu* et des *Filles des hommes*, si nous ne pensions que l'histoire générale, qui ne paraît pas s'en être occupée, peut cependant et même doit lui accorder une place.

Dans ses chapitres II, III et IV, la Genèse poursuit sa narration. Le chapitre V, qui développe la généalogie des Séthites, ancêtres des Sémites, met alors en relief cette famille particulière à laquelle s'attachera le Pentateuque. Le chapitre VI qui suit est la continuation du récit arrêté au chapitre IV.

Les hommes se sont multipliés ; et les *Fils de Dieu* voyant pour la première fois les *Filles des hommes*, qui étaient fort belles, prirent pour femmes celles qui leur plurent. Nous croyons avoir donné l'explication de ces faits dans le livre VI de notre *Aurore indienne*. Comme le Pentateuque est l'histoire des Sémites, dans les *Fils de Dieu*, avec la modestie chère à la nature humaine, c'est leur propre famille qu'ils entendent. Un flot d'entre eux, mais non pas le corps entier, puisque bientôt après on les voit réunis au bas Euphrate, se trouve en rapport avec une population étrangère. Jusqu'ici les faits se sont passés vers la région de l'Hindou-Koush, c'est encore là que se montrent les nouveaux venus.

Dans la population étrangère et belle qui s'offre alors aux Séthites ou Proto-Sémites (1), nous avons reconnu celle des Indes, particulièrement les Chamites du nord-ouest. Elle touchait à la frontière par laquelle débouchèrent les Séthites; elle était aux mines, adonnée à l'œuvre qui sera celle de Tubal; Çillah, la seconde épouse du bigame Lemech, en faisait partie; les femmes y étaient douées de grâces qu'elles savaient faire valoir, et qu'elles possèdent toujours; et leur religion encourageait des mœurs plus que faciles.

Le chapitre sur les alliances des Fils de Dieu avec les Filles des hommes, qui par ses conséquences prend dans la Bible une importance sans égale, est donc le récit d'une *Rencontre des Sémites et des Chamites*. Cette rencontre n'est pas mentionnée par l'histoire profane, mais elle offre assez de gages pour qu'on puisse l'admettre sans crainte. Entre Sémites et Chamites, malgré la différence des races, la parenté des langues et des coutumes est telle que la juxtaposition des deux familles, et même dans les ombres du passé leur fusion sont plus que probables. On les voit toujours côte à côte.

_____

(1) En raison du lien qui les unit, nous appelons quelquefois *Sémites* ceux qui primitivement étaient les *Séthites*.

Les voyageurs au surplus ne reconnaissent-ils pas dans le nord-ouest des populations au type sémitique-juif très prononcé ? Ce qui va suivre apportera sur ce point une preuve spéciale, dans l'érection de la *Tour de Babel.*

La Genèse expose en effet que la corruption qui résulta du mélange, où nous voyons celui des Sémites et des Chamites, amena le châtiment de Dieu; mais aussitôt après la narration du châtiment le récit reprend son cours, comme si l'on était toujours en des conditions analogues aux anciennes, c'est-à-dire sur le même terrain, et en face des mêmes populations. « La terre, est-il dit, n'avait alors qu'une seule langue et manière de parler. » Sans doute il s'agit ici de Sémites et Chamites, et d'après ce que l'on sait sur les rapports des deux races et leurs langues, l'affirmation porte sur un fait réel.

Mais des émigrants partent « de l'Orient », ce qui est encore juste de l'Inde par rapport au bas Euphrate. XI, 2. Ils trouvèrent des plaines dans le pays de Sennaar, et ils y habitèrent.

Les Sémites étant pasteurs, une semblable station leur convenait à merveille ; et on peut croire que le fait les regarde particulièrement. Mais les Chamites étaient aussi dans les environs. Les Accads et Soumirs y étaient pareillement.

On remarquera ce point important que ces trois races réunies au bas Euphrate l'étaient dans les hautes Indes, la branche des Sémites dont nous parlons, les Chamites, et les Touraniens auxquels sont apparentés les Accads.

Dans la construction de la Tour ou Pyramide de Babel alors racontée, nous ne pouvons voir comme principaux acteurs matériels que des Chamites, quoique les Sémites présents y aient dû coopérer. Nous allons en donner les motifs.

Les deux colonnes de Sémites et de Chamites paraissent avoir eu un point de départ commun, et ils arrivent au même terme. Mais le genre de vie diffère suivant les races et les habitudes antérieures. Aux Sémites des champs pour la pâture ; aux Chamites l'industrie, le bronze, des pyramides, des villes. Les Chamites, suivant leur coutume, veulent construire. Bien qu'ils sachent supérieurement tailler et mouvoir la pierre, comme le sol ne leur en offre pas, ils se décident à bâtir en briques. Ce mode leur était aussi familier : la plupart des nombreux forts de l'Hindou-Koush, première patrie, sont encore aujourd'hui en briques. Brique ou pierre, en tout cas l'idée initiale de construire une ville et une monumentale pyramide est le fait des Chamites.

Jamais les Sémites n'avaient fait pareille chose. Ce que désiraient surtout ces pasteurs était « *campum in terra Sennaar* », des plaines pour leur bétail. Que s'ils construisirent aussi en Assyrie, ce fut plus tard, et par imitation des Babyloniens. Mais là où ils furent réduits à eux-mêmes, comme en Palestine, jusqu'au temps de David et Salomon, ils n'entendaient pas plus à l'architecture qu'à la métallurgie ; et lorsqu'ils en voulaient les œuvres ils étaient forcés de s'adresser aux Phéniciens, qui étaient des Chamites. Villes et pyramides, disons aussi mégalithes, étaient au contraire dans le génie et savoir-faire des Chamites. Ils en élevèrent partout et toujours : l'Hindou-Koush et chacun de leurs domaines étrangers en furent couverts. La Tour de Babel voyagea de l'Inde à l'Euphrate.

La pyramide, *zikurât*, était en outre par sa forme conique le honteux symbole de leur dieu Çiva, lequel suivit invariablement ses disciples flanqué de son image. — Les Chamites érigèrent la tour suivant leurs plans habituels, et aussi suivant leurs connaissances astronomiques, à sept étages, les sept étages étant dédiés aux sept planètes, et revêtus de leurs couleurs. Coopérateurs, les Sémites entrèrent dans leurs vues.

Or les Chamites étaient originaires du Cham-douipe ; mais puisque la Genèse qui s'attache aux Sémites les fait venir de « l'Orient », là donc à l'époque de l'émigration fut un corps de Sémites mêlé aux indigènes.

Ces explications, en fixant le Cham-douipe de l'Hindou-Koush comme point de départ des ouvriers, refusent par conséquent ce point de départ à l'Arménie que l'on adopte si souvent. L'Arménie n'avait pas de Chamites ; l'Arménie n'avait pas le culte de Çiva, dont les pyramides sont le signalement ; ses peuples n'étaient nullement bâtisseurs et faiseurs de pyramides. Les auteurs de la belle *Histoire de l'art dans l'antiquité*, MM. Perrot et Chipiez, peuvent écrire : « Les Arméniens n'ont jamais eu d'art qui leur appartînt en propre, et l'on ne trouverait pas dans cette Histoire une page où leur nom soit inscrit (1). »

CHAPITRE III

LES TRADITIONS DANS LES INDES
ET CHEZ LES CHAMITES

Par notre titre nous entendons établir deux faits :

1° Les traditions premières furent l'apanage des Indes.

2° Les Chamites en furent détenteurs.

§ I. — *Les Traditions premières dans les Indes.*

La possession des traditions premières les plus conformes à la Bible est encore l'apanage des Indes. L'origine des traditions est nécessairement une, et elle ne peut se trouver en un autre pays, puisque les événements, comme nous l'avons montré, se sont passés en celui-ci. Il est impossible de méconnaître que les lieux, les populations et les faits sont dans les livres indiens les mêmes que dans la Genèse. Et jamais l'Inde n'aurait eu des connaissances à ce

(1) Liv. VII, ch. 1, p. 3.

6

point développées et précises si le théâtre n'en avait été chez elle. Plus qu'aucune autre contrée, elle dut donc garder les souvenirs.

Nous ne voudrions pour preuve de cette localisation que le fait de la Tentation. Que l'Inde en ait été le siège est de certitude absolue : 1° par la présence des acteurs serpents ou hommes, *nāgas*, avec leur cadre local ; 2° par la narration large et reproduite dans tous les textes sacrés, deux points que nul autre pays ne répète, notamment l'Arménie, la Chaldée, l'Égypte, où l'on ne voit rien qui en approche. Or ce fait de la Tentation est lié fort intimement à celui de l'Éden, par les mêmes lieux, le même aliment de vie, les mêmes personnages, lié également à celui de la métallurgie. Inhérente à l'Inde, la Tentation lu assure donc les grands tableaux du début. Et mieux que personne les Nāgas et autres indigènes devaient tenir en leur mémoire des événements très graves, quelle qu'en fût pour eux la forme, et qui paraissent les avoir fortement impressionnés.

Que l'on ne s'étonne pas de pareils rapports entre les traditions des Chamites-Indiens et celles des Sémites, nous l'avons déjà fait voir ; les deux races, quoique essentiellement différentes, marchèrent toujours rapprochées. Matériellement nous les avons trouvées rapprochées dans le drame des Fils de Dieu et des Filles des hommes. Dans la suite, on les voit ensemble vers l'Euphrate, ensemble en Arabie, ensemble en Chanaan et Palestine, ensemble en

Égypte avec la descendance d'Abraham et autres Sémites.

Dans un autre ordre, ensemble encore procèdent les langues, ensemble les coutumes. Celles-ci seraient presque identiques si l'on prenait Chamites et Sémites dans toutes leurs branches ; mais se borne-t-on aux Chamites-Indiens et aux Israélites, en élaguant des coutumes indiennes ce qui est purement païen, il en reste encore beaucoup, et des plus caractéristiques, qui sont en commun, ce qui n'a pu avoir lieu que par de nombreux points de contact. — Telles sont les impuretés légales de diverses sortes, et avec quantité de circonstances précises, — la classification des êtres en purs et impurs, — les onctions sur le corps, — sur la tête pour le sacre des hauts personnages, — les cendres dans le deuil, — les saluts et prosternations, — les purifications obligatoires, — les ablutions fréquentes aux repas, — le mariage dans la tribu et même dans la famille, — et par achat de la femme, — le lévirat ou devoir d'épouser la femme d'un frère mort sans enfant, — les détails variés des funérailles, — l'hospitalité, — la forme variée des vêtements, — tout l'attirail de la toilette, anneaux et broches sur les membres, antimoine pour les yeux, henné, etc. On peut à ce sujet consulter plus loin le livre VI sur les *Coutumes*.

Il y aurait même à citer régnant de part et d'autre des connaissances ou points de vue de l'époque, comme, — les sens spéciaux donnés à la droite et à la gauche, — à l'Orient et à l'Occident, — l'antécédence de la nuit sur le jour, — le grand soin de garder les traditions, — de dresser et conserver les généalogies, etc. A maintes reprises le Pentateuque revient sur les fortes tendances qu'avaient les Israélites à imiter les Chananéens.

On n'a donc pas lieu d'être surpris qu'avec tant de rapport avec les Sémites, les Chamites en général, et les Chamites-Indiens en particulier, aient partagé les mêmes récits, et par conséquent en aient reconnu les faits aux mêmes lieux.

Il est du plus haut intérêt d'être assuré d'une pareille origine, d'abord en raison de l'importance même du point de départ des traditions, et parce qu'il y a lieu d'espérer que, lors même qu'elles seraient entachées de fables, elles conserveront une quantité notable de vérité. C'est en effet ce qui a lieu. Les traditions de l'Inde tournent au conte, et néanmoins la parenté matérielle avec celles de la Bible est de la dernière évidence.

Dans les souvenirs indiens reparaissent toutes les grandes traditions bibliques, l'Éden, la Tentation, la présence des Chamites, la Métallurgie, le Déluge. Cet ensemble unique est par lui-même des plus probants. On en voit les éléments dans les poèmes les plus anciens. L'histoire dit aussi son mot, comme au sujet de la présence des Chamites et de la métallurgie du bronze.

Dans ces faits, il s'agit réellement de traditions *locales* et de race. Elles n'ont pas, elles n'ont pu être demandées à la Bible. Le Mahâ-bhârate est l'épopée de la *grande guerre* placée de 1200 à 1400. C'est une date qui rend fort improbable ou impossible un emprunt fait à Moïse, dont l'exode n'eut lieu qu'en 1200 (1). Le poème a subi beaucoup d'interpolations et s'est incorporé des matières fort étrangères à son sujet. Les traditions primitives, reçues des indigènes, sont du nombre.

Des observations semblables sont à faire relativement aux Pourānes. Tels que nous les avons, ils ne datent que de l'ère chrétienne; mais *purāna* signifie « antique » écrit; et l'on peut tenir pour certain que les Pourānes actuels reposent sur des Pourānes vraiment *antiques* et que nous n'avons plus, ou sur de vieilles traditions orales. Souvent les rapporteurs se font gloire de ne parler que d'après ces sources anciennes.

Les premières traditions bibliques sont précisément dans ce cas. Si le Mahā-bhārate raconte la *Tentation*, à maintes reprises il se plaît à répéter qu'il se fonde sur de vieux Pourānes. S'il narre le *Déluge*, il fait remarquer qu'il s'appuie sur ces antiques; et ici l'on est bien forcé d'admettre les récits transmis oralement. Si les Pourānes font les descriptions locales qui répondent à l'*Éden*, elles sont pleines d'éléments chamitiques dus à des âges préaryens.

---

(1) L'impossibilité est encore bien plus grande pour le récit du Déluge de *l'Épopée* chaldéenne *d'Ourouk*, supposée vers 2300, mille ans avant Moïse. Nous croyons ce récit chaldéen pris des Kéfas ou des Koushites établis dans le pays longtemps avant cette époque. Ces peuples étant descendus des Indes, la tradition indienne serait encore antérieure.

Il est quelquefois facile de surprendre à ce signe les données préaryennes dans la littérature aryenne, parce que les Aryas donnent comme les leurs propres des événements, des personnages, des généalogies, des États qui les avaient précédés, et avaient fait partie du fonds des Chamites.

Mais nous ne nous occupons en ce moment que des traditions de même nature que les traditions bibliques ; prenons-les donc une fois de plus, dans le but spécial de restituer aux Indes ce qui leur appartient, et qu'on leur dispute.

I. *L'Éden*. — À la description de l'Éden fait face, dans les Pourânes (*Vis.-pûr.*, II, I et II), la description de la Terre. Celle-ci reproduit la Genèse avec exactitude, — quant aux deux *Pays de Koush* et *'Havilah*, par le *Kuça-dvîpa* et le *Krauncha-dvîpa*, ce dernier, on le sait, synonyme de *'Havilah*, — quant à leur contiguïté, — quant à leur entourage complet par les eaux, — quant à leurs beaux produits, or, pierreries, parfums, — quant aux populations chamitiques qui les habitent, *Koushites* ou *Koçalas*, *'Havilites* ou *Kabolitæ*, — quant aux quatre courants, rayons d'un fleuve unique, — quant au serpent *nâga*, auquel on peut joindre l'étain, le plomb, et même le peuple des *Nâgas*, — quant à l'Arbre de vie, à ses vertus de santé et d'immortalité, — quant à sa position centrale dans le Jardin, — quant au bonheur des habitants, — quant à la langue chamitique qui a fourni les noms.

Ces identités ont certes de quoi surprendre.

La double et unique *première tradition* ne peut donc avoir d'autre point de départ que l'Inde, qui expose de pareils faits si correctement.

II. *La Tentation.* — Des livres indiens nous avons tiré sur ce sujet une légende d'une valeur incomparable (1). Par les noms des contrées, qui sont encore celles de la Bible, par ceux des tentateurs, par l'aliment d'immortalité, objet de la tentation, par l'offrande faite à une femme, par la punition des coupables, par la promesse d'un Sauveur, par le fait qu'il revêt lui-même la nature des coupables, par la garde de l'aliment de vie et ses détails, il est évident que les deux narrations, biblique et indienne, sont de même provenance.

On a fait observer plus haut combien les éléments, très locaux, de ce récit, et qui s'engrènent dans les autres faits de l'origine, fixent l'ensemble spécialement aux Indes.

Ainsi, *deuxième tradition*, qui a pour unique correspondant le texte indien.

III. *La Métallurgie.* — La Genèse fait connaître la métallurgie avec Tubal. Les Poèmes et Pourânes ne s'en occupent pas, sans doute par le bon motif que les Aryas ne la pratiquaient pas, comptant sur le travail et les ventes des indigènes, dont ils venaient, en passant par l'Hindou-Koush, de traverser les régions minières.

(1) Surtout du *Mahâ-bhârata, Adi parva*, qui insiste sur l'origine pouranique et très ancienne de la légende.

Mais ici précisément nous sommes forcés de reculer jusqu'aux Chamites, qui seuls furent maîtres des mines et forges, en dressèrent le vocabulaire, fabriquèrent le bronze, et en firent un grand et lointain commerce. S'ils n'écrivirent pas, ce qui était peu dans la possibilité et les usages des Kefas Proto-Phéniciens, au moins fallut-il dans leur vaste négoce qu'ils parlassent de leur œuvre, et probablement qu'ils tinssent quelques comptes rudimentaires. C'est donc par eux, directement ou indirectement, dans les Indes ou en dehors, que les Sémites eurent la notion d'un art qui n'était nullement le leur, et sur lequel cependant ils donnent des détails.

Troisième tradition, qui de nouveau a surgi de l'Inde en ses gîtes de l'étain et du cuivre.

IV. *Les Fils de Dieu et les Filles des hommes.* — L'histoire n'est pas encore sortie des Indes; les cantons de *Kush* et *'Havilah* et la métallurgie ont fixé les lieux de la manière la plus nette. Le type des populations chamitiques l'est aussi dans *Çillah*, la belle brune indienne. Alors sont racontées les suites de la séduction qu'exerçaient ces gracieux visages.

Mais les aventures amoureuses et la bigamie, qui scandalisaient les Séthites ou Proto-Sémites, étaient bonne fortune pour la race colorée, adoratrice de Çiva et de son symbole; cette race n'avait donc pas à nous faire un tel récit.

Plus tard, les Aryas, aussi faibles que les Enfants de Dieu, eurent les mêmes admirations pour les filles des Nâgas ; et ils n'ont pas manqué de nous le dire. C'est même grâce aux aveux des Poèmes et Pourânes que nous avons pu reconnaître quel était le périlleux terrain auquel faisait allusion la Bible.

Il est raconté que les *Géants* existaient alors. Ce sont les constructeurs de mégalithes toujours attribués à des géants, et que les regards étonnés des Séthites aperçurent pour la première fois, car ils fourmillent dans l'Inde.

Cette *quatrième tradition*, qui accuse la connaissance des populations et des œuvres du pays, n'a pu venir que de l'Inde.

V. *La Tradition du Déluge.* — On remarquera par ce titre que nous prenons pour sujet, non pas le cataclysme en lui-même, mais sa tradition.

Si le drame des Fils de Dieu et des Filles des hommes s'est déroulé dans le séjour des belles Indiennes, les menaces divines contre les coupables ont dû prendre la même direction. Par suite, la tradition diluvienne trouve là son origine. Elle dut aussi avoir cours et parmi les Sémites et parmi les Chamites. Ceux-ci en gardent pour le moins quatre versions différentes.

Les Chamites s'étant des premiers répandus dans le monde, ces conteurs intarissables ont partout disséminé leurs récits. C'est à eux, pensons-nous, très nombreux en Chaldée par plusieurs de leurs branches, et dès un âge qui précède Sargon I⁰ (3800), qu'est due la version diluvienne si connue sous le nom de ce pays et adaptée à la localité. De là elle suivit les routes de la civilisation chaldéenne qui la portèrent fort loin.

Le rayonnement *ab initio* qu'aurait pu avoir la tradition a été extrêmement exagéré. La plus grande partie des récits traditionnels ne provient pas de la première dispersion des peuples ; elle provient simplement, comme nombre d'autres traditions, celle du roman solaire par exemple, des communications de peuple à peuple.

Les versions américaines et celle de la Polynésie, si toutefois cette dernière est sérieuse, sont uniquement des apports faits par les Chamites qui descendirent dans ces contrées.

§ II. — *Les traditions chez les Chamites.*

Ce qui vient d'être dit prouverait suffisamment que les Chamites ont été sur place les détenteurs des souvenirs de l'Inde ; cependant nous avons encore quelque chose à ajouter sur leurs titres personnels.

N'est-ce pas la Genèse qui la première les nomme dans l'Éden? La terre indienne où les événements se passèrent était la leur, en sorte que les deux notions que nous avons distinguées sur les traditions, comme existant et dans les Indes et chez les Chamites, sont inséparables et n'en font qu'une. L'antiquité pré-aryenne des événements s'oppose, du reste, à ce que les Aryas, fort tard venus, aient été instruits les premiers (1).

Les Chamites ont toujours eu pour les racontages le goût le plus prononcé : ce sont d'infatigables narrateurs. Sous leur dictée nous avons rempli des cahiers de leurs histoires indiennes. De même, les Chamites polynésiens passent les jours et les nuits à dire les hauts faits du pays, ses romans, ses fictions mythologiques. Plusieurs des fables indiennes ne sont pas restées au pays, mais traversant les frontières ont obtenu une incroyable extension. Tel est le fameux drame solaire déjà nommé, que le monde entier répéta, qui même entra dans ses mœurs et cérémonies religieuses. Gravé dans le calendrier, il est arrivé jusqu'à nous. Telles sont aussi les fables du soleil, naissant en la corolle du lotus, de l'épervier et du soleil, Hari aux Indes, Horus en Égypte. Telles encore les conceptions sur le cèdre.

Dans les traditions que nous venons de rappeler, la couleur chamitique est indéniable. Chamitiques sont *Koush* et *'Havilah*, ainsi que le *nakhash* de l'Éden et de la Tentation ; — chamitique est le siège hindou-koushite de la première métallurgie, auprès du premier étain connu ; —

---

(1) Dans les longues narrations des Poèmes et Pouranes sur les sujets bibliques, nous n'hésitons pas à rapporter aux Chamites la part d'exactitude qui s'y trouve. Les poètes qui dans la suite insérèrent leurs dieux et donnèrent libre cours à leur imagination, évidemment n'auraient pas découvert ce qu'il y a de vrai dans leurs récits. Ce qu'il y a de vrai appartenait aux aborigènes, plus près des origines.

chamites sont ses travailleurs, et par le séjour des grands commerçants du bronze, et par la physionomie dont la *brune* Çillah révèle le type; — chamitiques sont certaines données dans le récit indien du Déluge, tel que le rôle accordé au poisson, rôle que nous avons montré être infiniment plus indien que chaldéen; — chamitiques sont des lieux, des peuples, des êtres, que la littérature indienne dans ses propres traditions enregistre en dehors de la Genèse, mais en parfait accord avec elle, comme les monts *Mérou* et *Nishanas*, les populations de *Nâgas*, *Tâkas*, *Dânavas*, *Dailyas*, l'aigle *bâsha* figuré par Garuda aux Indes, mais *bâk* en Égypte, les noms des produits édéniques, *bdellium*, *aguru*, etc.

Les Aryas sont étrangers à tout cela: lieux, populations, langue, ne sont pas le moins du monde les leurs. Il est donc impossible qu'ils aient reçu les traditions *ab ovo*; ils les tiennent des autochthones.

La même chose peut être dite de n'importe quelle autre population de la Péninsule, et spécialement de celles dont nous allons parler, Tibétains, Dravidiens, Kolariens. Elles ne sauraient s'attribuer la topographie, l'ethnographie, le langage et les circonstances des traditions, et n'ont pu être les primitives dépositaires des récits.

Remarquons un autre fait, c'est que les Aryas mêmes, les vainqueurs, eux qui écrivent les Épopées et Pourânes en leur propre idiome sanscrit, en attribuent l'origine à un Chamite. Dès ses deux ou trois premières pages, le *Mahâ-bhârata* avoue que le Poème est « l'œuvre admirable du magnanime *Vyâsa* ». Ce premier *Vyâsa*, c'est-à-dire « compilateur », est, nous l'avons dit, Krishna-Dwaîpâyana ou « le noir né dans une île » de la Yamounâ. Sa mère Satya-vatî « la véridique » est une *Matsyâ*, une « femme-poisson », de sang chamitique comme tout le peuple des Matsyâs. Chose singulière ! « le noir » est dit raconter ses histoires lors du « sacrifice des serpents » tentateurs, c'est-à-dire juste à l'occasion de ce qui fait écho remarquable au récit génésiaque de la Tentation. En effet, quand le chapitre de l'*Astika* commence la narration, ce n'est pas sans répéter qu'on la tient de l'illustre *noir* Krishna Dwaîpâyana, dont les ancêtres avaient dû résider au lieu même de l'événement.

Concluons deux choses, — que les premiers événements bibliques ont eu l'Inde pour théâtre ; — et que les Chamites indigènes, dont les pays et les tribus sont spécialement exprimés par la Genèse, durent être avec les Sémites les premiers à connaître les faits. L'Inde fut le dépôt ; et, par ses livres qu'elle qualifie de *Livres saints*, elle fut un témoin à l'égard des vrais *Livres saints*.

L'Inde ayant parlé comme elle l'a fait, il devient inutile de s'arrêter aux prétentions de quelques autres pays compétiteurs, celles de la Chaldée surtout. Depuis le déchiffrement des textes cunéiformes on a considérablement exagéré l'autorité de celle-ci, en disant que par rapport à ce que l'on appelait les *Aryo-Indiens* (nos Chamites-Indiens) la priorité appartenait de beaucoup à la Chaldée et à la Babylonie. C'est l'inverse qui est la vérité. *L'Inde était inconnue.*

Ainsi, nous le répétons sans crainte, sur l'*Éden* la Chaldée, à notre connaissance, n'a pas même de document précis. La *Tentation*, si étonnamment explicite dans l'Inde, n'a rien au bas Euphrate. Pas de métallurgie et de Tubal ; et la langue n'est pas celle qui a nommé les choses. Un regard sur la comparaison faite plus haut dans le *Tableau comparatif des traditions premières de l'Inde et de la Chaldée*, et ce simple coup d'œil suffira à mettre à nu la pauvreté chaldéenne.

Faisons cette dernière et importante observation, que seul l'ensemble peut déterminer le centre des faits et des traditions. Une tradition isolée, comme est en Chaldée celle du Déluge, peut avoir été introduite par des émigrés ; mais si les autres traditions font défaut ou sont très mal représentées, quelle confrontation devient possible avec la Genèse ? Que si tous les faits reparaissent avec certitude, Éden, Tentation, Berceau des Chamites, Métallurgie, Déluge, avec les lieux et les peuples spéciaux, alors la question du centre de correspondance est résolue. C'est ce qui a lieu pour l'Inde et pour l'Inde seule. Encore n'avons-nous pas les versions pures des Chamites indigènes, mais seulement des refontes où les mains aryennes n'étaient arrêtées par aucun scrupule.

§ III. — *Conséquence à tirer pour l'Exégèse de la localisation indienne.*

Les preuves qui viennent d'être apportées d'après la Bible touchant la localisation des premiers faits et premières traditions dans l'Inde, soutenues par la réitération qu'offrent les traditions des livres indigènes, ont produit en nous la conviction la plus intime.

Par là sans doute nous sommes bien loin de la généralité des interprètes, qui ne veulent, en cette matière, pas entendre parler des Indes. La sincérité nous oblige à dire qu'ils ne semblent pas connaître l'Inde et ses écrits. Il ne pouvait guère en être autrement puisque ces grandes contrées sont comme nouvellement écloses ; mais aujourd'hui qu'elles le sont, les passer sous silence serait inconcevable.

Nous irons plus loin. Il est nombre de points qui n'ont été ni étudiés ni connus, bien qu'ils fussent d'une importance hors ligne. Ainsi l'existence et le berceau des Chamites, leur langue, le sens de *Havilah*, le rôle du serpent *nakhash*, le récit indien de la Tentation, le site de la métallurgie de Tubal... De là d'incroyables lacunes, méprises, erreurs...

On est, hélas ! forcé de tirer la conséquence bien pesante, que ces sujets tant et tant vus et revus sont à revoir encore, et peut-être que sur eux les commentaires sont à recommencer.

LIVRE II

LES CHAMITES DANS LES INDES

Notre but étant de montrer que les Chamites furent et sont restés les indigènes de la plus grande partie des Indes, il convient de donner quelques mots à la famille en général et à l'aire qu'elle couvrit.

Que l'on relise la Genèse au chapitre X, et les versets 6 et 7 souvent cités par nous révèleront les appellations alors supposées patriarcales, et qui ont ouvert les yeux sur la race.

Filii Cham : Kush et Mitsraïm, et Phuth et Chanaan.
Filii Kush : Saba et Hevila, et Sabatha et Regma et Sabataka.

Tout le monde l'admet ; des raisons nouvelles vont bientôt le montrer, et saint Augustin l'affirme nettement : la liste représente *gentes, non homines,* des nations, non pas des individus (1). Dans *Kush* sont personnifiés les Koushites du sud égyptien, de l'Arabie méridionale, et peut-être ceux de l'Euphrate et de la Susiane ; dans *Mitsraïm* les

(1) *De civitate Dei*, XVI, iii. — La Genèse elle-même le dit : « Hi sunt filii Cham... in gentibus suis » (x, 20).

hommes du pays de *Misir* (l'Égypte) ; dans *Phuth* les Libyens de la côte méditerranéenne ; dans *Chanaan* les Chananéens et Phéniciens ; dans *Seba* et *Havilah* d'autres tribus de l'Arabie méridionale et du point de l'Éthiopie qui fait face. *Sabataka* conduit jusque sur la rive orientale du golfe Persique.

Mais ce sont des colonies ; le Berceau n'est pas là, c'est l'Inde qui fut le Berceau. S'il n'est pas ici désigné, il l'a déjà été à propos de l'Éden, et dans un instant il recevra l'honneur de la priorité qui lui revient. Alors il sera reproduit non pas d'après des migrations, mais d'après les demeures patriarcales elles-mêmes, car les premiers noms que l'on vient d'inscrire, Kush avec ses frères, précèdent en ce même berceau les exodes cités, et par une incomparable durée s'y sont prolongés jusqu'à nos jours.

Quelques établissements secondaires se montrent çà et là ; mais les colonies mentionnées sont de beaucoup les plus considérables. Toutefois, le peuplement lointain et postérieur de la Polynésie a formé dans l'arbre chamitique une nouvelle branche remarquable que l'on n'a pas su rattacher au tronc principal, ni étudier en ce sens, et qui, cependant, apporterait à l'ethnographie et à la linguistique une immense lumière (1).

L'ensemble de la famille, qui, par malheur, a été

(1) Voir nos *Chamites*, 1re partie, sur la *Polynésie*. Dans les Polynésiens nous ne comprenons pas les Mélanésiens ou nègres océaniques, race différente qui occupe quelques îles.

lui aussi totalement délaissé par la science, et que nous avons tâché d'esquisser dans nos *Chamites*, mérite grandement l'étude : il faut le tout pour expliquer les parties. Si l'un des rameaux est à considérer seul et à part, il ne peut être connu ainsi que d'une manière très incomplète et erronée. C'est ce qui a particulièrement lieu pour l'Inde. Vouloir qu'elle s'éclaire uniquement par elle-même, mènerait à de nombreuses méprises. On risquerait d'imaginer *à priori* des origines tout à fait inexactes pour tous les éléments de la civilisation, religion, langue, coutumes, etc. On donnerait aux Aryas ce qui ne leur appartient pas, au sanscrit ce qui n'est pas à lui, au brahmanisme des dieux, comme *Çira*, *Thot*, qui ne sont pas de son cru (1). Ainsi, beaucoup de choses resteraient obscures et incomprises. Une rapide étude des diverses sections du vaste domaine montrerait vite que bien des notions supposées aryennes ou purement locales sont répandues dans tout le champ chamitique, et que les sœurs éloignées peuvent mutuellement se renvoyer les informations. On verra que nous avons sans cesse recours à cet ensemble et que ce n'est pas en vain.

(1) Autant faudrait-il en dire d'autres cultes, notamment d'animaux et de plantes, que l'on retrouverait plus ou moins partout où sont les Chamites. Mais ce sujet reviendra au livre V sur la *Religion*.

CHAPITRE I

LE BERCEAU INDIEN DES CHAMITES

Il est du plus grand intérêt de connaître le Berceau de la famille de Cham, l'une des capitales familles humaines. Bien difficile serait de dire la nature et de raconter l'histoire d'une race dont on ignore absolument l'origine.

Mais nous ne pensons pas que la science ni qu'aucun commentateur de la Genèse aient inscrit et même soupçonné ce berceau. On énumère pour complet domaine de Cham les régions que cite le chapitre X, la Palestine, l'Arabie méridionale, l'Égypte, le Pays de Phouth, quelque peu la Babylonie, rien autre. Mais à ce corps manque la tête. Et la tête, c'est l'Inde.

Dans les IIe et IIIe parties de nos *Chamites*, les origines des notions chamitiques sont déterminées, et par cela même leur berceau. Chamites de l'Inde elle-même, Koushites, Égyptiens, Lybiens, Chananéens et Phéniciens sont rendus à leur première patrie. L'*Aurore indienne* traite la même question ; et de plus ses Appendices A et B reprennent, en particulier, les deux plus importantes de ces origines, celles des Phéniciens et des Égyptiens. Enfin, ici même, en notre dernier Livre, et pour la troisième fois, nous revenons sur ces derniers. En maintes occasions, nous l'avons fait remarquer, les souches de toute cette pépinière brune sont encore existantes et parfaitement reconnaissables sur le sol d'enfance.

Si les écrivains spéciaux ne se sont pas encore rendu compte, en ce qui concerne l'Inde particulièrement, de son ethnique et de son histoire passée, c'est qu'ils n'ont pas entrevu le berceau de ses peuples, et n'ont pas vu que les Chamites du chapitre X sont enfants de la Péninsule du Gange. Quelques modifications dans les noms entretenaient cette obscurité. On ne s'apercevait pas que les Phéniciens et les Chananéens étaient des *Kefas*, soit en Palestine et Phénicie, soit au golfe Persique et que les uns et les autres n'étaient que ces *Kapilas* de la *Kapisène*, qui fort probablement y portaient déjà pour eux-mêmes ce nom de *Kefas*. — De même, Metsraïm et les *Anous* d'Égypte n'étaient pas découverts dans les *Anous* qui n'ont pas quitté l'Hindou-Koush. — *'Havilah* ne l'était pas dans le *Kaboul* et ses Kabouli ; — ni *Seba* dans *Çira*. En reconnaître un seul eût fait reconnaître les autres, puisqu'ils sont voisins comme aux colonies. Et le large écoulement effectué sur l'empire eût indiqué la proximité de la source.

Dans l'histoire, on ne remontait qu'aux Aryas..., à une invasion étrangère... ! Et pour champ initial, on se fixait au Panjab, pure station de ces étrangers...! Ainsi l'on passait et par-dessus les temps et par-dessus les lieux qui étaient exclusivement ceux des Chamites autochthones.

§ 1. — *Le Berceau d'après les colonies et en lui-même*

Le Berceau...? mais c'est l'emplacement même de l'Éden ... ! 1° Les Colonies le montrent ; 2° la Genèse l'insinue ; 3° les Indiens l'affirment ; 4° l'histoire et la géographie en font autant ; 5° le panthéon ne laisse aucun doute. Voilà le nid ; ou, si l'on veut, le nid est ce que nous nous sommes permis de nommer *Cham-douipe*. De là, nombre de peuples ont pris leur vol. Il est bon de nous en assurer, mais après avoir fait deux remarques préliminaires :

1° Est-il besoin de rappeler qu'il n'est ici question que de la race chamitique, la principale dans l'Inde, quoique la plus ignorée ; et que nous n'avons pas à nous occuper des populations d'origine différente, comme Dravidiens, Gonds, etc., qui habitent aussi la Péninsule? Nos Chamites sont, en général, groupés dans la moitié septentrionale de l'Empire.

2° Par l'expression de *Berceau* nous ne présumons rien sur les lieux où ces races brunes auraient pu vivre et acquérir leur physionomie particulière. Où, quand et comment ont-elles atteint les caractères qui, dès l'âge où elles viennent à notre connaissance, les signalent invariablement, nous n'avons pas la prétention de le dire. Ce que nous considérons comme berceau, c'est le territoire où cette race, déjà constituée, entre dans la lumière historique. Le territoire est restreint, la famille est d'abord limitée ; mais elle s'accroît rapidement ; et, douée d'une grande force d'expansion, elle projette ses branches en toutes les directions.

Il est certain que les rameaux sur l'Inde, vers l'Euphrate, en Arabie, en Libye, en Égypte, partaient de cette région, entre l'Hindou-Koush, le Kaboul et le haut Indus, ou de notre Cham-douipe. Ce Cham-douipe est réellement le berceau *historique* des Chamites : telle est notre pensée.

Nous allons donc nous rendre dans l'ouest himalayen pour faire connaissance avec les patriarches chamites. Sans doute on sera bien aise de retrouver les Égyptiens et les Phéniciens au beau milieu de l'Asie. Nous ne répéterons pas au long les développements donnés autre part ; un résumé suffira.

Prenant les peuples du chapitre X, mais d'après l'ordre territorial qu'ils gardaient au berceau, nous avons affaire à :

Kush, Seba, 'Havilah, Chanaan, Metsraïm, Phuth.

1º *Kush* montre maintes fois son nom, ses villes, ses peuples dans le rayonnement de la majestueuse chaîne de l'Hindou-Koush, et il les prolongea jadis en cent lieux de la Péninsule, et jusqu'en des contrées fort distantes et en dehors de l'Asie.

2º *Seba*, qui est le *Si a* ou *Çiva* des Indes, géographiquement pourrait occuper la première place, trônant comme un dieu souverain sur le Mérou et les cimes qui l'avoisinent. Mais la Genèse lui donne Koush pour auteur ; et, comme par un accord frappant, l'Inde agit de même, lorsqu'en dépit de sa divinité elle fait de lui un *Koçala* ou Koushite indigène du pays de Koush, et, qui plus est, un *Kauçika* ou tenant directement à la famille de Koush.

De même que *Kush* et *Çira* sont présentés comme unis par la patrie et par le sang, de même sont unis les territoires portant ces noms, la chaîne de l'Hindou-Koush étant soudée à l'Himalaya. Aux colonies, les deux territoires étaient unis également. Cette union locale facilita sans doute celle attribuée aux personnages éponymes.

3° *Chanaan* et les *Phéniciens*, ses frères germains, furent en premier lieu les aborigènes indiens de la *Kapisène*, dont *Kapisa* fut la célèbre capitale. Alors ils s'appelaient *Kefas* et, pour les Aryas, *Kapilas*. Ils étaient assis sur la bordure orientale de l'Hindou-Koush, et au VII° siècle de notre ère ils formaient encore un important royaume (1).

(1) Le rapatriement ou la réintégration des Chananéo-Phéniciens dans les Indes chamitiques comme dans leur berceau est de la plus grande portée. Nous y reviendrons.

On sent que le coup de grâce est porté à la théorie, morte déjà pour plusieurs, que les Phéniciens sont des *Sémites* parlant la langue *sémitique*. Cette théorie, qui se fonde sur l'idée que les Phéniciens parlant hébreu doivent être Sémites comme eux, est souverainement erronée. Ce ne sont pas les Chananéens et Phéniciens qui ont, chose impossible! adopté l'hébreu; ils parlaient cette langue bien avant qu'il y eût des Hébreux; c'est la poignée d'hommes ou le clan d'Abraham et de ses successeurs qui, installés en plein pays de Chanaan, se sont vus dans la nécessité de parler comme la vaste, nombreuse, antique nation au milieu de laquelle ils étaient plongés. Isaïe appelle expressément l'hébreu

Si maintenant ce royaume n'est plus, ses quasi-éponymes, les singes *Kapi*, continuent à bondir dans les forêts. Tout un monde est favorisé de leur nom, villes, rivières, plantes diverses, encens, cuivre, le crâne de l'homme, l'homme, les sages, d'augustes Rishis, jadis l'État lui-même de la Kapisène, avec sa capitale Kapisa, et jusqu'au soleil. Plusieurs, il est vrai, ne doivent cet avantage qu'à leur couleur *kapila*, « brun-rougeâtre », qui est celle du quadrumane.

4° *'Hariluh*, vu dans son emplacement initial, est la région du *Kaboul*, avec ses *'Harililes* ou *Kabolilæ*, aujourd'hui *Kabouli*, toujours présents. C'est là que viennent expirer la Kapisène et la chaîne de l'Hindou-Koush.

5° *Metsraïm* nomme l'Égypte. Parmi les principales tribus étaient les *Anous* ou *An*, « les poissons ». Devenu célèbre sur le bord du Nil, ce peuple-poisson était parti des districts septentrionaux de l'Hindou-Koush, se mariant au Mérou et à l'Indus supérieur. Il y est encore fidèle à ses montagnes. Mais ce n'est pas l'Égypte seule qu'il a

langue de Chanaan (xix, 18). Lorsque d'Égypte Moïse pénétra en Chanaan, les noms de lieux chananéens, donnés longtemps avant son arrivée, se trouvaient être hébreux. Ceci ne change rien quant à la race des Hébreux, car adopter une autre langue, même pour les peuples, est chose fort commune. Les Hébreux étaient *Sémites*, mais parlaient le chananéen qui est *chamitique*. Les Chananéens et Phéniciens, rangés par le chapitre X parmi les Chamites, l'étaient effectivement par la langue, la religion, les mœurs, leurs arts très caractérisés. Au surplus, les deux langues sémitique et chamitique sont sœurs.

gagnée, il a envoyé sur son propre terrain des colonies au Bengale et aux contrées environnantes.

6° Reste *Phuth*, le père des *Phouttéens* ou *Libyens*. Dans ces sites himalayens, nous ne savons distinguer son lieu précis, quoique plusieurs noms soient faits pour tenter. Cependant des signes notables, comme la langue de la Libye, comme la profusion de ses mégalithes, comme sa fraternité avec les autres Chamites nommés, ne laissent pas douter que dans l'origine Phuth ne fût auprès d'eux.

D'après ce relevé, on voit que les ancêtres des peuples chamites reconnus par la Genèse en son chapitre X dans l'Asie antérieure et le nord de l'Afrique, avaient habité sous les cieux du Pamir, de l'Hindou-Koush et du Kaboul. Avec leur postérité contemporaine, on peut faire tout le tour du Cham-douipe. Partant du nord, on est au Pamir avec Çiva ; en descendant, viennent Koush et l'Hindou-Koush ; puis les Chananéens-Kefas de la Kapisène ; plus bas 'Havilah et le Kaboul ; et remontant au nord pour achever le cercle, on le ferme par les Égyptiens et les Anous. Voilà le chapitre X dans l'Hindou-Koush.

Les racines de cette famille s'enfoncèrent si avant que sans fin ni trêve elles y ont émis des rejetons, du commencement des temps aux jours actuels, et que des noms de lieux qui ont été préégyptiens vont encore ouvrir le XXe siècle de notre ère.

Cette permanence fut favorisée par le fait que les

Aryas ne firent que traverser l'Hindou-Koush, et peu jaloux de ces infranchissables et glacées montagnes, coururent s'établir aux plaines agréables du Panjâb. L'Hindou-Koush et ses tribus restèrent libres, et celles-ci plus attachées à leurs coutumes natives.

On devine bien que la liste de la Genèse ne comprend pas toutes les nations ou tribus chamitiques disséminées alors dans l'Hindou-Koush. Puisque cette liste est dressée d'après les établissements étrangers, elle contient seulement les noms qui furent transplantés du berceau ; mais il y avait certainement alors nombre de tribus différentes qui n'abandonnèrent pas leur vieille patrie. Parmi elles, quelques-unes figurèrent ensuite dans les Indes et même figurent encore, comme les Nâgas, les Tâkas, les Ahirs, les Dânavas, Daityas, etc. En son *Bhishmaparva*, le *Mahâ-bhârata* donne une longue nomenclature où l'on peut faire un choix. La Genèse livre des noms de grande valeur que l'on retrouve au berceau, mais elle ne les livre pas tous.

De ce berceau hindo-koushite, on doit tirer une preuve nouvelle et certaine que les noms du chapitre X sont bien, en ce qui concerne les Chamites, non pas des noms d'individus, mais des noms de nations, puisque ces nations étaient déjà, avant l'exode, constituées en la ruche, et portant, en général, les mêmes appellations.

Dès que la Genèse parle des Chamites, elle les entend, comme de juste, avec tout ce qui les concerne, langue, religion, coutumes, histoire, etc. Sont-ils dans les Indes, leur civilisation y règne. Or, il est incontestable, et la suite va concourir avec ce qui précède, qu'ils y sont, et très largement. Donc, nous sommes assurés de rencontrer dans les Indes tous les éléments de leur vie.

Une grave conséquence à tirer de la situation du berceau chamitique dans les Indes, c'est qu'un champ nouveau s'impose à l'interprétation du chapitre X sur les origines de la famille de Cham.

§ II. — *Le Berceau des Chamites d'après la Genèse.*

Dès son début, le récit génésiaque établit les premiers Chamites dont il parle dans la région même de l'Éden, composant cette région de deux territoires aux noms de *Kush* et *'Havilah*, que bientôt le chapitre X inscrira comme *Chamites.*

Or, le berceau des nations chamitiques, nous l'avons déterminé avec certitude dans le nord-ouest de l'Inde, d'où s'est faite la générale dispersion. En plaçant ses premiers Koush et 'Havilah ou les premiers Chamites qu'elle mentionne dans l'Éden du nord-ouest, la Genèse les place donc au berceau précis de la race.

On a déjà distingué d'autres Koush et 'Havilah à l'étranger, mais bien que fils des premiers, ils en sont très distincts (1). Les premiers font partie inté-

---

(1) Le *Koush* du chapitre X pouvait bien recevoir le synonyme d'*Éthiopie*, puisqu'il pénétrait dans ce pays; mais le *Koush* du chapitre II ou de l'Éden, qui était aux Indes, ne le pouvait certainement pas.

grante du Jardin de délices ; et tout ce qui en marque et orne l'emplacement, bon or, pierres fines, bdellium, leur appartient. Les seconds Koush et 'Havilah sont au loin, et naturellement de date postérieure en tant que colonies, privés aussi de la réunion abondante des beaux produits.

Il y a donc pour les mêmes noms deux âges et deux emplacements différents, l'âge et l'emplacement des Koush et 'Havilah de l'Éden et du berceau, l'âge et l'emplacement de ceux des Colonies. Quand le chapitre X enregistre pour la seconde fois des pays de Koush et 'Havilah qui ne sont pas ceux du chapitre II, il constate implicitement qu'ils sont d'époque postérieure, et que des colonies ont été fondées.

Cette coexistence est importante et ne doit pas être oubliée. Due aux émigrations, elle est des plus naturelles ; et il n'est pas de fondation coloniale qui n'offre de semblables répétitions.

§ III. — *Le Berceau des Chamites d'après les Livres indiens*

Aux mêmes lieux que la Genèse, les données indiennes placent le berceau des Chamites.

Le mont Mérou, que les Chamites eux-mêmes dénommèrent, suivant leur locution, mer « montagne », et qui fut leur montagne sacrée, le Mérou fut d'abord leur centre, et leurs diverses tribus l'enveloppaient. La description de la « Terre », transmise par les documents sanscrits, est évidem-

ment empruntée aux Chamites, car la « Terre »
qu'elle dessine, orbe du Mérou, n'est autre que le
premier et étroit habitat de la famille. Dans cette
description qui montre sept contrées insulaires ou
douïpes sont compris, comme nous le savons, les
deux Pays de *Koush* et *'Havilah* ou l'Éden lui-même
sous les noms de *Kuça-dvîpa* et *Krauncha-dvîpa*.

Sur les lieux abondent les appellations de contrées
et de peuplades purement chamitiques, comme
Kush avec de nombreux dérivés, comme la *Kubhâ*
(le Kaboul), la ville de *Kabura* et ses *Kabuli, Çîva*
qui est marqué de toutes parts, la *Kapisène* et
Kapisa. Parmi les peuples de la race vivant au
nord-ouest, rappelons les Nâgas, Tâkas, Abhiras,
Khaças, Khaciras, Dânavas, Dailyas, Kaçmiras,
Bharatas, Shinas, Anous, en partie au moins les
Darâdas. Kirâtas, etc.

Ce n'est pas à des époques tardives que ces
noms ont été conférés, la plupart y sont dès les
âges préégyptiens. Dans l'origine, presque tous les
noms de cette zone durent être chamitiques, mais
le temps en a rayé beaucoup, pour les remplacer ou
quelquefois les doubler par les noms dus aux envahisseurs, Aryas, Arabes, Persans. Bien des historiens et géographes déclarent que la nomenclature du nord-ouest est sanscrite ; ils ignorent que
les indigènes étaient des Chamites, parlant chamite
et laissant sur toutes choses l'empreinte de leur
langage.

Les appellations indigènes, qui sont prises au

berceau, offrent sur celles du chapitre X de la Genèse, qui sont prises à l'étranger, plusieurs avantages.

Elles sont plus antiques, la mère-patrie étant naturellement antérieure à ses fondations.

Elles ne sont pas modifiées, comme la plupart le sont dans la Genèse, en formes nouvelles. *Chanaan* y possède son nom primitif de *Kef* ou *Kapi* ; *Seba* y redevient *Çiva* ; *Mestraim*, bien que la Genèse donne aussi le pluriel *Anamim*, y est franchement *Anou*.

En outre, la Genèse ayant sous les yeux les contrées de l'Asie antérieure et de l'Afrique nord, et poursuivant cette ligne géographique, ajoute aux noms de ces contrées ceux des établissements qu'elles avaient elles-mêmes créés. *Sabatha, Regma, Sabataka* (*Gen.*, x, 7). Les écrits indiens, au contraire, ne connaissant et dessinant que leur propre pays, n'ont pas ces appellations exotiques ; leur géographie est uniquement chamitique et du berceau. De là, cette conséquence importante que la région qui est restée ainsi gardienne des noms primitifs est bien celle des ancêtres et le berceau. C'est une preuve à ajouter à tant d'autres que le sol des faits et des traditions est l'Inde.

D'une autre manière, les indigènes assurent à leur terre le berceau de Cham.

L'Inde a non seulement les peuples, mais leurs personnages *éponymes* vrais ou fictifs, et elle les accompagne, ce que la Bible ne fait pas, de leurs biographies ou légendes. Biographie ou légende est sans doute presque exclusivement mythologique ; mais ce qui ne l'est pas, c'est la géographie réelle, la couleur locale, le genre de vie qu'ils accusent. *Kapi* « le singe », *'Havilah* « l'ibis », en disent long. Les lieux, leurs produits, le caractère ethnique, la langue, se retrouvent ; et si l'on n'a pas les éponymes véritables, qu'il serait bien difficile de saisir, du moins a-t-on leurs frères.

Ici la Genèse va trouver un nouvel avantage. On sait que par les chapitres II et X elle reconnaît pour la famille de Cham deux âges et deux emplacements, l'âge et l'emplacement primitifs ou de l'Éden et du berceau indien, l'âge et l'emplacement des colonies lointaines. Or les *éponymes* de Koush et 'Havilah sont pris de l'âge et de l'emplacement primitifs ou du berceau des Chamites ; ils doivent donc coïncider avec les éponymes des livres indiens, qui les admettent au même lieu. C'est ce qui arrive. Alors l'éponyme biblique *Kush* est bien l'éponyme *Kuça* de l'Inde, comme *'Havilah* est bien le *Kavila* du Kaboul.

Correspondance nouvelle et certaine des sources biblique et indienne ; et nouvelle preuve que l'Inde fut vraiment le siège des premiers faits bibliques.

Sur le berceau nous allons maintenant recevoir un témoignage de plus par le Panthéon des Chamites. La matière en conviendrait pour le paragraphe actuel, mais elle mérite de se montrer à part.

§ IV. — *Le Berceau des Chamites d'après leur Panthéon.*

Les dieux chamites tenant leur assemblée dans nos contrées ouest himalayennes voient naturellement leurs disciples autour d'eux. Les divinités locales étaient toutes celles de la race, ce que nous reconnaissons à divers signes, en particulier à leur coexistence dans les autres pays de cette race.

Râ, le soleil, fut le grand dieu de Gilgit, aux pieds des monts.

Çiva, sa parèdre et ses fils, tiennent leur cour, et se livrent à leurs premiers exploits en ces mêmes régions où se rencontrent le Mérou, l'Himalaya et l'Hindou-Koush.

Kuça est près de Çiva, qui lui-même est un *Koçala* et un *Kauçika* « du pays et de la famille de Kuça ».

Anu est placé au nord par tous les Pourânes, et de là descendirent en effet les Anous-Égyptiens.

Thot, environné de ses assistants animalo-divins d'ibis, de serpents, de cynocéphales, avec les matériaux propres à ses talents d'architecte, de forgeron et de charpentier, siège dans les mêmes vallées pleines de métaux, de forêts, de cours d'eau et de leurs hôtes animés.

Nâga et sa mère *Kadru* se cachent auprès de l'étain et du plomb.

Kapi se balance dans les bois de la Kapisène.

8

Kubera, préside au nord du Mérou, aux richesses et aux beaux jardins de la Kashgarie.

C'est là que le taureau fut *sapi*, pour devenir en Égypte *Hapi*,

Que la vache fut *ahi*, pour rester en Égypte *ahi*,

Que l'épervier fut *bāsha*, pour être dans ce dernier royaume l'épervier sacré *Bāk.*

On dirait volontiers comme la mythologie que l'assemblée des dieux est au Mérou. Mais avec leurs dieux les nations sont là. Le Panthéon des Chamites signale la demeure des Chamites, et *vice versâ.* Il n'est pas difficile de reconnaître les *Kushites* dans les *Koçalas* avec *Kuça* et *Çira,* les *Anus* avec *Anu,* les *Nāgas* avec *Nāga,* les *Tākas* avec *Tekh* ou *Thot,* les *Kefas* avec le *Kef* ou *Kapi,* les *Ahirs* avec *Ahi,* etc.

Ces faits sont de grande valeur à cause de l'immense développement que prirent les peuples, et qu'ils donnèrent au *chamitisme,* soit dans les Indes, soit au dehors. On devrait reconnaître par exemple les Indes et leur panthéon en Égypte, et ne pas faire l'inverse. Un indianiste ne saurait attribuer l'initiative aux Égyptiens et dire : « Les Égyptiens, *premiers éducateurs du monde,* adoraient le taureau Apis, l'oiseau Ibis, l'épervier, le crocodile (1). » Oui ; mais antérieurement ils l'avaient fait aux Indes.

(1) Monier Williams, *Brâhmanism and Hinduism,* p. 313.

§ V. — *Le Berceau des Chamites dans la géographie ancienne.*

En nos premiers paragraphes nous avons montré assez clairement que le berceau des Chamites fut aux Indes. Les paragraphes qui suivirent sur les documents de l'Inde elle-même et sur son Panthéon ont à leur tour rempli le même but. Avec eux d'autres témoignages ne seraient pas nécessaires, mais la Géographie ancienne veut par surcroît ajouter son mot.

La géographie et l'histoire grecques et romaines, ne traitant que de temps postérieurs, ne sauraient dire ce qui fut à l'origine, mais elles constatent ce qui survivait du monde chamitique.

Quand Cyrus (513-510 avant Jésus-Christ) étendit ses conquêtes sur l'Inde, ce fut par des territoires à noms chamitiques qu'il entra. Il dépassa l'*Hindou-Koush*, suivit la vallée de la *Kubhā* (Kaboul), et atteignit le pays des *Gandhāres* et l'Indus. Il fallut traverser la *Kapisène*, où il détruisit la capitale *Kapisa*, vit *Kabura* et d'autres villes assises sur les bords du fleuve.

Plus tard, Darius (514-516) de cette antique Inde occidentale fit sa xx⁰ satrapie. Il en exigea 360 talents annuels de poudre d'or, que récoltèrent les populations chamitiques ouest-himalayennes, Dardes, Kampiliens, Kaçmirains.

Les historiens des marches d'Alexandre, ainsi que Strabon, Ptolémée, Pline, connaissent le fleuve

Kophès (la *Kubhā*) et ses *Kabolitæ*, les villes de *Kabura Kapisa* (reconstruite), *Taxila*, la *Kasia regio* (Kashgarie), les *Kasii montes*, bien des localités, tribus, objets, revêtus de noms antérieurs aux Aryas.

Les Chamites furent donc là.

Les noms qui paraissent le plus, *Kush* et *Kabura*, saluent les *Kush* et *'Havilah* de l'Éden.

§ VI. — *L'âge souverainement antique du Berceau des Chamites.*

Le sujet est délicat. Par la nomenclature du chapitre X nous avons une date *minima*. On se rappelle en effet que cette nomenclature est dressée d'après — les Koushites de l'Euphrate, de l'Arabie et de l'Éthiopie, — les Anamim de l'Égypte, — les Phoutéens de Libye, etc. Or, comme c'est de l'Inde supérieure que les Chamites se rendirent en ces stations, si l'on désire l'âge du Berceau, qu'on le prenne donc avant ces établissements ; que, par exemple, l'on s'avance au delà des origines égyptiennes du Nil pour arriver jusqu'aux premiers Anous de l'Hindou-Koush, et l'on présumera ce qui put alors y exister. Les Kefas du golfe Persique, antérieurs à Sargon Ier, avec les Kasi, mèneraient probablement plus haut que la fondation égyptienne. Les Phoutéens ou Libyens également.

Le bronze, que seuls dans ces temps purent avec leur étain préparer les Chamites de l'Inde, et que l'Égypte et la Chaldée employèrent dès leur origine, conduirait à son tour aux mêmes siècles préégyptiens et prébabyloniens.

Ce sont des dates de plus de 5.000 ans avant notre ère.

Il faut observer, en outre, que les fondations de Chaldée, Égypte, etc., et que l'invention du bronze n'eurent certainement pas lieu dès l'apparition des Chamites dans l'Hindou-Koush ; quelle durée ne fallut-il donc pas pour arriver à ces créations admirables et à ce besoin de navigations lointaines, avec tout ce qu'elles comportaient, comme art des constructions navales et de la navigation au long cours ? Le lecteur aura donc à supputer ce qu'il faut ajouter aux 5.000 ans de la colonisation.

Tubal précédant le Déluge, c'est de l'histoire *antédiluvienne*.

En accordant à leur berceau un tel âge, nous ne prétendons pas, il faut le répéter, que les Chamites, à type physique si spécial, se sont formés, et ont acquis lentement leur apparence en cette encognure alpestre ; nous les prenons à l'époque où la race déjà constituée laisse percevoir les premiers signes de vie.

Sous quels cieux se formèrent-ils, nous ne le dirons pas. Quelques écrivains les pensent descendus du nord au delà de l'Himalaya. Mais, on le verra plus loin, ils se trompent totalement sur la race, et leur hypothèse ne va pas à son adresse.

D'autres fournissent les Indes de ses *Koushites* par les rivages de la mer Érythrée, « leur plus antique séjour », disent-ils (1). Il y eut, en effet, des Koushites vers la mer Erythrée ; mais la thèse n'en est pas plus juste. L'erreur gît dans l'ignorance de l'ensemble de la famille de Cham. Si l'on avait remarqué que cette grande famille a émis nombre de branches outre celle des Koushites ; branches aussi antiques, aussi importantes, et que les représentants s'en trouvaient assemblés et en famille tout à fait ailleurs que vers la mer Erythrée, on n'aurait pu supposer que ces contrées, en raison des seuls Koushites, furent la ruche première. Ne savait-on pas, du reste, que les Anous, frères des Koushites, débarquèrent dans cette mer, venant certainement des Indes ?

Trouverait-on vers la mer Erythrée ces noms que nous avons prononcés si souvent, de 'Havilah, Kapi, Phuth ; et ces noms escortés de tout ce qui leur appartient, 'Havilah avec ses richesses édéniques, Kapi avec ses cynocéphales, Nâga avec ses métaux, Phuth avec ses mégalithes ?

Les Koushites n'étaient que des émigrés. Le berceau indien échappait. Jamais la Chaldée ne fit grande apparition aux Indes, tandis que les fils des Indes coururent le monde, et lui transmirent leur première science.

(1) F. Lenormant, *Hist. anc. de l'Orient*, t. III, p. 415.

CHAPITRE II

L'EXPANSION DES CHAMITES SUR LES INDES

Dans les études nombreuses faites sur l'Inde deux choses nous étonnent beaucoup: la première, que l'on ne commence généralement l'exposé qu'à partir de l'invasion aryenne, sans s'efforcer de connaître l'époque *préaryenne* et *indigène* ; — l'autre, que traitant de Koçalas, de Kabolice, de Kapilas, d'Anous, de localités et de disciples de Çiva, on ne s'aperçoive pas que ces populations sont juste celles que la Genèse, en ses ỹ 6 et 7 du chapitre X, signale formellement comme composant la famille ethnique de Cham ; et que ces *Chamites* sont vraiment les *préaryens.*

Que l'identité ne soit pas, pour plusieurs de ces populations, constatée à première vue, l'excuse en est peut-être dans les modifications que les noms ont subies, bien qu'il paraisse encore facile de reconnaître les Anous de l'Himalaya dans les Anamim ou fils de Mitsraïm, les Kapilas dans les Kefas, le Kaboul dans Kavilah, Çiva dans Seba. Mais ce qui cause la surprise, c'est que dans les mentions si multipliées et si claires de *Kuça* et des *Koçalas* on ne retrouve pas aussitôt le *Kush* et les *Kushites* du chapitre X, et que l'on imagine des Scythes et des Mongols pour tenir leur place. L'identification de Koush une fois saisie, celle des autres membres allait de soi ; alors se dévoilait le vaste corps des populations indiennes autochthones, en même temps que l'on était mis sur la voie des origines restées mystérieuses des Égyptiens, Phéniciens et autres.

§ I. — *Le point de départ pris de l'invasion aryenne.*

Les écrivains du plus grand mérite omettent donc de scruter ce qui put exister avant les Aryas.

M. Monier Williams nous écrivait avec modestie (25 juillet 1895) : « A note p. 309 of the last edition (*Indian Wisdom*) only reveals the fact I have no definite theory to propound on the subject of the Pre-Aryan races of India ». — Le célèbre H. Wilson ne part que des Védas et de la religion védique (1). — Lassen prend les bruns de la Péninsule pour un reste de Mélaniens. — Max Muller, dans les *Lectures*, où il fait ressortir tout l'intérêt que l'Inde doit inspirer, ne remonte en mythologie qu'à celle des Védas ; en littérature qu'au Rig Véda, et ne voit pas au delà du sanscrit (2). — Hunter ne part aussi que des Aryas (3). — Cust n'a aucune idée de ce qui précéda ces mêmes Aryas (4). — Vivien de Saint-Martin se fixe aux Poëmes et aux Pourânes (5). — Barthélemy-Saint Hilaire ne com-

(1) *Préface à la traduction du Vishnu-purana.*
(2) *India what can it teach us ?*
(3) *The Indian empire*, p. 53-326 et passim.
(4) *Les Religions et les Langues de l'Inde*, p. 63-116-126.
(5) *Etude sur la géographie grecque et latine de l'Inde*, p. 19.

mence qu'aux Védas (1). — Dawson considère seulement les *Aryan sellers* (2). — M⁰ Laouenan inscrit à la vérité le titre : *Races chamitiques* en tête de son premier chapitre, mais ses données sont beaucoup trop restreintes et sans exactitude (3). D'une hypothèse, engendrée sans doute par la fâcheuse réputation de Cham, il nomme dans sa descendance, en premier lieu, les infortunés *parias* du pays tamoul, où les Chamites se montrèrent à peine, puis d'autres tribus et castes serviles de même infime condition ; enfin tout le corps des « Touraniens ou Scythes » !! — Le géographe Reclus n'a aucune notion des Chamites, et il reproduit les idées de Cust (4).

Ainsi l'on ne se met à étudier l'Inde qu'au moment où elle n'est plus l'Inde pure.

Sans doute on n'ignorait pas que les Aryas, à leur irruption, trouvèrent une population indigène couvrant déjà le territoire ; mais après avoir affirmé en quelques traits rapides qu'elle fut détruite, ou chassée dans les forêts et les montagnes, ou réduite en esclavage, on passe outre pour en venir aux conquérants.

Quelques savants entrevirent bien la vérité, mais ils ne la développèrent pas. Réfutant Lassen, pour qui nos bruns n'étaient qu'un reste de Mélaniens, le baron d'Eckstein avait rétabli le caractère et l'origine réels de la race, ne considérant, il est vrai,

(1) *L'Inde anglaise*, p. 13.
(2) *Classical Dictionary of Hindu mythology*.
(3) *Du Brahmanisme*, etc., p. 90.
(4) *Inde*, p. 0.

que le rameau des Koushites. Lenormant, dans son *Histoire ancienne de l'Orient*, l'avait heureusement suivi. Mais ils ne tirèrent pas de leur principe les conséquences qui en découlent sur l'ensemble de la famille et de ses branches, non plus que sur la majorité chamitique de la population indienne, dans le nord surtout, et sur sa civilisation, en grande partie survivante. Ils ne découvrirent pas davantage le berceau du nord-ouest, où tous les membres étaient groupés.

Accepter le seul Koush pour unique éponyme et souche originelle, était aussi faire la méprise de prendre la partie pour le tout. Il était d'autres populations qui le disputaient en importance. Un nom général et collectif est donc nécessaire. Comme la Genèse a fort bien classé la famille, ce nom collectif est acquis dans celui de *Cham ;* aussi, bien que dans ce cas il soit resté à peu près inemployé, nous lui concéderons sa place.

C'est la race qui est méconnue ; et, pour combler le vide, on la remplace par d'autres qui n'ont pas à figurer ici. A côté du tort de ne décrire que les Indes aryennes, est donc celui d'une supposition erronée sur la population principale et sur son rôle.

§ II. — *L'erreur sur les populations préaryennes.*

Les opinions erronées se répètent beaucoup trop communément sur les races qui occupaient les Indes quand se présentèrent les Aryas. Les Chamites, qui pour nous formaient la grande masse du nord, étant inconnus, on ne supposait plus que des sauvages ou des demi-sauvages.

Les divers auteurs parlant à peu près de même, nous ne pouvons, sans toutefois négliger les autres sources, prendre un guide mieux renseigné que M. W. Hunter, qui, chargé en 1869 de faire la statistique de l'Inde anglaise, en composa un relevé en 128 volumes de 60,000 pages, qu'il a résumé dans son *Indian Empire*. M. W. Hunter était, en outre, membre du Conseil législatif du vice-roi.

Il reconnaît quatre éléments de population dans les Indes anglaises (1) :

1° *Non-Aryens* ou *aborigènes*, 17 1/2 millions (au census de 1872) ;

2° *Aryens*, surtout Brâhmans et Râjputs, 16 millions ;

3° *Mélange* des Aryens et non-Aryens, formant le corps de la population dite des Hindous, 111 millions ;

4° *Mahométans*, 41 millions.

Qui sont les *non-Aryens*, parmi lesquels nous devons trouver ce qui nous intéresse, et que l'on dit constituer, par le mélange avec les Aryens, la plus grande partie de la population ?

On les considère à peu près, avons-nous dit, comme des *sauvages*, ou comme faisant à peine les premiers pas dans la civilisation. Ils n'au-

(1) *Indian Empire*, p. 51 et s.

raient laissé pour souvenirs que de rudes dolmens, menhirs et cromlechs, où se recueillent des restes de poterie et des ornements de cuivre et d'or. On admet cependant des tribus plus avancées, qui employaient le bronze avec le cuivre et l'or, et érigeaient des forteresses. On s'aperçoit aussi que les Aryas s'alliaient à eux, et même que quelques-uns des plus puissants royaumes avaient des dynasties non-aryennes (1).

On avance que ces barbares, quand ils ne furent pas réduits en esclavage, furent chassés des plaines en des retraites inaccessibles.

Lisons : Les populations primitives « avaient été repoussées des plaines, et se tenaient cachées dans les réduits des hauteurs, comme les restes d'animaux éteints que les paléontologistes trouvent dans les grottes des montagnes (2). »

Et encore : « Les races noires avaient été réduites en esclavage (quand les Aryas s'avancèrent vers la Jumna et le Gange), ou refoulées dans l'Himalaya et les Vindhya, au nord et au sud des régions centrales (3). » — « Les populations *mêlées* sont principalement composées de cette plus rude famille, et forment la masse de la populat' a actuelle (4). »

Certes la réalité est loin de se trouver là. Ce sont des suppositions pures que des recherches et des faits notables n'appuyent nullement.

(1) *Indian Empire*, p. 54.
(2) *Id.*, p. 54.
(3) *Id.*, p. 90.
(4) *Id.* p. 52.

Tout ce que nous établirons, d'une part sur l'occupation continue de la plus grande partie de l'Inde par les anciens aborigènes Chamites, de l'autre sur leur progrès en métallurgie, architecture, navigation, arts industriels, démentira de la manière la plus catégorique cette prétendue expulsion dans les déserts et cette prétendue sauvagerie.

Il y a bien plus, les livres mêmes des Aryas le contredisent avec non moins de force. Le Rig Véda tout le premier, puis les Poëmes et les Pourânes font des peintures, et mettent sous nos yeux des faits qui sont loin d'appartenir à des hommes semblables « à des restes d'animaux éteints ». Nous invoquons le Rig. Les Aryas mettent-ils le pied sur cette terre inconnue, leur surprise est grande : ils n'avaient pas l'idée de ces voisins au *brun visage*, qu'avec l'urbanité et la justice habituelles aux ennemis, ils traitent de *démons à peau noire*. De toute part des « forteresses imprenables, — des villes de fer, — des villes au ventre noir, — des cités d'une pierre merveilleuse, — des masses profondes d'ennemis, habiles et belliqueux, riches et combattant couverts de pierreries, rapides dans leurs mouvements, excellents archers, garantis par d'impénétrables cuirasses, leurs rivaux, des *héros* ». C'est le Rig Véda, le livre des conquérants, qui lui-même apprécie ainsi; et il en dit bien d'autres.

Qu'ajouteront les Pourânes? Ils échelonnent les longues généalogies des princes de ces vaincus.

Au lieu d'être faits esclaves, ou de fuir et disparaître en quelques repaires des frontières (Himalaya et Vindhya), ils fondent et gouvernent de grands et nombreux royaumes ; ils s'allient aux Aryas ; deviennent comme eux brâhmanes, et forment souches de races brâhmaniques.

Sont-ce là de hirsutes hommes des bois ?

Les sauvages existaient sans doute ; ils existent encore en leurs asiles introuvables ; mais ce ne sont pas eux qui constituaient le fond du vaste empire.

Il faut donc aller à ceux que l'on donne comme aborigènes, et voir si ce sont eux qui ont formé et forment la population indienne vivant sous nos yeux. On apporte de longues listes de leurs tribus et de leurs dialectes. Mais à quelle race fondamentale appartenaient-ils ?

Écoutons encore l'auteur si bien informé par ses travaux (1) : « Les plus anciens peuples de l'Inde tiennent à trois grandes souches :

1° Tibéto-Burmans,
2° Kolariens,
3° Dravidiens. »

Il s'agit de l'Inde anglaise ; mais les États feudataires ont semblable composition.

Cust donne la même liste (2). Il compte les familles :

<hr>

(1) *Indian Empire*, p. 53 et s.
(2) *Les Religions et les Langues de l'Inde*, p. 126.

Aryenne,
Dravidienne,
Kolarienne,
Tibéto-burmane,
Khasi (les Khasias).

M. Hewitt (1) s'arrête également aux Kolariens et Dravidiens, ne voyant en dehors que des sauvages sans nom.

On suppose encore venues du nord et de l'Asie centrale « de très anciennes migrations touraniennes qui appartiennent à une époque absolument préhistorique (2) ». — D'autres gratifient ces « Touraniens ou Scythes » du nom de *Chamites* (3). Pour faire une pareille assimilation, il ne faut pas avoir la moindre idée des Chamites !

Prenons un à un les groupes que l'on propose comme formant par leur mélange avec les Aryas le fond de la population indienne.

1° Les *Tibéto-Burmans* par leur nom révèlent leur nature.

Dans l'origine ils auraient vécu proche des ancêtres des Mongols et des Chinois ; et en des temps antérieurs à l'histoire seraient descendus par les défilés du nord-est de l'Himalaya. Ils seraient donc encore là où ils arrivèrent.

(1) *Early history of the northern India*, dans le Journal de la Roy. Asiat. Society, 1888-1889. — M. Ragozin le suit dans *Vedic India*.
(2) W. Hunter, *Indian Empire*, p. 174.
(3) M⁹ʳ Laouenan, *Du Brahmanisme*, etc., p. 108.

2° Les *Kolariens* viennent, dit-on, également du nord, et aussi par les défilés orientaux de la même chaîne. Fractionnés maintenant, ils n'existent que par tronçons isolés, à l'est dans les montagnes du bas Bengale, à l'ouest dans les monts Vindhya, et sur quelques autres points.

3° Les *Dravidiens*, partis encore des régions au delà de la grande chaîne, auraient passé à travers ses ouvertures de l'ouest ; puis ils se seraient avancés spontanément, ou auraient été refoulés dans la moitié inférieure de la Péninsule. Nous les y reconnaissons en effet.

En résumé, d'après cette théorie, tout est un écoulement transhimalayen, des Tibéto-Burmans et des Kolariens par l'est, des Dravidiens par l'ouest ; et cet afflux de populations pour lequel on réclame la possession de l'Inde entière ne serait qu'un amas d'ex-Mongols, Tartares, Turcs, Tibétains (1).

Si nous demandons en effet à quels hommes échut la vaste étendue de plaines développée dans la moitié septentrionale, puisque nous abandonnons la moitié inférieure aux Dravidiens, qui réellement sont les maîtres de la plus grande partie, on ne sort pas de ces catégories, et l'on répond (2) : « Tandis que les plus audacieuses ou les plus isolées des races aborigènes (celles plus haut nommées) se

---

(1) Un peu plus loin (ch. III, § I) nous aurons à réfuter l'erreur spéciale qui, des très antiques et chamites *Nâgas*, fait des *Scythes.*

(2) *Indian Empire,* p. 69.

maintinrent à part, le beaucoup plus grand nombre, qui s'était soumis dès le début aux Aryas envahisseurs, est ce qui constitue la masse des Hindous. » Et l'auteur donne un tableau des tribus du nord. Ainsi, pas de distinction entre les occupants; ils sont ceux que l'on a groupés en trois classes; seulement les uns s'isolèrent dans leurs retraites, les autres, soumis par les Aryas, formèrent le grand corps des Hindous.

Pure hypothèse, qui n'a pour elle ni les faits ni les écrits. L'Inde est tout autre chose.

Nous n'entrerons pas en des détails et des distinctions interminables; c'est l'ensemble qui est à considérer. Or il est pour nous d'une évidence complète que la grande agglomération hindoue constitue une race absolument différente des races indiquées, et qui tiennent à la *race jaune*. Ni la physionomie, ni la langue, ni la religion, ni les coutumes, ni le passé historique ne sont les mêmes. Sur le sol vierge de l'Inde vivaient des hommes tout autres que ces demi-Mongols; et ces autres hommes, d'une race à part, et qui à cette heure inondent encore l'empire, on n'en a aucune idée.

Il nous faut montrer qu'en fait ce sont bien les *Chamites* qui, de leur berceau du nord-ouest, ou de ce triangle formé par l'Hindou-Koush, le Kaboul et le haut Hindus. dont nous faisons le *Cham-douipe*, se sont déversés sur presque tout l'immense espace qui s'étend entre la chaîne himalayenne et celle des monts Vindhya. Cette moitié septentrionale est de beaucoup la plus peuplée; elle compte

100 millions d'habitants, tandis que le midi n'en a que 100, très pourvus encore des gens du nord ; et ce sont les hommes qui représentent le mieux la population indienne actuelle et passée.

CHAPITRE III

LES MIGRATIONS DES CHAMITES A L'INTÉRIEUR DE L'INDE

Le Berceau des Chamites a été reconnu dans le nord-ouest de la Péninsule, d'après la notion du point de départ de leurs migrations, et sur les renseignements de la Genèse, des documents indiens, de leur Panthéon particulier et de la Géographie ancienne. Nous savons les noms des peuples et des éponymes les plus primitifs qu'il soit possible d'atteindre. Les colonies répètent fort heureusement ces noms; et elles furent tellement vastes et célèbres qu'avec elles il est impossible de se tromper.

Au Berceau nous avons retrouvé, présent encore de nos jours, tout ce que compte la Genèse, *Kush*, *'Havilah*, *Chanaan* dans les Kapilas, *Metsraïm* dans les Anous, *Seba* dans Çiva. Que cette carte, atteignant l'Éden et les âges où furent recueillis les éléments du chapitre X, soit encore la carte de nos temps est une véritable merveille. Nous avons la certitude par les fondations du golfe Persique et de l'empire d'Égypte qu'elle était telle en des âges inouïs.

Si une telle carte est toujours contemporaine, elle a donc franchi tous les siècles inter......liaires; et, par conséquent, c'est elle qui devait exister, et même avec une plus grande exactitude, deux mille ans avant notre ère, alors que parurent les Aryas. Les Chamites étaient là. Il est bien probable aussi que ceux qui depuis si longtemps avaient atteint l'Euphrate et le Nil s'étaient également écoulés sur la Péninsule elle-même. C'est ce qui va nous occuper.

On n'attend cependant pas de nous une énumération des mille départs pour l'intérieur; mais ce qui est possible et suffit à notre but est d'accompagner d'un pas rapide les déplacements d'un certain nombre de tribus importantes. Nous les choisirons de préférence parmi celles que la Genèse désigne comme Chamites, et dont l'origine ne peut faire doute. Quelques autres implicitement indiquées suivront. De plus érudits diront davantage et mieux.

§ I. — *Nations chamites dans les Indes.*

Kushites ou *Koçalas.* — Le premier honneur est dû aux Koushites, nommés par la Genèse avant tous et dans l'Éden (II, 13), et dans le grand tableau ethnographique (x, 6). Ils composaient en réalité une population fort nombreuse, entreprenante, intelligente, amie des migrations, et qui fit bonne figure soit à l'intérieur, soit en plusieurs contrées étrangères. L'habitude de délaisser les Indes fait que l'on va demander ordinairement les Koushites à l'Éthiopie ou à la Chaldée, tandis que l'Inde en regorgeait.

Leur vigueur d'expansion se déploya d'abord proche de leur berceau hindo-koushite où gisait la fourmilière. Dans les montagnes voisines de l'Indus était la parenté des *Kash*, dont fut baptisé le *Kashmire* « mir, montagne des Kash » ; d'autres peuplaient la *Kashgarie* ; d'autres se retirèrent un jour à l'extrême orient, où ils sont restés les *Khasias*.

Le Râmâyana (1) accorde au dieu éponyme *Kuça*, né du sein de Brahmâ, quatre fils qui fondèrent des villes au nom de leur père *Kauçambî* sur la Jumna, vers Delhi, *Kuça-sthala* (ou Kanya-Kubja ou Canoge), un peu au-dessus ; *Kuçâgâra-pûra*, première capitale des Magadhains, que Manou, sans doute comme indigènes, classe parmi les impurs. Ceux-là étaient proche du Bengale. Par ces villes, les Koushites atteignaient donc les limites orientales.

De son côté, le *Mahâ-bhârata* en son *Sabha-parva* nomme quatre royaumes de *Koçalas* ou *Kuça-jas* « nés de Kuça » ; et, d'après le *Bhâgavata-purâna*, H. Wilson en compte sept. Le plus

____

(1) *Râmâyana, Adi Kanda*, ch. XXXV-XXXVI. — Voir aussi *Vishnu-purâna*, liv. IV, ch. VII.

fameux fut le royaume dont Ayodhyā (Oude), sur la Sarju (ou Gogra), dite elle-même *Koçala*, était la capitale. Le dieu Rāma Chandra (Vishnou incarné) y gouverna. Sa mère était *Kauçalya* ou « du pays des Koçalas » ; et il nomma son premier né *Kuça*. Ce royaume de Rāma avec ses Koçalas fut si vaste, dit le *Vâyu-pûrâna*, qu'il enveloppait les monts Vindhya, formant le *Mahâ-Koçala* « grand Koçala » ou la moderne province de Bérar ; aussi le fils de Rāma, Kuça, dut transférer sa capitale au lieu plus central de *Kuçasthali* ou *Kuçavali* dans ces mêmes monts Vindhya.

Une inscription que Wilson rapporte dans son édition du Vishnu-purâna (1) montre les Koçalas établis vers le Gange, et gouvernés par un roi. L'inscription est du IX° siècle de notre ère, près de 3,000 ans après l'entrée des Aryas, environ 2,300 après qu'ils eurent pénétré dans le bassin du Gange, et bien plus longtemps après cet âge où leur nom est associé à celui de l'Éden. On jugera par ce fait de la longue durée et de l'importance des Koushites et par conséquent des Chamites dans les Indes.

Ptolémée a un *Konta-Koçala* dans le sud. Peut-être se confond-il avec l'un des Koçalas indiqués.

Le Kuça, fils de Rāma, dont on vient de parler, aurait, d'après la tradition, fondé sur le Bias du Panjâb *Kuçâwar* ou *Kaçur*, dont l'antiquité et la

<hr>

(1) Note dans la liste géographique tirée du *Mahâ bhârata*, II, p. 173.

grandeur sont certaines. Cunningham (1) et le lieutenant Barr trouvent que « ses ruines sont interminables ».

Entre Bénarès et Oude était encore la contrée des *Kaçi-Koçalas*. Unis ici aux Koçalas, les *Kaçi* formaient une population distincte, qui appartenait à la famille chamitique de Bharata. Le vieux nom de Bénarès, nom toujours en usage parmi les indigènes, fut *Kaçi*.

Rapportons un cas d'expansion particulière qui éclaire la marche chamitique. Le fameux *muni Viçvâ-mitra*, qui d'après le Rig et le Râmâyana (2) descend de Kuça, et à tout prix veut être qualifié de *Kauçika* « issu de Kuçika et de Kuça », exalte son ancêtre au plus haut point du panthéon nouveau qu'introduisaient les Aryas (3), car le muni, après avoir été l'un des principaux chefs dans la guerre des dix rois qui les combattirent, était passé de leur côté. Il alla plus loin, et en dépit de son origine koushite, il fut promu brâhmane. Sa postérité fut extrêmement nombreuse : le *Bhâgavata-purâna* lui donne plus de cent fils, et d'autres pourânes en comptent davantage. De même que leur père, les familles en furent brâhmaniques, constituant des *gotras* ou familles-tribus qui eurent soin de garder le titre originel de *Kauçika*, et furent des *Kauçika-brâhmans*, des brâhmanes chamites et koushites.

(1) *The ancient Geography of India*, p. 199.
(2) *Râmâyana, Adi Kando*, ch. XXXV-LII.
(3) *Ibid.*

Par intermariages avec d'autres tribus, ils se multiplièrent beaucoup; et quelques-unes de ces familles-tribus formèrent école de doctrine.

Ainsi donc les *Koushites* ou *les Koçalas* se ramifient à l'est et à l'ouest, au nord et au midi, sur toute la moitié septentrionale de la Péninsule, et sont même souche de tribus brahmaniques, après avoir modifié en leur faveur le panthéon des Aryas.

Tout cela ne montre pas que les Koushites fussent réduits en servitude, ni qu'ils furent peu de chose dans les Indes.

A ceux qui ne voient dans cette vaste étendue au pouvoir des fils de Koush que sauvages ou Tartares, on peut demander : Que faites-vous donc de cette population innombrable de *Koçalas*, dont beaucoup de nations ont si longtemps occupé sous ce même nom une large place dans les Indes, et dont la descendance doit l'occuper encore? On fera la part de la légende, soit; mais la légende ici repose sur la réalité; elle n'a pas créé de toutes pièces les villes, les royaumes, les tribus avec nom historique, et les inscriptions.

Il n'y a pas lieu d'être surpris de cette inondation de Koushites sur l'empire; la famille était très considérable, et son grand développement à l'étranger, en Chaldée, en Susiane, au Yémen, au sud égyptien, fait supposer ce qu'elle dut être sur son propre terrain.

Mais continuons à suivre, sans sortir des Indes,

les familles que désigne la Genèse, et auxquelles on ne peut disputer le sang de Cham.

'Havilah et les *'Havilites* ou *Kabolitæ*. — On ne connaît pas leur extension sur l'Inde en dehors du Kaboulistan. Mais le nom a été transporté en Éthiopie, et sans doute avec intention à côté de celui de Kush ; et en Arabie il en est un autre, quoique d'origine sémitique. Ces transferts prouvent au moins l'importance du 'Havilah indien, puisqu'on voulait s'appeler comme lui.

Si les Kabolitæ ou Kabuli ne couvrirent pas l'Inde comme les Koushites, leur renom, en effet, fut grand, avec celui de leur capitale Kaboul, et leur vitalité les a conduits jusqu'à nos temps, pour les mener encore plus loin.

Les *Kefas*. — Les Kefas, qui dans la Genèse figurent sous le nom de *Chanaan*, et qui pour le sanscrit sont les *Kapilâs*, ne paraissent pas plus que les Kabuli avoir, du moins sous ce nom, rayonné sur l'Inde en tant que peuple ; mais leur État de la *Kapisène* et leur capitale *Kapisa* le disputent en célébrité au Kaboulistan.

L'auréole de *Kapi*, sinon le peuple, illumina l'Inde entière. Il y eut des villes à son nom, comme *Kapila-Vastu* où Buddha reçut le jour. — Le dieu Vishnou est *Kapindra* « chef des singes ». — Le dieu Râma est *Kapiprabhu* « général des singes » qui marchent à la conquête de Lankâ (Ceylan). — De grands sages sont des *Kapi*, comme Nârada, l'un des sept

Rishis « nés de l'esprit de Brahmâ », et encore *Kapila*, le fondateur de la philosophie Sānkhya. — Des héros, tel qu'Arjuna, le troisième prince Pandou, portent un Kapi sur leur bannière. — Un pourāna secondaire ou *upa-purāna* est même consacré au divin quadrumane. — Enfin, qui ne sait l'honneur dont ces saintes bêtes jouissent d'un bout à l'autre de l'empire, et les temples où, avec vénération, ils sont nourris par centaines ?

Au dehors, dont nous n'avons pas à parler, il suffira de montrer les Kefas de la Kapisène encore ignorés dans les proto-Phéniciens, vrais Kefas du golfe Persique, les Chananéens de la Palestine, les Phéniciens aux vaisseaux maîtres du monde. Dans la vallée du Nil, Thot ne faisait qu'un avec son cynocéphale, ce qui probablement avait eu lieu dans les Indes.

Ne serait-il pas légitime de supposer que ceux qui, à l'étranger, eurent des établissements si réputés et si étendus ne restèrent pas sans quelque double demeure dans leur patrie ?

Les *Anous*. — Ils furent d'abord assis dans l'ouest himalayen, aux limites du nord, où tous les Pourānes les reconnaissent. Mais bien que leur postérité soit encore aujourd'hui dans les mêmes zones, des tribus plus mobiles s'avancèrent dans le sud et vers l'est. — Au sud, elles formèrent, d'après le Mahā-Bhārate et les Pourānes, les tribus de Çibi, Kékayas, Madras, Suvīras, etc. — Dans leur marche vers l'est, elles se trouvaient déjà au Panjāb, entre l'Hyphase et la Ravi, quand fondirent sur elles les Aryas. Elles ne furent cependant pas arrêtées ; et les mêmes livres les montrent procédant toujours, et devenant les Bangas du Bengale, et non loin les Angas, les Kalingas, les Souhmas et Poundras, qui nous reviendront.

Rappeler qu'à l'extérieur l'Égypte fut leur œuvre, par les Mitsraïm et Anamim de l'Écriture, c'est tout dire.

Seba du ỳ 7, ch. x, n'est autre, on l'a dit plusieurs fois, que le *Çiva* ou *Siva* indien. Si aux Indes il n'y eut pas de nationalité revêtue de son nom, les localités et villes qui en sont pourvues abondent. Au reste, la divinité et son culte remplissent l'empire ; et deux systèmes religieux, le Çivaïsme et le Vishnonisme se partagent les foules. Sa demeure et son grand trône sont au berceau : on le connaît comme *Meru-dhâman* « habitant du Mérou », *Koçala* « membre de la nation des Koçalas », *Kauçika* « descendant de Kuça ».

Établir son caractère chamitique serait bien inutile, puisqu'il est le dieu hors de pair des Chamites. Sa prépondérance dans les Indes suffirait à y faire éclater celle des Chamites.

Telles sont les nations chamitiques (1) que directement admet la Genèse. Nous pouvons certes répéter ce qui est dit plus haut : Si l'on ne voit pas

(1) On a parlé de Phutb, liv. II, ch. I, § 1.

les Chamites dans les nuées de *Koushites, Kabuli, Kapilas, Anous,* disciples de *Çiva,* à quelle race donc les donner ? Et qui pourrait admettre que ces foules si persévérantes sur les lieux mêmes avec leurs villes et leurs royaumes ne furent que des esclaves ou des êtres farouches cachés dans les montagnes ?

Mais il est d'autres populations chamitiques inséparables des précédentes, dont la Bible pourrait réclamer la désignation indirecte.

Nâgas et *Tâkas.* — La Genèse ne les cite pas nominativement ; elle le fait d'une manière implicite, 1° quand elle voit dans l'Éden le *nâga* ou *nakhash* dont les habitants prirent le nom ; 2° quand elle parle de Tubal et des métaux, où maintes fois intervient le même terme de *nâga.*

Là-dessus les textes indiens font tomber une vive lumière, parce que dans leur récit de la Tentation, que nous avons montré très développé et très répandu, ce sont les peuples *Nâgas* et leurs voisins qui sont les Tentateurs, et cela dans la région édénique elle-même.

Les deux sources différentes s'assurent donc mutuellement ; et nous pouvons sans crainte, en cette contrée de Koushites, Kabolitæ, Kapilas, qui tous sont Chamites, voir à côté d'eux les *Nâgas,* avec leurs frères les *Tâkas,* aussi hommes-serpents qu'eux. Il serait même fort légitime de reconnaître d'autres peuplades que l'histoire mentionne dans leur société aux mêmes lieux.

Les documents de l'Inde et une série de faits certains ne laissent pas douter que les Nāgas et Tākas avec d'autres tribus n'habitassent en effet primitivement ces montagnes métallifères. « Les Nāgas, dit le *Bhishma-parva* du Mahā-bhārate (st. 246), sont dans le mont Nishadha » ou l'Hindou-Koush. Pour le *Vishnu-purāna* (II, 1), il est dans la même circonférence un Pays de Nāga, *Nāga-dvīpa*.

Les Nāgas étaient si bien à ces frontières, avec leurs compagnons les Tākas, que se trouvant sur le chemin des Aryas envahisseurs, ils furent, d'après la *Chronique du Kashmire*, forcés d'abandonner leurs foyers, et d'aller chercher un refuge dans ce royaume et aux alentours. Aussi, de temps immémorial, leur culte, l'*ophiolâtrie*, fut la religion prévalente au Kashmire(1). De leur côté, les Aryas racontent que Nāgas et Tākas furent donnés en proie à la voracité de l'aigle Garuḍa (le faucon *bāsha*), dont l'aire domine sur ces hauts sommets. Dévorateur de tous les adversaires qu'enfantait la contrée, l'aigle fut chargé aussi d'expédier les Nishadhas et les Kirātes, donnée instructive sur l'ethnographie des lieux.

Enfin l'étain et le plomb, eux-mêmes *nāga*, « fils du serpent », dont les gisements sont aux pieds orientaux du mont Bāmian, et qui heureusement ne pouvaient fuir comme les hommes, fixent avec la dernière précision.

(1) Cunningham, *The ancient Geography of India*, p. 92.

S'ils eurent leur premier siège dans les Nisha-dhas ou l'Hindou-Koush, les Nāgas et Tākas, tout en laissant beaucoup de souvenirs, n'y restèrent donc pas. — Les premiers s'enfoncèrent à l'est. Quand le pèlerin bouddhiste chinois Hiouen-Tsang visita l'Inde au VIIe siècle de notre ère, il put y constater de nombreuses et puissantes souveraine-tés de Nāgas (1), dont bien des princes se conver-tirent au bouddhisme. Passés aux confins orientaux de l'Inde, aujourd'hui ils portent encore leur nom d'autrefois; mais proches de la Birmanie et de la Chine, ils sont devenus à moitié Birmans et Chi-nois.

Tandis que les Nāgas, abandonnant l'extrême ouest, adoptèrent d'abord le Kashmire, les Tākas, arrêtés dans le voisinage, autour de leur capitale, la grande, populeuse et industrieuse cité de Taksha-çila (Taxila), où Alexandre les trouva, appuyèrent ensuite plus bas, et cinquante ans après le héros macédonien, ils possédaient tout le Panjāb, de l'In-dus au Bias, et du pied des montagnes au confluent des cinq rivières, au-dessus de Multan. Leur nou-velle capitale était *Sākala* du Mahā-Bh. (Sangala d'Arrien). En nos jours ils habitent encore une par-tie de la contrée, formant une nombreuse population agricole entre le Jhilam et la Ravi (2).

Une erreur commune, liée à celle qui fait venir du nord tous les Indiens-Chamites, et contre laquelle

____

(1) Hunter, *loc. cit.*, p. 185.
(2) Cunningham, *loc. cit.*, p. 152.

nous protestons de toutes nos forces, donne aux Nāgas et Tākas une origine *scythique.* On fait alors dé-
river le nom de *Nāga* d'un « patriarche tartare *Nāga,* fils d'Elkhan » (1).

Il y aurait eu, dit-on, une incursion des Scythes,
très limitée, qui vers 625 avant notre ère se serait
dirigée au sud vers Patala du bas Indus. Leur grande
invasion eut lieu au IIe siècle avant notre ère, pour
durer jusqu'au VIe après. Or le nom et l'action des
Nāgas sont infiniment antérieurs. Cela est clair
dans la littérature brahmanique, et encore plus dans
les faits. Pour nous qui avons souvent et à des
points de vue très divers étudié les Nāgas, la question ne saurait même être posée.

Nous disons que l'antiquité des Nāgas paraît
clairement dans la littérature brahmanique,
puisque les Nāgas sont montrés occupant déjà leurs
montagnes des confins de l'ouest à l'invasion
aryenne, bien des siècles avant celle des Scythes.
L'antiquité paraît aussi clairement dans les faits,
parce que le nom de ces tribus est indissoluble-
ment lié à celui du serpent *nāga,* comme à celui
des métaux, étain, plomb, bronze. En tant que nom
du serpent, le mot est en Égypte sous la forme de
nak, et en tant que métal, il était 1,000 ans avant
notre ère en Chaldée, en Égypte, et partout où s'a-
chetaient les précieux ustensiles. En outre, les
Scythes auraient eu beau adorer le serpent, motif
sur lequel s'appuie la thèse, l'étymologie de *nāga*

(1) Hunter, *loc. cit.,* p. 174-185.

n'est nullement de leur langue. Nous l'avons plusieurs fois prouvée chamitique, et sortant d'une racine qui exprime non pas le sifflement, mais la *morsure*.

Il était bon d'insister sur cette réfutation, qui repousse autant une origine tartare pour les Indiens, qu'elle démontre leur origine chamitique.

Sur les *Tākas* nous n'avons pas encore tout dit. On les voit aussi anciennement que les Nāgas représentés à l'étranger. Ils le sont surtout dans leur divinité éponyme *Thot* ou *Tekh*, qui en Égypte est dieu — ibis — serpent — cynocéphale — lune — huit — architecte — sculpteur — artisan. Le même divin personnage règne en Babylonie comme *Tulu*, en Phénicie comme *Taül*, en Polynésie comme *Tiki* (1). Le caractère chamitique des Takās est on ne peut plus assuré par celui de cette aire géographique, par leur premier séjour au Cham-douipe, par leur union et identité serpentine avec les Nāgas, par leur histoire, par l'étymologie de leur nom. Il le sera encore par la langue et les mœurs que nous leur reconnaîtrons.

Ainsi, loin de dater seulement de l'invasion des Scythes au IIe siècle avant Jésus-Christ, les Nāgas et Tākas doivent être rangés parmi les plus archaïques populations de l'Inde. Une chose manquait pour arriver à cette vérité, comme du reste pour une connaissance de toute la contrée, la vue

(1) Voir sur Thot nos *Chamites*, p. 319.

de la famille de Cham et du vaste champ qu'elle couvrait.

Ayant marqué la présence des Tākas sur toute l'étendue du Panjāb, c'est l'occasion de dire qu'ils se subdivisaient en nombre de tribus ; et pour le Māha-Bhārate ces tribus étaient très mal famées. Ce sont les *Arattas*, les *Kathæi*, *Madras*, *Jartikas*, etc, que le poème nomme *Bahikās* collectivement, et que le lexique de Hema-Chandra (1) identifie avec les Tākas. Leur réputation d'immoralité, comme la beauté et le dévergondage de leurs femmes, provoque tous les anathèmes des Aryas. Autant de signes qui ne les soustraient pas aux Chamites.

Autres populations chamitiques. — Il nous faut citer encore quelques tribus notables, dont plusieurs vivaient en ce nord-ouest ou Cham-douïpe, que nous considérons comme le berceau des Chamites.

Les *Nishadhas*, au nom prononcé plus haut, et dont les montagnes unies à l'Hindou-Koush offraient un gîte commun aux enfants de la race, sont nécessairement appelés à notre pensée par leurs voisins, les Nāgas et Tākas. Ils n'étaient pas moins Chamites que les autres tribus rapprochées, de Koçalas, Kapilas, Nagas. Le Mahā-bhārate (2) les déclare au

(1) Auteur d'un bon vocabulaire et autres ouvrages sanscrits.

(2) *Karna-parva*, st. 852. Il le dit, il est vrai, des Nishādas ; mais quoique l'on distingue ceux que les Aryas qualifièrent de *Nishādas* « hommes vils » des *Nishadhas*, nous avons des raisons de croire que le mauvais calembour des ennemis est tout ce qui les sépara les uns des autres.

« teint de cuivre », ce qui ne peut s'appliquer ici qu'à des Chamites. Plusieurs de leurs clans passèrent dans l'intérieur de la Péninsule. On en trouve sur les rives de la Sarasvati, aux limites du désert où cette rivière va perdre ses eaux. Puis, le prince des Nishadhas, Nala, du Mahā-bhārate, avait son royaume non loin de Vidarbha (Bérar), aux pentes méridionales des monts Vindhya.

Les *Dānavas* et *Daityas* sont associés par les Poëmes aux précédents et aux Nāgas, spécialement dans le grand drame de la Tentation. Ils sont alors transformés en démons ; mais ces démons étaient des peuples réels que le *Vishnu-purāna* (II, IV) et l'histoire reconnaissent, et qui, descendus plus tard au midi, résident maintenant dans le Guzérat.

Les *Ahirs* ou *Abhiras* « les vachers », après avoir habité les dernières limites septentrionales, où les Pourānes les voient souvent, gagnèrent comme les précédents le Guzérat, et sont établis un peu au-dessus d'eux. Ils emportèrent avec leur propre nom celui de leur vache *ahi*, qui témoigne une origine tellement ancienne et vraiment chamitique qu'en Égypte, dès les débuts, la vache était également *ahi*.

Les tribus *Dardes*, en raison de leur site aux frontières et du voisinage des Tibétains, diffèrent aussi les unes des autres, mais bon nombre sont certainement aux Chamites. Leitner (1) et Biddulph (2) les qualifient d'*aryens*, par méprise,

(1) *The languages and races of Dardistan*, p. 8.
(2) *Tribes of the Hindoo Koosh*, p. 8.

selon nous. Cette confusion est faite à l'égard de
tous les Chamites des Indes, parce que les traits
du visage rappellent ceux des Aryens ; mais le teint
est *brun*, bien qu'il puisse approcher parfois du
blanc. D'apparence tartare, il n'y en a jamais.
Leitner, qui accomplit des explorations parmi eux,
en a fait photographier en sa compagnie ; et sa
propre blancheur tranche sur la couleur brune des
Dardes. Les femmes de Chitral et de Kho sont
belles et à fort beaux yeux, ce qui est loin de les
ravir au corps féminin de Cham, et surtout ce qui
n'en fait pas des Tartares.

Ainsi que les figures, se différencient les dialectes ; mais ceux que nous avons examinés (1) présentent un fort contingent de chamitique, et en particulier d'anciennes expressions d'un caractère
exceptionnel et significatif. Nous donnons surtout
les *Shines* aux Chamites. Leur langage offre de
grandes analogies avec l'égyptien.

En général, nous ne pouvons séparer les Dardes
du reste du Cham-douipe et des territoires voisins,
le Kashmire et le Panjâb.

Entre la Ravi et l'Hyphase se trouvaient à l'invasion des Aryas dix tribus indigènes, qui des premières s'imposèrent à eux, et soutinrent la *Guerre
des dix rois*. A leur tête marchait la puissante
tribu des *Bhârates*. Ils se disaient d'après le Rig
Véda (III, viii, 24,) enfants de Viçva-mitra, leur

---

(1) *Chamites*, IIe P^{ie}, ch. ii, § vi.

chef, qui lui-même prétendait descendre de *Kuça*, et signait *Kauçika*. Il était roi de *Kuça-sthala*. Avant le combat, s'adressant aux Bhārates, Viçvā-mitra les rattache à sa personne et à sa lignée, s'écriant : « Arrivez, enfants de Kauçika ! » Ces circonstances adjugent les Bhārates aux Chamites dans les Koushites.

D'eux et de leur premier roi l'Inde d'alors reçut le nom de *Bhārata-varsha* « contrée des Bhārates ». Ils sont resté dans la Péninsule, quoique avec un rôle amoindri. On les voyait jadis entre Oude et Kaçi (Bénarès).

Les *Matsyas* « les poissons », que nous réclamons pour nous, figuraient parmi les combattants de la *Guerre des dix rois*. Le célèbre Vyāsa, dit *Krishna* « le noir » (pour *le brun*), compilateur du Mahā-bhārata et des Pourānes, d'après la légende, était né dans une île de la Yamunā de la nymphe-poisson Satya-vali, appelée aussi *Kālī* « la noire » ou *Matsya* « poisson », et fille elle-même d'une autre nymphe-poisson. La famille, tout comme celle des Chamites, était donc brune et adoratrice du poisson.

Les *Panchālas* étaient voisins des Matsyas dans la région du Brahmarshi (environ de Delhi) ayant pour capitale *Kuça-Sthala*, ou Kanya-Kubja (Canoge), que l'on disait avoir été bâtie par un fils même de *Kuça* (1). Le Panchāla était ainsi une contrée de nature koushite. La fille d'un de ses rois, la ravis-

(1) *Rāmāyana*, liv. I, ch. XXXIV.

sante Draupadī, épouse simultanée des cinq frères Pandou, avait la couleur de la race : on l'appelait *Khrisnā* « la noire ».

Magadha. Encore un mot sur le pays des Magadhains, au sud du Bihār, avec les villes de Patna, Gayā, et autres. Ils devraient leur existence à Çiva ; et en tout cas ils en avaient la couleur, puisque le Mahā-bhārate (1) les dit « au teint rouge », comme les fils limitrophes d'Anous, Angas, Bangas, etc.

On comprend qu'il serait impossible de ressusciter les mille tribus de l'Inde, et d'en dévoiler l'origine précise. Celles qui ont été citées sont des plus notables et certaines comme populations de Cham. Il en est même d'une souveraine importance, tels que les Koçalas, les Nāgas, les Tākas, les Kabuli, les Kapilas, les Anous, dont on peut suivre la personnalité ethnique en permanence des temps préégyptiens jusqu'à nos jours.

Ce qui reste à exposer sur la physionomie, sur la langue, sur la religion, sera plus que combler les *desiderata* que laisseraient les lacunes des noms des tribus.

Conclusion. — On a lieu d'être surpris que dans la thèse qui fait venir tous les ancêtres des Indiens par le nord-ouest et le nord-est, on ne s'aperçoive pas que les tribus désignées ne couvrent ni le nord-ouest ni l'est.

(1) *Karan parva*, sl. 853.

1° Le nord-ouest est le Cham-douipe, c'est-à-dire la partie la plus chamitique, et anciennement chamitique, de l'Inde, avec les noms mêmes des nations patriarcales. Conservant cette nature, il se prolonge à l'est par le Kashmire, au sud par le Panjâb. Et là ni un seul Dravidien, ni un seul Santal.

2° Au nord-est nous concédons la Birmanie, mais elle est en dehors de l'Inde. Dans l'Inde même, sans quitter l'est, que l'on s'étende à l'intérieur, et ce seront alors de vastes contrées comme le Bengale et les alentours, qui, loin d'avoir été peuplées par des Tartares transhimalayens, l'ont été, ainsi que les livres indiens le racontent avec raison, par des tribus d'Anous ou autres venues du Cham-douipe.

A côté des masses compactes de Chamites, dont nous avons suivi les nations principales, et qui possèdent les lieux de temps immémorial, ceux que l'on tient à tort pour *aborigènes*, Kolariens, etc., feraient très mince figure. On en compte bien 17 millions, mais en agglomérant toutes les races et pour l'Inde entière.

Quant au *mélange* de 111 millions, il n'est vraiment qu'aux Chamites, fort peu aux Aryens. Les *bruns*, par leur extrême prédominance, ont tout chamitisé et tout bruni. L'Inde n'est pas blanche.

Puisque nous abandonnons aux Dravidiens la moitié méridionale (quoique les Chamites y soient encore très nombreux) et aux Tibéto-Burmans leurs pentes himalayennes et leur Birmanie, il ne restera pour la grande moitié septentrionale, sur les trois souches admises (Dravidiens, Tibéto-Burmans, Kolariens), que ces derniers, les Kolariens, dont les Santals forment la branche principale.

Mais on donne pour leur chiffre (1):

Santals. . . . . 1.000.000 ⎫ 1.300.000
Kolariens. . . . . . . 300.000 ⎰

Ce n'est certes pas ce qui peut composer les 100 millions qui inondent le nord.

Qu'est ce faible ruisseau en comparaison des fleuves de Koçalas, Nāgas, Tākas, Anous... roulant leurs flots pressés en toutes les directions? Ceux-ci fondent de nombreux et vivaces royaumes, bâtissent des cités grandes et renommées, de leur excès établissent des colonies immortelles..., où sont les villes, les royaumes, les colonies des Kolariens et des Santals?

On disait (2) les aborigènes acculés aux deux extrémités, dans les monts Himalaya et Vindhya, et ils remplissent au contraire l'immense étendue des plaines intermédiaires.

§ II. — *Nations chamitiques d'après la Géographie contemporaine.*

Un géographe éminent qui a recherché l'état ancien de l'Inde dans son état nouveau, Vivien

____

(1) *Indian Empire*, p. 71, note 1.
(2) *Id.*, p. 89.

de Saint-Martin, contrôle nos affirmations par une autre méthode. Il n'a pas. il est vrai, la notion des Chamites, mais ils sont dévoilés par ce qui a été dit et par ce qui nous reste à dire. L'auteur part du nord-ouest. Citons (1) :

« Une étude attentive de l'ethnographie de l'Inde en fait ressortir pour nous un fait important, c'est qu'à part un très petit nombre d'exceptions, *tous les peuples et toutes les tribus* mentionnés dans les documents de l'antiquité, même en remontant aux plus anciens, *existent encore aujourd'hui* sous leurs noms historiques, sauf les changements produits par le temps, par la diversité des prononciations locales et par les transcriptions étrangères, changements qui, malgré leurs diversités infinies, suivent cependant certaines règles communes qu'il est en général aisé de reconnaître. » — Et en note : « Il ne faut pas oublier que *l'immense majorité, sinon la totalité des ethniques de cette région du nord-ouest, appartiennent à des tribus aborigènes ou non-aryennes,* et qu'ils ne sont arrivés aux écrivains sanscrits que par la tradition orale. »

Ainsi, *tous les noms des tribus aborigènes du nord-ouest sont conservés ;* or, ce nord-ouest fut la première résidence des Chamites. Aucun doute possible, puisque les souches des antiques colonies de Cham étaient là avec ces mêmes noms. L'auteur en cite des plus marquants, et qui sont tout à fait les nôtres, comme Kaboul, Taxila, le Panjâb

<hr>

(1) *Étude sur la géographie grecque et latine de l'Inde,* p. 162

avec sa variété de tribus Tâkas ou Bâhikas. On ne saurait entrer plus entièrement dans nos voies. Ne répète-t-on pas, du reste, et sur tous les tons qu'à beaucoup d'égards l'Inde est restée immobile?

Vient la conclusion sur le nord-ouest (1) :

« Le résultat capital de cet ensemble d'identifications auquel nous sommes arrivé..., est de démontrer que depuis les premiers temps du royaume indo-scythique, c'est-à-dire depuis près de deux mille ans (2), *il ne s'est pas produit de grands changements dans l'état des populations du nord-ouest de l'Inde.* »

Ces populations, subjuguées par les Scythes, ne sont nullement devenues scythiques ; avant comme après les Scythes, et jusqu'à aujourd'hui, « il ne s'est pas produit de grands changements dans leur État ».

De même, les autres populations dont on va parler, et qui ont persisté invariablement, ne sont pas des Tartares, Turcs, Tibétains, Mongols; elles se composent, comme nos yeux le voient à cette heure, d'assez beaux bruns, à l'ovale et aux traits européens, à la taille svelte, caractères d'une race spéciale.

Notre savant géographe passe à l'Orient et au bassin du Gange (3).

(1) *Ibid.*, p. 214.

(2) Nous savons que les Scythes se maintinrent en envahisseurs dans l'ouest de l'Inde de 126 av. J.-C. à 511 après. Mais leur lutte avec les Indiens fut continuelle, et ils ne les remplacèrent pas.

(3) *Ibid.*, p. 258.

« En examinant ce que les Pourânes ont conservé des traditions sur les anciens temps de l'Inde, on voit se produire un fait d'une très grande importance historique et ethnologique, c'est que dans les provinces qui, durant la longue période des temps héroïques, avaient obéi aux dynasties aryennes, des royaumes se sont élevés qui ont pour chefs des princes que les écrivains brahmaniques qualifient d'impurs, parce qu'ils appartenaient, non plus à la classe souveraine des Kshatriyas, mais à des tribus rejetées dans les castes inférieures. Or ces tribus inférieures, dont le livre de Manou donne une longue et précieuse nomenclature, *appartenaient toutes à la population aborigène ou non-aryenne de l'Inde du nord,* aborigène dans ce sens au moins qu'elle occupait les contrées gangétiques avant la prise de possession des colonies aryennes de langue sanscrite, et qu'elle se distinguait radicalement des purs Aryas *par l'origine, le langage et la conformation physique.* »

Et plus loin (1) :

« Sans sortir des limites du bassin du Gange, le nombre des tribus inférieures a été de tout temps très considérable. Beaucoup sont nommées dans les Poèmes et dans les autres livres brahmaniques. Le code de Manou en renferme une liste étendue, et cette liste est d'un intérêt d'autant plus grand pour l'ethnologie, que *presque toutes les tribus qu'on y voit mentionnées existent encore aujour-*

(1) *Ibid.*, p. 310.

d'*hui* dans les pays du Gange sous les noms qu'elles portaient il y a trois mille ans. »

Après avoir fait remarquer (1) « que depuis dix-huit siècles, et sûrement depuis un bien plus long temps, il n'y a rien d'altéré dans l'ensemble des populations des parties extrêmes de l'Inde gangétique..., que tous ou presque tous les noms se retrouvent encore aisément », l'auteur ajoute :

« Que les noms des peuples que Ptolémée mentionne depuis la région des sources du Gange jusqu'aux extrémités orientales de la vallée du Brahmapoutre, appartiennent *tous* à cette classe nombreuse des tribus *aborigènes*, parce qu'elles se distinguent radicalement du peuple brahmanique, et qu'elles occupaient les contrées du Gange (pour plusieurs d'entre elles nous en avons la preuve historique) avant l'arrivée des Aryas. »

D'autres autorités parleraient de même (2) ; mais il est inutile d'entasser de pareils témoignages.

Les anciennes tribus sont donc *toutes* ou *presque toutes* conservées, même avec leurs noms ; et cela partout, soit dans la sphère du Kaboul, soit dans celle de l'Indus, soit dans celle du Gange. Si on les constate identiques depuis et malgré l'irruption des Aryas et autres envahisseurs, ou pendant une durée de quatre mille ans, sans aucun doute elles l'étaient déjà quelques siècles plus tôt ; et dans un certain nombre de cas on doit les faire remonter

(1) *Ibid.*, p. 346.
(2) Ainsi Hunter dans *Indian Empire*, p. 183 et s.

au delà de leurs filles coloniales de Chaldée, Égypte, etc.

Tout en affirmant ces tribus identiques, on a eu soin de dire plus haut qu'elles se sont conservées distinctes des Aryas, *par l'origine, par la langue, par la conformation physique.* Mais on ne nous a pas éclairés sur cette origine, cette langue, cette conformation. Le but du présent ouvrage est de combler une telle lacune.

Notre érudit géographe ne s'occupe donc pas du tout de la *race* de ces anciennes tribus. Mais dans le long paragraphe précédent sur *les nations chamites dans les Indes* nous en avons assez dit pour que l'on soit édifié sur la grande agglomération de la moitié septentrionale. *Bruns* étaient ces peuples à l'arrivée des Aryas, *bruns* sont-ils toujours?

En note nous rappellerons quelques-unes des tribus citées par l'auteur, et que l'on doit considérer comme chamitiques. Elles jouèrent un certain rôle, mais ne formaient certainement pas la totalité. Le lecteur en reconnaîtra un certain nombre (1).

Il faut remarquer en outre que certaines de ces

---

(1) Koçalas, Khaças, Khassias, Khâciras, Kaçi, Kadrusi, Kapilas, Kabuli, Kaçmiras, Çavaras,

Kefas, Nâgas,

Takas ou Bahikas { Gandhâras, Kaikéeas, Kathéeas, Çibi, Madras, Jartikas. }

Abira, Shinas,

Anous et les États de { Banga, Vanga, Pundra, Suhma, Kalinga, } Dânavas, Daityas, Nishadhas, Matsyas, etc., etc, nations chamitiques possédaient plusieurs royaumes distincts. — Les Koçalas en avaient quatre, d'autres parlent de sept ; — les Nâgas, au dire de Hiouen Thsang, régnaient en de « nombreuses et puissantes souverainetés » ; — les Tâkas eurent tout le Panjâb et maintes tribus notables ; — les Anous, en dehors de leur berceau, fondèrent de grandes principautés au Bengale ; — les Nishadhas se voient sur trois points ; — les Matsyas sur plusieurs.

Quant aux villes manifestement à Cham, et souvent villes de premier ordre, elles constellent la Péninsule. Faut-il donc citer encore (1) ?

Kushân, vieille ville dans l'Hindou-Koush.

Kauçambi, capitale du Vatsa, et l'une des plus célèbres places de l'Inde ancienne.

Kuçâgâra-pura, capitale du Magadha, aussi remarquable.

Kuçanagara, le lieu où mourut Bouddha.

Kuçapura, aujourd'hui Sultanpoure, fondée, suivant la tradition, par Kuça, fils de Rama Chandra.

Kuçâwar ou *Kaçur*, encore rapportée au même fils de Râma.

Kuça-sthala ou *Kanya-Kubja* (Canoge), capitale d'une puissante dynastie.

Kuça-sthalî : deux villes de ce nom, l'une à la place de Dwâraka, pointe ouest du Guzerat ; l'autre, construite encore, dit la légende, par Kuça, sur les pentes des monts Vindhya.

(1) Nous nous sommes aidé de A. Cunningham, *The ancient Geography of India.*

Kuça-rati, résidence de ce même Kuça, et capitale du sud-Koçala.

Koçala, la même que Ayodhyā (Oude), et capitale de Rāma.

Kuça-dvîpa n'est pas une ville ; mais il est digne d'être mentionné comme l'une des sept parties du monde, région des *Koçalas*, répondant au *Pays de Kush* de la Genèse.

On n'a pas oublié que le nom de *Kuça* est tout à fait celui de *Kush*, fils de Cham. A la vue de tous ces *Kuça*, ne sent-on pas combien les *Kushites* et *Chamites* étaient répandus dans les Indes ?

La parenté de Cham et Kush n'avait pas disparu davantage. Citons pour elle :

Kaboul, capitale des 'Havilites ou Kabuli.

Kapisa, capitale des Kapilas (Chananéo-Phéniciens).

Taksha-çilā (Taxila), la grande, industrieuse et illustre capitale des Tākas.

Taki, une autre de leurs cités, plus au midi,

Sākala ou *Sangala*, capitale des Madras, l'une des tribus Tākas.

Kāçi (Bénarès).

Kashgar, deux villes, l'une en Kashgarie, l'autre au Cham-dvîpe.

La persistance des tribus importantes que nous connaissons, de leurs royaumes et villes entraîne naturellement celle de quantité d'autres, qui, bien qu'obscurs, ont surgi des mêmes racines.

Maintenant que l'on mette bout à bout les États

de Cham, quand ce ne serait que ceux que notre très mince érudition est capable de rassembler, à partir de l'Hindou-Koush muni de ses anciens peuples, et continuant par le Kashmire, les Tākas, Nāgas, Matsyas, Nishadhas, Panchalas, tous les Koçalas, le Magadhe, le Bengale avec tout son entourage, etc., et l'on aboutira aux frontières de l'Inde. Presque tout est couvert : c'est dire que presque tout est chamite.

Les purs Aryas, qui se réduisent aux Brāhmanes et aux Rajpoutes (classe guerrière de Kshatris), qu'ont-ils pour eux ? Venus par les cinq rivières, ils occupèrent d'abord le *Brahmā-varta* « la Terre-Sainte » (Manu, II, 17); puis ils s'avancèrent dans le *Madhya-deça* « pays du milieu ». Ils sont maintenant répartis dans toutes les provinces ; cependant sur le total de seize millions au census de 1872, sept millions et demi habitent encore les provinces du milieu, vers Allahabad, Agra, Delhi, Oude, etc., et un peu à l'ouest dans le Rajputana. Sur les vastes Indes les Aryas n'auraient que des îlots.

Parlera-t-on des autres étrangers ? Qui, en balance de nos brunes légions, oserait mettre des Scythes, Turcs, Santals ? Ils se perdraient sur cet immense espace occupé par 160 millions d'hommes. Encore une fois, l'*Inde est chamite*.

Durant la très longue série de siècles qui s'est écoulée ici pour la race brune, il est beau de la voir dans ses Koushites et Kabouli atteindre de l'Éden à notre XX* siècle. N'a pas sept ou huit mille ans qui veut !...

LIVRE III

LA PHYSIONOMIE. — LE VÊTEMENT

CHAPITRE PREMIER

LA PHYSIONOMIE DES INDIENS EST CELLE DES CHAMITES

Comment pouvait-on savoir à quel type humain se rattachaient les Hindous, puisque l'on n'avait aucune idée de cette race, qui forme souche à part ?

Des savants très autorisés nous ont dit que les plus anciens peuples de l'Inde ou les aborigènes appartiennent à trois grandes classes :

les Dravidiens,

les Tibéto-Burmans,

les Kolariens ou Kols.

Tous seraient descendus des régions au nord de l'Himalaya, où « dans les temps préhistoriques ils avaient vécu, en cette Asie centrale, côte à côte des Mongols et des Chinois ».

Nous avons séparé les Dravidiens qui détiennent en effet presque la moitié méridionale de l'Inde, et nous ne nous en occupons pas. Resteraient pour aborigènes de la moitié septentrionale les Tibéto-Burmans et les Kolariens.

1° Les *Tibéto-Burmans* participent comme de juste aux Tibétains et aux Burmans. — On connaît les Tibétains, à apparence physique mongole: large face, pommettes saillantes, nez épaté, paupières obliques, teint basané, mais non pas franchement brun. — Les Burmans confinant aux Hindous et aux Chinois tiennent des uns ou des autres suivant leur position, comme les Chinois du côté de la Chine, beaucoup plus bruns du côté du Bengale.

2° Les *Kolariens* ou *Kols* ont également la figure large, les traits aplatis, une nuance variant du noir au rouge. — Parmi eux, dans la nombreuse tribu des *Santals*, on a la face large, le front plat, les pommettes saillantes, les lèvres un peu grosses (1). Bien des savants classent les Santals dans les *negritos*, ce qui les éloignerait encore plus des Chamites.

La *race jaune* ou *mongolienne*, telle aurait donc été dans ce système la primitive population de l'Inde, celle que les Aryas auraient asservie ou refoulée, mais que l'on verrait toujours.

Le fait n'est nullement exact; et plus loin nous entendrons les Aryas le contredire formellement.

Le paragraphe précédent nous a fait voir que les anciennes tribus, loin d'avoir été réduites en esclavage, subsistent encore parfaitement libres dans

(1) Reclus, *Inde*, p. 423.

les vastes plaines, organisées en royaumes et avec des rois indigènes.

Puis, nous cherchons en vain dans ces plaines les figures mongoles que l'on annonce, nous ne voyons que des Hindous au type tout à fait différent.

Nous les connaissons ; voilà trente ans que nous vivons avec eux. Quatre-vingt mille en notre seule île de Trinidad : c'est un peuple. Ceux de nos colonies sont recrutés de tous les points de la Péninsule ; et ils représentent d'autant mieux les aborigènes qu'ils sont en général de la dernière classe. Or leur physionomie est spéciale et une, et, certes, ce n'est pas la face jaune et large des Mongols. Sauf leur couleur brune, ils ont, au contraire, tellement le faciès aryen que par confusion on en fait communément des *Aryens*, sous le titre d'*Indo-Aryens* ou *Indo-Européens*.

Assez généralement on rapporte toutes les races humaines à trois types :

Le type *blanc*,

         jaune,

         noir.

Ajoutons pour l'Amérique le type *rouge*.

La classification est incomplète. Où met-on les Chamites ? On répond dans la *race blanche*,... mais *au teint brun !* Qui s'y serait attendu ? A ce compte, et même à plus forte raison, on aurait pu mettre les *jaunes* dans la *race blanche*,... mais *au teint jaune*.

Les Chamites, dont les Hindous font partie, ne sont ni blancs, ni jaunes, ni noirs, ni rouges, ils sont par excellence... *bruns*. Ils le furent *toujours*, ils le sont *partout*. Et il ne s'agit pas seulement de la couleur, tout concorde, l'architecture corporelle, et même avec la langue la civilisation entière, qui est à eux et à nul autre,

Ainsi nous rejetons cette classification des races humaines, dans laquelle la famille Noachide est représentée comme constituant une seule race, la *blanche*, mais où l'on englobe à la fois blancs Japhétites, blancs-jaunâtres Sémites, bruns Chamites. La race brune est à ranger à part. Et l'on n'appellera pas la grande agglomération indienne race *aryenne* ou *indo-aryenne*, mais race *chamite* ou *indo-chamite*.

Nous disons que les Hindous ont la physionomie des Chamites ; mais où pouvons-nous saisir de sûrs et certains Chamites ?

Rendons-nous, la Genèse à la main, au berceau que nous avons déterminé (l. II, c. i). On ne saurait trouver réunis plus réels et plus antiques membres de la famille. Nous savons que la Genèse, il est vrai, a formé sa liste d'après les peuples de l'Asie antérieure et de l'Afrique nord, où l'on avait déjà colonisé ; mais notre étude est remontée au berceau de ces colonies, et nous avons ainsi le double avantage de contempler et les colons et les premiers ancêtres. Colons et premiers ancêtres ne diffèrent au reste nullement entre eux.

Le texte nous a déjà dit :

Ch. X, 6. Les fils de Cham furent Koush, Mitsraïm, Phouth et Chanaan.

Ch. X, 7. Les fils de Koush furent Seba, 'Havilah...

Ce texte fixe on ne peut mieux. Il le fait par des nations considérables et fameuses, dont l'existence et les traits extérieurs ne prêtent pas à l'ombre de méprise, Égyptiens, Chananéens et Phéniciens, Lybiens, Koushites. Des peintures et des bas-reliefs d'une grande fidélité nous conservent fort heureusement les traits des premiers âges.

Au berceau du Cham-louipe, la famille est encore réunie, et rien n'est changé dans les physionomies. Là sont les Koushites, les 'Havilites, les Kefas, pères des Chananéens et Phéniciens ; les Anous, pères des Égyptiens, augmentés de beaucoup de frères. Ce sont les enfants de Cham en leur nid même. Il faut voir leur visage.

L'éponyme patriarche est à examiner le premier.

Cham « le brun », plutôt que le noir. D'un mot le signalement est donné ; les autres signes cadreront. L'immense postérité, établie sur une grande partie du globe, par son propre aspect vérifie le portrait. Invariable il est resté. Tout le monde connaît la figure des Égyptiens : les Phéniciens, Libyens, Polynésiens, les coolies transportés par l'Angleterre leur ressemblent. Visage brun-rougeâtre, de forme ovale, cheveux longs et noirs,

taille svelte, mains et pieds bien faits et petits.
Voilà Cham!

Dans une frappante et très instructive concordance avec ce Cham biblique, les Indiens esquissent leur propre prototype et divinité suprême. C'est *Çiva*, que nous savons *Meru dhîman* « habitant du Mérou », *Kauçika* « de la race de Kush », *Koçala* « concitoyen des Koushites ». Il est bien la personnification de ses fidèles, et aborigène du même pays. Ainsi que Cham, Çiva est et a été nommé « le noir », *Kâla*, un noir qui est aussi « le brun », comme le précisent les épithètes *Babhru* ou *Pingala* « le brun ». Sa femme Durgâ est son reflet, *Kâlî* « noire », de nuance *Bâbhravî* ou *Krishna-pingalâ* « brune ». Voilà pourquoi le honteux symbole qui a souillé nombre de contrées sous l'influence des Chamites est la pierre conique *noire*, le *linga*, devenu *Pingaleçvara* « le Seigneur brun », représentant le dieu, et dieu lui-même quand le *prâna-pratishthâ* « le don du souffle » l'a fait descendre dans la pierre.

Après le modèle, voyons rapidement les divers membres énumérés par le chapitre X.

Les *Koushites*. Leur dieu vient de s'exhiber, lui *Koçala* et *Kauçika* ou Koushite de la plus belle eau. Ce *Babhru* dévoile ses compatriotes et disciples, qui n'ont pas manqué de le faire à leur image. La teinte *bâbhravî* de sa femme montre pareillement celle de ses filles.

A l'étranger pas de changement. Les vieilles légendes de l'Euphrate, comme les cylindres de Cyrus. nomment les *Kasi* « les races brunes ». Dans l'Arabie méridionale, les missionnaires nous disent que les descendants des Koushites se reconnaissent à la même apparence. Au sud de l'Égypte, distincts des noirs Éthiopiens, les vrais Koushites sont comme leurs frères.

Les *Kapilis* ou « les bruns », par le singe *Kapi*, se dépeignent ainsi tous les premiers. Ils transportèrent nom et couleur, d'abord au golfe Persique, où ils restèrent *Kephas* ou *Képhènes* ; puis en Chanaan et en Phénicie où ils furent encore *Kefas*. Sur leurs monuments les Égyptiens donnent aux gens de *Kefta*, la Phénicie, un extérieur et un costume qui se rapprochent des leurs. Ils les font rougeâtres comme eux-mêmes.

Les *Anous* de Mitsraïm sont assez connus. Dans l'Inde, leur mère-patrie, ils projetèrent différentes tribus, les unes au sud, les autres plus renommées dans la sphère du Bengale. Le *Mahâ-bhârata* au *Karna parca* nous a déjà montré leur physionomie : « Les Angas, les Bangas, les Poundras et les Mâghadains au teint rouge (st. 863), les Kalingas et les Nishâdas au teint de cuivre (st. 882). »

Les *'Havilites* ou *Kabolitæ*, dans le même massif montagneux que les Koushites, Kapilas, Anous, leur sont naturellement semblables. Que l'on regarde sur place, non pas les Afghans, mais les survivants d'aujourd'hui, ce sont de bruns Hindous.

Les *Nāgas* et *Tākas*, eux aussi, vécurent sur les bordures de l'Hindou-Koush; mais ils sont plus en vue dans le Kashmire et le Panjāb, qui furent leurs lieux de refuge et leurs secondes patries. C'est sur leurs mœurs trop libres que tombent dans le *Mahā-bhārata* (au *Karna-parva*) les virulentes malédictions des Brāhmanes. Mais, tout en réprouvant chez les femmes l'abus des grâces, ils leur reconnaissent les physionomies les plus agréables, et ne les disent pas noires, ni même brunes, mais *au teint d'or.*

Nous pourrions reprendre ici les renseignements donnés dans notre *Aurore indienne* (l. VI, c. iii) sur la beauté des Nāgī et Tākī et leurs yeux séducteurs. L'appréciation s'étendrait à presque toute la jeunesse féminine hindoue, quand les maux de la vie n'en ont pas terni la fraîcheur. On retrouve encore aujourd'hui aux mêmes lieux ces enfants des montagnes, premières demeures, à Chitral, Hunza, Yassin, région de Kho, ces filles aux grands beaux yeux, à la magnifique chevelure noire dont elles sont très fières. On les recherche; mais, hélas! c'est pour les marchés d'esclaves (1).

N'est-on pas aux antipodes des visages tibétains, turkmènes, mongols, kolariens?

Les *Kadruṣi* ou *Kūdraveyas* et *Kadāras* de toute manière peuvent aller avec les Nāgas, car ils sont enfants d'une même mère, *Kadru* « la brune, la terre », et ils en portent le nom.

***

(1) Biddulph, *Tribes of the Hindoo-Koosh*, p. 73.

Les *Tziganes*. Voici une population qui, des quatre coins du globe, vient avec sa physionomie apporter son témoignage, les *Tziganes* ou *Bohémiens*, ou *Zincalis*, qui se disent eux-mêmes *Romany*. Ce témoignage a d'autant plus de poids que nos aventuriers, bien qu'ayant abandonné l'Inde leur première patrie depuis plusieurs siècles, et planté leur tente sous tous les cieux, sont restés semblables à leurs frères du pays. Un auteur anglais qui a beaucoup vécu au milieu d'eux, Borrow, leur rend parfaite justice (1). « La race Romany est peut-être la plus belle du monde... Leurs femmes, par leur extérieur, sont capables d'exciter de violentes passions. » Il admire surtout les enfants, comme tout le monde admire les petits Indiens et les petites Indiennes, et trouve « que quelques-uns seraient dignes du pinceau de Murillo ».

Quand les blancs Aryas eurent franchi la barrière neigeuse qui les séparait de l'Inde, ils remarquèrent certains hommes « sans nez, au nez plat, au nez de taureau »; c'étaient les Tibétains, dont le pays était proche. Mais la grande masse de leurs ennemis se composait d'indigènes, qualifiés d'abord d'hommes « à peau noire, — de noires tribus », qui dans le nord, quoique voisins des précédents, en différaient grandement, et se prolongeaient couvrant l'immense domaine. Les Aryas furent quel-

(1) Borrow, *The Zincali*, p. 3.

quefois plus précis : « Indra frappe toute cette
troupe *rougeâtre* et terrible de Pisâchas (1). » Les
mêmes, les aborigènes, les *Mlechhas*, « ceux qui
parlent un langage barbare et incompréhensible »,
furent si bien de la *couleur du cuivre* que le métal
devint un *mlechha* ou *mlechhâsya* « à face de
Mlechha ». Quant aux Indiens, personnellement
ils se disent *sânwlâ* « sombre, pâle » ; c'est un
euphémisme.

En tout cela il n'est rien pour la population indienne, surtout mélangée avec les Aryas, qui
appuye la théorie d'une couche fondamentale,
tartare ou mongole, à la face large, front plat, nez
écrasé, pommettes saillantes, yeux écartés et
obliques, teint simplement basané, allure peu
svelte.

Chaque donnée signale dans les Hindous, et de
la manière la plus persévérante, une famille *sui
generis*, qui, malgré sa couleur, peut compter parmi
les plus favorisées. Les femmes sont communément bien, et souvent même très bien ; les traits
sont corrects, l'expression est calme et douce, les
yeux ont acquis au Kashmire une réputation qu'ils
pourraient mériter ailleurs.

Prichard, qui dans son *Histoire naturelle de
l'homme* donne un portrait d'Hindou fort exact, cite
un vieil auteur dont la description est à rappeler (2). « Les Indiens sont en général beaux et

(1) *Rig Véda*, Sec. II, liv. I, H. xii, 5.
(2) Le Gentil, *Voyage aux Indes*, 1779-1781.

bien faits, l'œil noir, vif et spirituel. Leur couleur est connue. On y voit de très belles femmes, bien faites, ayant des traits à l'européenne. »

Pour nous, après une fort longue et incessante habitation, nous pouvons affirmer que ce n'est pas seulement la jeunesse féminine qui est belle, mais que la jeunesse masculine l'est autant. A coup sûr ces enfants et ces adultes ne sont pas des Tartares.

Qu'on les compare, au contraire, aux Chamites de vieille roche pris chez eux, aux Égyptiens, par exemple, et par l'unité physique l'unité de famille paraîtra incontestable.

CHAPITRE II

LE VÊTEMENT

Nous avons affaire à des *Orientaux*, et dans ce cas si la physionomie est *sui generis*, le vêtement, rehaussé de ses parures, l'est tout autant.

Or le vêtement signale aussitôt les Hindous. Cet homme qui passe, Sémite ou Chamite, est un Oriental, cette femme une Orientale. La science ni les voyages ne sont requis ; tout le monde a vu, du moins en peinture, Abraham ; tout le monde a vu les Filles de Sion. Les voilà. Ce vêtement jamais ne changea. L'Européen court après les modes, l'Oriental les méprise. Le tailleur d'il y a six mille ans serait encore aujourd'hui parfait tailleur.

Quel est donc ce vêtement ? En ce point comme en une foule d'autres, Sémites et Chamites marchent généralement de concert.

Pour les hommes, rien de plus simple. En tête, le majestueux turban, *pagrî* ; sur le buste, le *jhullâ* ; autour des reins, la *dhotî*, qui parfois descend jusqu'aux genoux (1). Par-dessus, dans les grandes occasions, on passe l'*angarkhâ*, longue tunique qui atteint également les genoux. La jambe est nue : pas de souliers, mais dans la nécessité des *Kharâûn* (sandales de bois).

Les femmes portent le corsage, *cholî*, et la jupe, *ghaghrî*. Un très grand et léger voile, *orhnî*, couvrant la tête, retombe et flotte autour du corps. Le tout est de belle et éclatante couleur, *tinctis Indiæ coloribus*, disait Job (XXVIII, 16). — La poudre d'antimoine, *surma*, que la troisième fille du patriarche tirait de son *cornu stibii* « corne d'antimoine » (XLII, 14), passée autour des yeux, les fait briller, les agrandit, les rend plus passionnés ; — la *missî* « poudre d'anis » procure des dents noires et agréables comme l'ébène, et en guérit, dit-on, les douleurs ; — la *mhendi* ou *henné* teint en rouge-orange soit les ongles seuls, soit les doigts, ou les mains et les pieds entièrement. — Les oreilles, les narines, leur cloison, les bras

(1) La *dhotî*, fort brève, est souvent le seul habit, et on peut dire la caractéristique des Hindous. *Dhotî-wâlâ* et *topi-wâlâ* « le porte-dhoti et le porte-chapeau » sont l'Hindou et l'Européen.

dans toute leur longueur, les doigts, les orteils, sont chargés d'anneaux et de broches, le cou de colliers, de croissants, d'amulettes, la tête d'ornements, tantôt formant couronne, tantôt retombant sur le front où brille une petite étoile. Autour des chevilles un grand anneau, auquel les élégantes suspendent de menus grelots qui dans la marche font gazouiller les pieds comme des oiseaux.

C'est le portrait des Indiennes mêmes que tracent Ézéchiel et Isaïe lorsqu'ils dépeignent les femmes de Jérusalem : « Je vous ai vêtues d'étoffes de diverses couleurs ;... j'ai mis des bracelets à vos mains, et un collier autour de votre cou ; je vous ai donné un anneau pour le nez, des pendants d'oreilles, et une couronne éclatante sur la tête » (Ez. xvi, 10 et s.).

Isaïe dit encore davantage : « Parce que les filles de Sion se sont élevées,... le Seigneur leur ôtera leurs chaînes des pieds, leurs filets de perles, leurs bracelets, leurs voiles, leurs tiares, leurs anneaux des chevilles, leurs chaînes d'or, leurs boîtes de parfums, leurs pendants d'oreilles, leurs bagues, les pierreries qui pendent sur leur front, leurs robes magnifiques, leurs écharpes, leurs légères mousselines, les aiguilles de leurs cheveux, leurs miroirs, leurs tuniques de grand prix, leurs cordons et leurs vêtements de fin lin » (Is. iii, 18 à 23).

Nous avons voulu montrer le costume des Indiennes, afin d'en tirer un indice nouveau sur leur ethnique ; Ezéchiel et Isaïe ont parlé pour nous. Ils l'ont fait sans doute en représentant les Israélites qui sont Sémites ; mais leur description enveloppe les Chananéens du sang de Cham, qui abondaient encore en Palestine. Elle s'étend même jusqu'à l'Indus, d'où ces derniers étaient partis ornés d'une foule d'atours que les dames Sémites s'étaient hâtées de copier.

Que l'on juge maintenant si les vêtements et parures indiennes conviennent à ces peuples descendt. .u nord dans lesquels on voudrait enfermer tout ce qui habite l'Inde. Ni les Tibétains, ni les Scythes au chapeau conique et aux larges pantalons, ne se costument ainsi. Leur climat ne le permettrait pas. Un si exigu et léger ajustement n'a pu naître qu'aux pays du soleil. Mais surtout l'usage de ces parures orientales, dont la mode séduisit au loin toutes les femmes, avait nécessairement germé dans la contrée qui en prodiguait les éléments, c'est-à-dire qui offrait à profusion l'or, les pierres précieuses, le jaune safran, la rougissante *mhendī*, la noire *missī*, le sombre *sarma*, les matières colorantes, les plus exquis parfums, *nardus indica, cassia, bdellium*... Le nord-ouest indien qui produisait tout cela, et qui fut le berceau de la race, put seul être le riche cabinet d'où sortirent tant de brillantes toilettes.

Tatouage. — Ne fermons pas si tôt ce chapitre. Le tatouage est l'élément principal et souvent unique du vêtement polynésien. Mais naquit-il en Polynésie? Il fut et il est encore en partie une mode de cette Inde qui enfanta les insulaires. Le tatouage du corps en son ampleur régna en plusieurs de ses contrées, et partout on le retrouve marquant quelques membres, le front surtout, siège des insignes préférés.

Les Nâgas et Khassias, maintenant à l'extrême orient de l'Empire, mais venus de l'extrême occident, se tatouent. Du Videha (Tirhout) le *Bhishma* du *Mahâ-bhârata* (st. 364) décrit les Vaidéhas « aux rouges tatouages ». La célèbre Sîtâ, épouse de Râma Chandra, était du Vidéha. Les femmes tziganes ou romany exercent le métier de tatoueuses à l'égard des autres femmes.

Il n'y a pas seulement coloration, mais tatouage véritable avec une aiguille trempée dans la couleur On appelle ce piquage *godnâ* « piquer, tatouer ». Et l'Égypte disait *gholh, jolh* à même sens. La marque est le *tîkâ*; et les Égyptiens ont *lok* ou *loks, pungere,* tandis que les Polynésiens disent *likao* et *logi* « piquer, percer ». Eh ! quoi donc? Est-ce que avec ces *godnâ* et *tîkâ* le tatouage lui-même ne se rend pas de l'Inde vers le Nil et sur le Pacifique? Que s'il appartient à d'autres races, il est bien vieux aussi parmi les Chamites.

Parlons-nous de *tatouage,* nous parlons indien et surtout polynésien, *tatau;* et lorsque nous écrivons, nous nous livrons au tatouage, car *tatau* signifie « tatouer, écrire, dessiner, peindre, imprimer ». On faisait tout cela par de belles lignes, de savantes figures, qui souvent, comme les hiéro- glyphes, avaient leur haute signification. Un bon tatoueur eût mérité un siège à l'Académie des beaux-arts.

LIVRE IV

LA LANGUE

Quelle langue parlait-on dans l'Inde il y a sept mille ans ?

A cette question le lecteur se livrera sans doute à un accès de gaieté. Eh bien ! il sait la réponse, et il va la faire avec nous.

Par ses innombrables Koushites, Kefas (Kapilas), Anous, Kabuli, enfants de Çiva, Nâgas, Tâkas et autres, la plus grande agglomération des Indes septentrionales appartient d'une manière manifeste, le lecteur le sait, à la famille primordiale que la Genèse en son chapitre X met sous le nom de *Cham*. On parla donc aux Indes la langue de ces peuples ou le *chamitique*. Nous ne prétendons pas que sur l'immense territoire, ne considéra-t-on que le nord, on ne se servit que de cet unique langage, mais, sans nous arrêter à ce qui est secondaire, nous prenons le corps principal de la population.

Le problème des éléments qui entrent dans les langues indigènes de l'Inde est des plus discutés, et a enfanté de nombreux et savants travaux ; mais comment pouvait-on le résoudre, et constater le chamitique comme l'une des plus fortes assises, puisque l'on ignorait totalement que les Indes furent et sont aux Chamites, à ces mêmes Chamites dont la Genèse désigne de grandes familles, et que tout le monde connaît, sinon dans les Indes mêmes, du moins dans leurs illustres colonies ?

Ces colonies nous renseignent sur la mère-patrie ignorée.

Les Égyptiens, *Anamim* ou *Anous* de la Bible, sont sortis des environs du Pamir; ils employaient par conséquent l'idiome des Indes du nord, — et sur place il en est resté de nombreux et caractéristiques échantillons ; — d'où l'on conclura que les Indiens du nord parlaient égyptien, et que leur langue d'il y a six ou sept mille ans est conservée dans celle des premiers Pharaons. — On peut en dire autant de ces Kéfas ou Chananéo-Phéniciens que Sargon Ier (vers 3800), au golfe Persique, était loin de trouver méprisables ; — autant de ces *Kasi* ou *Koushites* leurs voisins, aussitôt venus sur la terre ferme que les précédents sur la mer ; — autant des *Koushites* de l'Arabie méridionale et des *Sabiens* ; — autant des *Libyens*, que nous pensons avoir précédé les Égyptiens eux-mêmes sur la terre africaine.

Toute la langue chamitique ne fut cependant pas là. Les Hébreux en adoptant celle de Chanaan, au lieu d'avoir, comme on le dit, l'idiome sémitique par excellence, avaient par excellence l'idiome chamitique. — Enfants des Indes, les Polynésiens eux-mêmes faisaient entendre sur l'Océan Pacifique le vocabulaire de Cham (1). Si nous allons souvent à eux, non seulement cette confiance est légitime, mais la science gagnerait considérablement à étudier ces voix préhistoriques des mers.

Les Koushites et autres peuples des § 6 et 7 eurent beau expédier de cette Péninsule, qu'Hérodote dit le pays le plus peuplé de la terre (2), des bandes d'émigrés à l'occident et à l'orient, la ruche resta néanmoins tellement fournie de ces tribus autochthones qu'on les y voit encore aujourd'hui.

Si le chamitique fut dans les Indes une langue maîtresse, il doit nécessairement, autant que le permettent l'amas des siècles, les envahissements et les alliages de tout genre, y conserver de nombreux rejetons. Nous allons tenter un glanage dans cette végétation survivante. Nous en composerons trois faisceaux.

Le premier comprendra des spécimens de ce qui, appartenant au chamitique, s'est infiltré et comme naturalisé dans le sanscrit.

Le second sera un butin faible, mais précieux de très vieux termes chamitiques qui n'ont pénétré ni dans le sanscrit, ni dans l'hindoustani, mais se cachent en sauvages dans certains dialectes des vallées himalayennes.

Le troisième résultera d'une collecte dans une des langues les plus vulgaires, l'hindoustani.

(1) Le sujet sur la nature chamitique des Polynésiens et de leur langue a été traité au long dans nos *Chamites*.

(2) Hérod., V. 3.

CHAPITRE PREMIER

INFILTRATION DU CHAMITIQUE DANS LE SANSCRIT.

Nous allons donc former un premier faisceau de locutions admises par le sanscrit, quoique leur origine soit chamitique (1).

Notre recueil commencera par des listes où l'évidence tranche à elle seule la question, les vocables ne pouvant être que chamitiques, et rien autre chose. Ce sera :

1° Une liste des populations primitives dont le caractère ne saurait manquer d'être reconnu, comme celles désignées par la Genèse quand elle veut exposer la famille de Cham, et quelques autres à origine tout aussi assurée, — ainsi que la nomenclature des pays habités par ces peuples, et dont l'ethnique est non moins certain.

2° Une liste des principaux dieux chamites, que le sanscrit s'est quelquefois incorporés, bien qu'ils ne fussent nullement à lui.

En troisième lieu, suivra une chaîne d'expressions générales prélevées sur le parler commun.

(1) Nous employons le lexique sanscrit-anglais de M. Monier Williams ; et si nous nous écartons de cet ouvrage excellent en ce qui concerne le chamitique, nous sommes heureux de lui rendre cette justice, qu'il a toujours été pour nous, et spécialement dans la composition de notre livre *Les Chamites*, un inestimable trésor.

§ 1. — *Peuples et localités à noms chamitiques.*

1. *Peuples.*

Dans les versets 6 et 7 du chapitre X sont nommément désignés comme directe postérité de Cham :

Kush, duquel relèvent les Kushites ou *Koçalas* répandus dans les Indes.

Anu, donné comme fils de Mitsraïm, et sa nombreuse filiation d'*Anous* indiens.

Chanaan, dont le nom répond aux *Kapilas* ou *Kefas*.

Seba, notre *Çiva*, au nom et aux disciples répandus partout.

'Havilah avec les *'Havilites*, qui sont les *Kabolitæ* ou *Kabuli*.

Les noms de ces peuples trouvent rang dans les dictionnaires sanscrits, et cependant ils ont étonnamment précédé le sanscrit.

En dehors de la Genèse, parmi une foule de tribus qui resteront inconnues à jamais, prélevons dans le sanscrit quelques noms apparus bien longtemps avant lui, et que la population première des Chamites a le droit de réclamer :

Nâgas,	*Ahirs,*
Tâkas,	*Bharatas,*
Nishadhas ou *Nishanas,*	*Kaçmiras,*
Dânavas,	*Kash,*
Dailyas,	*Kâçi,*
Kumbhi,	*Kûdraveyas,* etc.

Inutile de faire observer que cet embryon de liste aurait pu s'étendre considérablement.

2. *Localités.*

Naturellement les noms de peuples comportent des noms de pays souvent identiques. Tels sont :

Kush ou *Kuça*, avec un *Kuça-dvîpa;* plusieurs royaumes et localités de *Koçalas;* de nombreuses villes au radical de *Kuça*, dont plusieurs ont été énumérées au chapitre III du Livre précédent.

Kapisène, que nous pensons s'être appelée dans l'Inde ancienne comme la Phénicie *Kef.*

Kubhâ, le fleuve Kaboul.

Kavila ou *Kubala*, le pays depuis Kabulistan.

Nishana, chaîne de montagnes.

Nâga (dvîpa).

Takka (deça).

Taxila.

Taki.

Bharata (varsha), l'Inde première.

Kaçmira.

Meru.

Kashgar, deux villes.

Kasii, montes.

Si les peuples et territoires qui viennent d'être indiqués, et qui par eux-mêmes et par leurs rameaux couvraient une très grande partie de la Péninsule, étaient des peuples et territoires chamitiques et à noms chamitiques, ils parlaient apparemment *chamitique.*

§ II. — *Dieux à noms chamitiques.*

Les Chamites se trouvent aux colonies assistés de leurs grands dieux bien avant l'occupation aryenne des Indes. Les noms de ces dieux n'étaient donc pas sanscrits ; mais les Aryas les voyant honorés, accordèrent volontiers asile, ou furent contraints de le faire, à plusieurs d'entre eux, quelquefois même pour les hisser au plus haut de leur panthéon.

Comme le Livre suivant sera consacré à la religion des Chamites, et qu'alors seront apportés des développements, nous n'avons à donner ici que les noms évidemment chamitiques des principaux dieux ou objets du culte :

Çiva,	*Kapi,* le singe,
Râ, le soleil,	*Anu,* le poisson,
Hari, id.	Le *Taureau, Sivan, Sapi,*
Sina, la lune,	La *Vache, Ahi,*
Kuça,	Le *Bélier, Air.*
Thot,	L'*Aigle, Básha,*
Kubera	L'*Ibis, Hab,*
Kadru,	Le *Lotus, Kubala,*
Nâga,	Le *Cèdre, Sica* (si-dâr).

Il est plusieurs de ces noms qui sont éclipsés, ou tendent à disparaître, mais que l'on peut restituer pour l'étude de ce qui survit dans les autres pays de la race.

§ III. — *Expressions générales introduites dans le sanscrit.*

Elles sont demandées à tout l'ordre chamitique, mais encore comme simples spécimens, car nous n'avons pas à compiler un dictionnaire (1).

Des détails sont ajoutés en nos *Chamites*, App. *B.*

1. *Aïr* « eau ». L'origine chamitique est de la dernière certitude. Le nom a été donné au second mois, *aïr*, du Calendrier, lequel, au lieu d'être sémitique, est du plus archaïque chamitique. — *Aïr* est en malais sous la forme de *Ayer*, qui est identique. — Il apparaît en plusieurs autres contrées, par exemple en Chanaan, dont le *Iarden*, le Jourdain, n'avait pas son étymologie, ainsi que le prétend Gésénius, de *iarad* « descente », mais la tenait de l'eau, comme l'expression des Araméens, *iardâ* « lac, mer », et celle des Arabes, *jiria* « cours d'eau ». Notons par excellence le Nil, dont le nom primitif était *Iaro*.

Aïr est accepté par le sanscrit dans *irî* « eau », allié à *idâ* et *ilâ*, d'où la grêle *irî-chîr* et la rivière du Panjâb, *Airî-vatî*, nom qui vit encore mutilé

(1) Le polynésien intervient souvent dans nos citations. Comme il renferme de nombreux dialectes, la minuscule qui suivra le mot indiquera le dialecte :

<table>
<tr><td>s samoan.</td><td>m marquésan.</td></tr>
<tr><td>t tahitien.</td><td>ml malais.</td></tr>
<tr><td>tg toogan.</td><td>mg malgache.</td></tr>
<tr><td>h hawaïen.</td><td>ß fijien.</td></tr>
<tr><td>f foutunien.</td><td>z néo-zélandais.</td></tr>
</table>

dans la Ravi. L'éléphant, monture d'Indra, est dit également *Airā-vatā*, parce qu'il fut produit par le barattement de l'Océan. — *Irā-ja* « né de l'eau » est le dieu de l'amour, *Kāma*.

L'importance exceptionnelle de l'*aïr* chamitique, son excessive antiquité, son expansion coloniale font tort à une origine sanscrite.

2. *Ahī* « la vache ». Dès les premières dynasties égyptiennes, la vache se nommait *āhī*, symbole d'Hathor et d'Isis. Elle était une émigrée des Indes, où déjà elle était *ahī*. Là résidait dans le nord-ouest son très ancien peuple de *Ahīra* ou *Abhīra* « les vachers » (1), qui dans la suite descendit au sud. Le sanscrit enrégistre bien le peuple de *Ahīra*, mais il n'a pas la vache *ahī*. Pas plus que le nom du peuple, celui de l'animal n'aurait été à lui.

3. *An, anu* « atome, six ». Cette expression est fondamentale en chamitique. Sur elle repose la grande construction mathématique et astronomique des Chaldéens par 6 et 60. Sur elle encore leur culte, avec le dieu *Anu* au sommet de l'Olympe. Le même dieu est éminent aussi en Egypte. Dans presque toute la Polynésie 6 est également *anu* sous la déviation de *ono*.

Ce qui nous engage à ne pas y voir un vocable sanscrit, c'est son rôle hors ligne dans les pays chamitiques, tandis qu'il passe presque inaperçu chez les Aryas, et que leurs frères de Perse ne les connaissent pas.

(1) *Bhishma-p.*, st. 354 — *Vishnu-pur.*, liv. III, m.

4. '*Chavi* « Piper chaba ». Ce poivrier croît dans l'Inde ; mais quand nous le voyons passer en Malaisie comme *chabe*, et en Polynésie devenir la plante qui donne la trop fameuse boisson enivrante le *Kava*, ne devons-nous pas croire que son nom, au lieu d'être aryen, est comme le végétal lui-même un produit des contrées chamitiques ? On ne donne pas d'étymologie sanscrite, tandis qu'en Polynésie elle est toute trouvée dans le même *Kava* au *awa*, copte *Kba*, « violent, âcre ». En outre, le persan n'a pas cela.

5. *Çiçna*. Pas d'étymologie acceptable en sanscrit. Les Aryas reconnaissent eux-mêmes que cette locution, indicative du phallus, est du bagage de Cham, lorsqu'ils reprochent un tel dieu aux Dasyous, et qu'ils les stigmatisent comme *çiçna-devas* qui, ont pour « dieux les çiçnas ».

S'il n'est pas d'étymologie sanscrite supportable, elle est évidente en chamitique.

Polynésien (samoan) : *si* pollutio, *sii* cohabitare, SISINA ouverture d'où l'eau dégoutte, *siu* pointe et le reste. — Voilà le dieu *Çiva*. — En hindoustani le nom encore présent est *sishin* qui correspond exactement au *çiçna* du Rig, et au *sisina* de la Polynésie (1).

---

(1) Quelques-uns établissent un rapport avec le serpent *shesh*, et y prennent l'étymologie. Cela pourrait s'accorder à cause du symbolisme attaché à ce serpent ; mais la vérité est ailleurs. Le sens direct du sanscrit, de l'hindoustani, du polynésien, son développement dans les dérivés, est le sens évident et de beaucoup préférable.

6. *Çivi* « bête de proie, » *çivalu* « chacal ». Pas d'étymologie sanscrite. Le sémito-chamitique va la donner :

Héb. *Zabah*, tuer, égorger ;

    Zebah, sacrifice, victime ;

    Iseboim, bête féroce ; *Isaba*, hiène.

Arabe : *Zebah*, égorger, victime ;

    Zeba, hiène ;

Éth. : *álseb*, féroce.

7. *Gosaïn* « la divinité, un saint homme ». Ce n'est pas le sanscrit *go-svâmin* « possesseur de vaches », mais le chamitique (copte) *gs* (pour *Gois, Goeis, Joeis*) Dominus, Deus, Altissimus, lui-même de *gosi, jose*, extollere, exaltari.

8. *Guggal* « bdellium ». Sans étymologie. Ses synonymes *Kauçika* « venu de Kush », *Çiva*, le dieu, *meda-ja-Daitya* « né de la moelle des Daityas », qualifications aborigènes, le montrent chamitique, aussi bien que les équivalents : poly. *gako* .f., égy. *āka* « graisse ».

9. *Hāra-hārī* « raisin ». *Halā, halā, hālāhalī, ali,* « eau, liqueur spiritueuse, venin ». Pas d'étymologie satisfaisante. Nous sommes éclairés par l'égyptien *aloli*, etc. « raisin », que le polynésien nous dira être de *lali-lali* .s. « humide ». Le raisin est « le liquoreux ».

10. *Ibha* « éléphant ». On le prétend de *i* aller ! A leur venue, les Aryas ne connaissaient pas l'élé-phant : *ibha* n'est qu'une altération du nom indi-gène. L'Égypte avait dès son ancien empire la ville de *Ebo, Ab*, Éléphantine, 1500 ou 2000 ans avant

que les Aryas eussent aperçu le grand pachyderme. *Ebo* était le nom de l'animal emprunté à celui de son bel ivoire ou *os*, comme le nomme le polynésien *ivi*, m. h. « os ».

11. *Nâga* est encore « l'éléphant et la dent », ainsi que l'apprend le chamitique qui de l'os fait la dent. Égy. *najhe* dent ; éth. *nagé* « dent, éléphant ». Le sanscrit au *nâga* qu'il a épousé n'ajoute pas la « dent » à l'éléphant, ce qui prouve que ce *nâga* n'est pas de lui.

12. *Nâga.* Nous savons que le *cobra* est aussi ce *nâga*, non pas « à sibilando dictus », mais encore de la *dent* meurtrière.

13. *Nâga* « étain, plomb ». Pourquoi ? Parce qu'ils étaient *nâga-ja* « progéniture du nâga ».

14. *Jaṭa, juṭaka*, tresses de cheveux de Çiva et de ses disciples. On le dit de *jan*, être produit ! Rien de plus chamitique que Çiva et ses tresses ; avec l'hindoustani nous dérivons de *julânâ*, joindre.

15. *Jûlâ, jûlika* « soulier », est issu du même *julânâ*, qui est hindou.

16. *Kadru* « brun ». Il n'est pas de *Kav*, teindre. La déesse *Kadru* « la brune, la terre », mère des *Nâgas*, était avant le sanscrit avec son peuple de *Kadâras, Kâdraveyas*.

L'hébreu a *Kedar*, peau noire,

l'arabe *Kadar*, obscur ; de là les Arabes *Kedar*.

17. *Kaṇṭa Kaṇṭaka* « épine ». On le tire du sanscrit *Kaṇṭ*, aller, se mouvoir ! Qui n'y verra le copte *shont, shonte*, épine, de *shont*, couper, blesser, avec l'égypt. *Kata*, arbuste épineux ?

18. *Kansa* « cuivre et bronze ». Au *Kam*, aimer ou *Kans*, aller, commander, quêtés dans le sanscrit, on préférera la racine chamitique *Kas*, qui dans toute la famille exprime la dureté.

Kansa était aussi une « coupe », et chez tous les Chamites la coupe était *Kâs*. Celle du Pharaon de Joseph était une *Kos*.

19. *Kapi* « brun, singe ». Il ne vient certainement pas du sanscrit *Kamp*, trembler. Les singes *Kapi*, égy. *Kafi*, *Kef*, héb. *Koph*, et leurs dévots Kapi-las étaient infiniment plus vieux que le sanscrit de l'Inde.

La racine est : égy. *Kop*, cacher ; héb. *Kaphar*, couvrir, cacher, d'où sombre et brun.

20. *Kota* « forteresse », non pas certes du sanscrit, *Kut*, courber, car en Égypte *Kôt* était aussi un fort, mais l'étymologie était bien apparente, le même *Kôt* signifiant construire et construction.

Ces *Kota* sont les forteresses qui, dès l'Hindou-Koush, menacèrent les Aryas, et n'y ont encore aujourd'hui pas plus abandonné leur nom que leur site.

Nos coolies appellent *Kothi* le lieu ou la maison qui les emploie.

21. *Kuba, Kura, Kubala,* etc., *Kabra, Karala,* etc., « lotus, ibis » ou échassier, pêcheur.

Ces formes vont se confondre avec celles de l'égyp. *habu, hiboi,* et de l'éthiopien *hobe, howe* : de là notre propre *ibis*. — Retrouvé aussi dans l'as-syrien, l'accadien, le polynésien, ce nom est évi-demment de la famille sémito-chamitique.

L'existence dans les Indes indique que la locution qui a pour sens premier *pêcheur* est née présanscrite dans ces provinces antiques du Kaboul où la profusion des lotus et des échassiers qui les mangent en avait rendu l'appellation très naturelle.

22. *Kuhana*. Le sanscrit en fait un « jongleur, un enchanteur, un hypocrite, un fourbe ». Mais les Aryas ridiculisent. Ils le font souvent, comme lorsqu'ils appellent les *Nishânas* des *Nishâdas*, de *niche* « vil », le dieu *Kuvera* un « personnage mal fait », *Ku-vera*, les *Yakshas*, gardiens de ses beaux jardins, des démons affamés, qui crient sans cesse *jaksh* « donnez-nous à manger », etc.

Dans ce *Kuhana*, nous reconnaissons le prétendu prêtre de ces temps :

Héb. *Kohen*,
Arab. *Kâhan*, prêtre et sorcier,
Éth. *Kahen*,
Ass. *Kainav*,
Poly. *Kahuna*, prêtre, sorcier.

L'avantage de la conservation de *Kahuna* par le sanscrit est de nous apprendre que les Chamites avaient cet homme aux Indes dès la source. Les Aryas en firent la caricature ; tandis que leurs propres *Brâhmans* se posaient modestement en *dieux humains*, êtres à part et inviolables.

23. *Kumâra* « enfant, prince ».

On veut le tirer de *Ku-mâra* « qui meurt facilement » ! Ce n'est pas heureux. En poly. *Kâma.h.* ou *tâma.t.* dit l'enfant ; mais si l'on déplace la pesante,

Kamā ou *lamā*, ce seront les pères et chefs, du verbe *Kumu.h.*, *lumu.t*, engendrer. Ainsi, *lamā* est le génitor et *lăma* le genitus.

Eg. *lam*, *lamu*, jeunes gens, jeunesse, de *lamio*, engendrer.

De là les *Tum*, gouverneurs actuels dans l'Hindou-Koush, avec un nom que l'on ne s'explique plus.

24. *Kumbha* en sanscrit montre une « urne » et le signe zodiacal du « Verseau ». Mais le peuple des *Kumbhi* existait avant cela, adonné à la fabrication de ses *Kumbha*. Les Aryas les classèrent comme des Dasyous parmi les démons *Rakshasas* (dernier livre du Rāmāyana).

L'Égypte avait *Kebh* « urne, inondation ».

25. *Kungkuma*, « safran », crocus sativus.

Il est de deux éléments : 1° *Kung*, variante du mot henné, qui dit le « brillant et le jaune » ; 2° *Kumu.h.* « racine ». La *jaune racine* était « enfant du Kashmire », *Kāçmīra-ja.*

Les Arabes en ont fait *Kurkum*, les Hébreux *Karkom*, et nous le *curcuma.* La production au Kashmire, l'expansion chez les Hébreux, les Arabes, enlèvent le terme au sanscrit.

Le *Costus speciosus*, qui à l'étranger suivait le safran, le nard, le bdellium, etc., était aussi un *Kāçmīra-ja.*

26. *Mâl* « posséder », que donne le sanscrit, serait mieux placé dans le sémito-chamitique, où, avec le radical, abondent les dérivés.

Hind. : *māl*, propriété, richesse.

Eth. : *malk*, posséder et les dérivés.

Ara. : *melk*, propriété ; *mālik*, propriétaire.

Ainsi l'hébreu et le phénicien.

27. *Māla* « couronne, guirlande, lacet ».

On le présume de *mā*, mesurer en sanscrit !
L'égyptien, le copte, le chaldéo-babylonien, le polynésien ont bien mieux dans

cop. *mer*, ceindre, lier ;

ass. *mer*, couronne ;

poly. *mali.h.*, lier ; *malo.h.*, *maro.t.*, ceinture.

Les rosaires et chapelets pour les Hindous sont
des *māla*.

28. *Malla* « lutteur, homme vigoureux ». Sans
étymologie. Pas plus que le *Jhalla* qui suivra le *malla*
n'est le *Kshatrya* excommunié dont parle Manou
(X, 22. — XII, 45). Anciens boxeurs koushites, les
Mallas formaient caste. Voici l'indice de leur famille :

cop. : *malah*, *malakh*, lutte, combat ;

poly. : *malo.s.f.* fort, vaillant, vainqueur.

29. *Jhalla* « bâtonniste ». Sans étymologie.
Manou y voit encore un excommunié (X, 22); mais
des excommuniés pareils sont tout simplement des
indigènes. Cet autre lutteur koushite, ainsi que le
bâtonniste fait chez nous, épousait le nom de son
arme favorite.

Cop. *jal*, branche (bâton) ; ég. *jar*.

Mal. *jali*, rotin.

Il faut sans doute joindre,

hin. *ḍāl*, *ḍār*, branche, et même

chhar, *chhari*, bâton.

30. *Mani* « pierre précieuse ». On le rattache à
man, résonner ; allons ailleurs.

Ég. *māni*, pierre précieuse.

Les joyaux dont les Dasyous étaient surchargés lors de la conquête aryenne étaient naturellement antérieurs à cette conquête, et si antérieurs qu'ils se voyaient en Égypte sous le même nom. Le pays, du reste, et non celui d'où venaient les Aryas, les donnait à profusion. De tout temps, *Mani* fut un nom personnel très goûté.

31. *Meru*, la fameuse montagne. Le sanscrit n'a pas de bonne étymologie, et il ne pouvait en avoir puisque le mot est chamitique. Il signifie simplement « montagne », comme nous l'avons amplement montré ailleurs. Le terme est aussi égyptien.

32. *Misi*, *mishi* désigne l' « anis » et la poudre dentifrice qu'avec lui on confectionne. Il est si bien pré-sanscrit et chamitique qu'il existe tel quel en Égypte : *mise, amisi*. Les Éraniens n'en usaient pas, et les Aryo-Indiens de l'origine ne devaient pas en user davantage.

33. *Nala* « parfum », *nardus indica*, lotus. Il est rapporté au sanscrit *nala* « roseau », mais bien à tort, car ni le nard ni le lotus ne sont des roseaux.

Le premier sens, dont les deux autres sont des applications, est celui de parfum. Les suivants le feront comprendre :

poly. : *aala.h.*, *aara,t.*, parfum, parfumé, sen-
      tir.

ég. : *urhu*, parfum, parfumé.

mal : *garo*,   »   »

34. *Nāman* dans *Kapi-nāman* « encens ».

On l'inscrit au titre du singe *Kapi* ; mais *niman*

qui signifie *nom* en sanscrit n'ayant pas ici de raison d'être, il faut recourir à une autre source.

Poly. : *nāmu.*s.f. odeur.

Le « saint basilic » *tulāsī* s'appelle pareillement *nāga-nāman* « parfum de nāga ».

35. *Nāva, nau, nu,* « barque, nef ».

Rattaché au sanscrit *nad,* pousser, ou à *nu* (*navata*), aller. L'égyptien nous met à l'aise avec son *nef* qui comporte tout le système, « souffle, vent, venter, respirer, naviguer, navigation, barque », celui-ci avec *nâil.*

36. *Nīda* « nid ». Indiqué de *ni* et de *sad,* se poser. Mais qu'on lise les suivants :

Yagnobi (de l'Hindou-Koush) : *nid,* être assis ;

égy. : *nil,* demeure,

ass. : *nadu,* poser, placer.

pol. : *nafo.*s.h., *noho.*m.h.t., s'asseoir, siéger, nid.

37. *Nishāda.* Les Aryas transformèrent malicieusement les *Nishanas,* habitants de la chaîne de ce nom, en *Nishādas* « hommes vils » ; mais la glorieuse chaîne se dressait avant les Aryas, et avait été baptisée par leurs prédécesseurs.

38. *Pāça* un « lien, le lasso ».

Il est dit de *paç* lier, et l'étymologie paraît satisfaisante ; mais l'Égypte qui avait juste le même *pash* ou *phash,* lasso pour la chasse, doit l'avoir reçu de l'Inde aux âges préaryens.

39. *Pathi-druma,* l'arbre *acacia catechu.*

Ce nom de l'arbre qui donne le *cachou* a été singulièrement confondu au milieu des *path* et *pathin*

« route, chemin ». — *Druma* « arbre » est bien sanscrit, mais *palhi* est une expression chamitique qui dénote non pas une route, mais une *résine*.

> hind. : *pulâi*, plâtrage ;
>
> pol. : *puluo*, t., coagulé, *palu*, s., gomme, — et vingt autres.

40. *Phara, phala, phalaka* « bouclier ». Sans étymologie, et l'entourage n'a rien d'approprié, tandis que le chamitique est très lucide.

> Pol. *parura*. t., abri, abriter, protéger, rideau, bouclier ;
>
> *palelao*. t., bouclier, de *pale* dont le sens est bien rendu par le français *parer* (un coup). L'idée première est celle de séparer ;
>
> ég. *pôrej, pôlej* ; héb. *pala* ; arab. *farak* séparer.

41. *Râhu.* C'est un démon Dânava en lutte contre les dieux, et qui, dévorant le soleil et la lune, produit les éclipses. Un Dânava ne pouvait être aryen ; c'est donc à tort que l'on rattache son nom au sanscrit *rah*, laisser, ou à *rabh, grabh*, saisir. Écoutons le chamitique dire le secret du personnage :

> pol. *rahu*. t., sorcier, magicien, magie ;
>
> héb. *lahat*, magie, prestige.

42. *Shama* « main ».

En sanscrit le premier sens de *shama* est « tranquillité », dont la main n'a que faire. Il en est bien autrement dans le sémito-chamitique.

> Héb. *Kamets*, poing, poignée ;
>
> *Kamats*, serrer, empoigner ;

13

ara. *Kamasha*, poignée, *Kamash*, serrer ;

pol. *K'omi*, h., presser.

43. *Ta*, en sanscrit, soldat, voleur, Mlechha.

En égyptien, *ta* est simplement un soldat. Le soldat du sanscrit est un aborigène, un Dasyou, qui ne pouvait être pour les Aryas qu'un barbare et un voleur. On ne propose pas d'étymologie, mais le chamitique donne fort naturellement celle de

ég.   *ta*, frapper.

44. *Taksha-çila* ou *Taxila*, l'illustre capitale des Takas relevait de ce peuple et non des Aryas.

Elle était la cité *ouvrière*, et sa langue le reflète,

ég.   *lekh*, frapper, fabriquer,

pol. *luki*. m., id,   id.

45. *Tira* « mélange, alliage, étain ». Il est entré en composition dans *Kas-tira* à même sens, mélange du cuivre ou étain. La racine est *lir*, mêler.

hin. *larana*, agiter.

pol. *larare*. t., mêler, remuer.

46. *Tula* « mûrier et cotonnier ».

Les indigènes faisaient sur les rives de l'Indus des étoffes avec les écorces du mûrier, et avec les joncs du fleuve. Le mot est à eux.

Pol : *luluga*. s., mûrier.

lulu, son écorce, remplissant le même office que dans les Indes.

47. *Udakhala*, un des noms du bdellium. Avec raison on n'avance pas d'étymologie sanscrite.

Ud, ou plutôt *'ad*, est l'aloès, souvent pris pour l'arbre du bdellium, bien qu'il en diffère. Il est *'ad* en Éthiopie et en Arabie, c'est-à-dire dans sa famille.

Khal est également englobé à tort dans le sanscrit ; tandis qu'il appartient à

l'ég. *Khal*, dépôt, sédiment,
pol. *Kalu*, f. id. id.

L'*uḷā-Khal* est donc le sédiment ou la gomme de l'*ūḷ*.

18. *l'āçī* « hache, lance, arme » ; *vāsi* « hachette ».

Ne sachant où les classer, le sanscrit donne le premier à *vāç* « rugir » et le second à *vs* « habitation », ce qui les étonne beaucoup. Comme il s'agit d'instruments tranchants, la racine exprimera l'idée de couper, et en la donnant, le sémito-chamitique fera passer *vāçī* et *vāsi* de son côté.

Ég. *basha*, cop. *bas*,
pol. *vasi.* f., *fasi.* s., etc,
héb. *balṣa*,
éth. *beḷṣ,*
arab. *bas, baz, bad.*
} couper.

Ces locutions appartiennent au langage usuel, et l'on pourrait en augmenter considérablement la série. Le sanscrit les croit siennes ; elles sont manifestement celles d'une population indigène installée avant lui, et qui parlait la langue de Cham.

En voici d'autres sauvegardées par leur isolement. Le lecteur fera un acte de patience.

CHAPITRE II

LE CHAMITIQUE DANS LES DIALECTES
DE L'HINDOU-KOUSH.

On a droit d'espérer que l'Hindou-Koush, soit parce qu'il fut le berceau de la race, soit parce que son enchevêtrement de hautes montagnes, difficilement abordables, l'exilèrent du reste de l'Inde, aura sauvé dans son langage de vieilles locutions autochthones. Il s'en trouve, en effet, un grand nombre et des plus curieuses et significatives. Nous en extrairons quelques-unes des listes recueillies par Biddulph sur les dialectes de la contrée (1).

1. *Bál* « pierre », en divers dialectes. Son antiquité et sa nature ethnique sont garanties par les colonies :

    ég.   *bī*, pierre dure ;

    mal. *bālu*, pierre ;

    pol, *pa*. h., id.

De là le nom égyptien du fer, qui est aussi *bī*, pierre dure, fer.

2. *Bīdiro* (bourishki) « rond ».

    pol. *pularia*. t.

3. *Chagurum* (bourishki) « froid ».

    ég.   *ōghr*, rigere, coagulari ;

    hind. *jarī*.

---

(1) Biddulph, *The tribes of the Hindoo-Koosh.*

— 183 —

4. *Kjile* (shina) « moutons ».

ég. *oile, œile*.

5. *Epol* (Torwalak) « ensemble », avec *pilai* « second » (bourishki). Cette locution fort intéressante est en

Pol. *pili*. t. ensemble, deux; *tepili*, second, de *apili*. t., joindre.

6. *Ggaik* à la fois « fille et nièce » (Yagnobi du Pamir).

Pol. *Kaika*. f. fille et nièce.

7. *Di* (Shina) « fille et nièce ».

Pol. *tei, teina*. s. f., t., fille et nièce.

Ces deux locutions de *ggaik* et *di* sont des marques de polyandrie, alors que plusieurs frères ont la même femme.

8. *Ghorai* (Yidghah) « sourd ».

Pol. *gugu*. s.   id.

10. *Hāh* (bourishki) « maison ».

Ég. *hā*, maison;

Pol. *hae*. m. maison.

11. *Hār* « montagne ».

Il est fort usité en hindoustani dans *pahār*, montagne, que l'on n'a pas encore décomposé en *pa*, lieu et *hār*, montagne. La locution est analogue à celle de *Pamir*. *Hār* est chamitique, et l'hébreu dit également *har*, montagne.

Sans doute il faut y rattacher le nom des *Oraon* (ou *Dhangar*) « montagnards », indigènes du district de Chota-Nagpur.

12. *Kolo* (Shina) « courbe ».

Ég. *Ker*, cercle; cop. *Kôl*, enrouler.

Pol. *Kului*. h. courber,

13. *Kuri* (boushgali) « chien ».

Eg. *ouhor*, chien,

Pol. *Kuri*, nv. zél. ; *dri*. t. chien.

14. *Mâlo* (Shina) « père ».

Pol. *mâlo*. s. autorité.

15. *Mira* (Yidghah) « fils ».

Pol. *miro*. t.　　　id.

16. *Mikh, mish* « jour », dans tout le pamirien. Nous n'y voyons pas, comme M. Tomashek, le md sanscrit « mesurer », mais le correspondant de

Eg. *makh*, luire ; *mehi*, illuminer,

Pol. *mahana*. t. jour.

17. *Mûlai* (Shina) « jeune-fille ».

Pol. *muli*. s. f.　　　id.

moi h. m.　　　id.

18. *Onti* (Shina) « lèvre ».

Hind. *hont*,　　　id.

Pol. *ulu*. t.　　　id.

19. *Pa* « lieu ». Dans Pa-mir et Pa-hâr, avec *mir* ou *hâr*, montagne.

Eg. *pa*, lieu ;

Pol. *pa*, lieux, fort, salle.

20. *Pâlai* (Boushkarik) « second ». (Voir plus haut *epol*.)

Pol. *pili*. t. deux, second.

21. *Phu-oyki* « souffrir ». (*Oyki* désinence de l'infinitif.)

Pol. *puhi*. m. t. id.

22. *Pogha* (Yidghah) « chevelure ».

Pol. *poga*. t.　　　id.

23. *Pasir* (Yidghah) « tête ».
  Pol. *paso*. f.   id.
24. *Pal* (Shina) « briser ».
  Eg. *palh*,   id.
  Pol. *palu*, t.   id.
25. *Ra* « roi » à Gilgit. A dû y être « soleil »,
comme nous l'avons retrouvé dans le parler de
l'hindoustani.
    Eg. *ra*, soleil et Pharaon.
    Pol. *ra*. t., soleil et roi.
26. *Shellah* (boushkarik) « blessure ».
  Cop. *slep*, couper.
  Pol. *sele*. s. id.
27. *Sina* « blanc », *sini rali* « nouvelle lune ».
Sini-rali est aussi une déesse, deux fois citée dans
le Rig, et une épithète de Durgā.
  Baby. *Sin*, lune (dieu).
  Pol. *Sina* ou *Hina* blanc, lune tantôt dieu,
tantôt déesse.
28. *Rom* (Shina du Baltistan) « homme ».
  Tzigane. *rom*   id.
  Eg.   *rom*   id.
29. *Rono* ou *Lono* est à Gilgit, Kashkar, etc.,
une classe très honorable d'habitants.
    Pol., à Hawaï il en est de même.
30. *Tabu* (Kulu, Ladak) « interdit, sacré », avec
la coutume particulière des interdictions.
    Pol. *tapu*, id., avec la même coutume.
31. *Taleni* (Shina) « torche ».
  Pol. *lalali*. s. flamber.
32. *Tsagoh* (Shina) « jardin ».

Eg. *log*, plante.
Pol. *loga*, s. plante, plantation.

33. *Tom* (Shina, etc.) « arbre ».
Pol. *tumu*. t.   id.

31. *Tu, tui* (Chiliss) « froid ».
Pol. *tot-tot*. t.   id.

35. *Tufi* (Yagnobi) « cracher ».
Eg. *taf*.   id.
Eth. *tafaa*.   id.
Hin. *thūknā*.   id.
Pol. *tupa*. m.   id.

36. *Tum* (Hunza, Nager, près du Pamir) « gouverneur », *tūman*, son territoire.
Cop. *time*, bourg.
Pol. *tumu*, m., *Kumu*, h. maître, chef.

37. *Voi, uai* « eau » (tous les dialectes hindo-koushites).
Pol. *vai*, eau, rivière (tous les dialectes).

38. *Valo* (Shina) « été ».
Pol. *vela*. h. chaleur.

39. *Yets* (bourishki) « voir ».
Cop. *ial*.   id.
Pol. *ite*. m.   id.

Tout ce qui précède porte la vive empreinte des Chamites. Ils n'ont pas traversé l'Hindou-Koush comme les Dravidiens ; ils y ont vécu des siècles qui ne se comptent pas, avec leur langage, leur religion, leurs coutumes. Ils y vivent encore. Comme les pères, parlent les fils.

CHAPITRE III

LE CHAMITIQUE DANS LES LANGUES ABORIGÈNES OU PUREMENT INDIENNES

Que les Chamites sont aux Indes était déjà vérifié par l'insertion dans le sanscrit de quantité de termes qui leur sont propres, ainsi que par la conservation de vocables singuliers dans les dialectes himalayens. Mais il y a plus encore, et l'on retrouve ce parler circulant toujours dans la population.

Prenez un dictionnaire hindoustani, celui de Forbes par exemple, et à tout instant se montrera le chamitique en tant que terme aborigène. Le tout est de le distinguer.

Comme les listes précédentes ont pu fatiguer, les collectes présentes seront renvoyées à l'appendice B. Que le lecteur veuille bien y fixer son attention, il sera certainement frappé de l'identité des expressions indiennes avec celles du sémito-chamitique, et par suite de l'unité de ces langues. A tout ce qu'il y aurait à relever on pourrait joindre par la pensée ce qui a sombré sous l'inondation des nations étrangères, dont chacune arrivait avec son idiome propre.

Sur la parenté du chamitique et du sémitique, son second, avec les langues indiennes une confirmation saisissante ressort du fait que l'aire où se font entendre ces langues est l'aire même habitée par la race chamitique. Race et langues occupent le même terrain.

L'*hindi*, langue principale de l'Inde, est parlé par 80 millions d'hommes, plus d'un quart de la population entière (1), la moitié de la population du nord, qui est la partie que nous considérons. Il a en outre de nombreux et grands frères, comme

> l'hindustani,
>
> l'urdu,

ceux dont les noms disent la contrée,

> le kashmiri,   le gujarâti,
>
> le panjâbi,   le bengali,
>
> le sindhi,   etc.

Le panjâbi est à l'usage de 12 millions d'hommes, le gujarâti de 6 millions, le bengali de 36 millions. Leur total de 54 millions, pour ceux-là seulement. additionné avec les 80 millions pour l'hindi, fait 134 millions sur les 160 millions que porte l'Inde supérieure. — Or toutes ces langues, malgré la part énorme que le sanscrit s'y est adjugée, sont saturées de chamitique.

Une telle masse de peuples à langue semblable est prodigieuse. Quelle est son aire?

Cette aire couvre toute la moitié septentrionale de l'Inde, de l'Himalaya à la Nerbudda, et du Népal au Sindh et au Gujarat. C'est l'Inde entière, moins le Dekhan.

---

(1) Cust, *Les Religions et les Langues de l'Inde*, p. 136.

A présent, en face de ce champ de l'hindi et de ses frères, mettons celui des régions signalées plus haut comme peuplées par les Chamites, et nous les verrons coïncider. Ce sera :

1° Tout le *Cham-dvipe*, de l'Hindou-Koush à l'Indus supérieur, c'est-à-dire le berceau ;

2° Le *Kashmire*, qui fut le lot des *Kash* et bientôt des Nâgas, les uns et les autres de sang chamite ;

3° Le *Panjâb*, qui de bonne heure, malgré l'irruption aryenne, appartint en entier aux *Takas*, dont nous savons l'origine préégyptienne. Ni la physionomie, ni sa beauté, ni la laxité des mœurs ne la démentent ;

4° Inclinant à l'est, nous arrivons aux *Matsyas*, Chamites, adversaires des Aryas dès leurs premiers pas, en société d'autres tribus de leur race ;

5° Aux *Panchâlas*, avec *Kuça-sthala* pour capitale. C'est la patrie de la très belle Draupadî, épouse des cinq frères Pandou, dont le surnom de *Krishnâ* « la noire » révèle la lignée ;

6° Suivent le *Koçala* et tous les royaumes de même nom, à nature koushite et chamitique assez patente ;

7° *Kauçambi*, sur la Jumna, vers Delhi, aussi due à un Kuça ;

8° *Kuçâgâra-pura*, encore élevée par un Kuça, et capitale du Koushite *Magadha* ;

9° Aux confins orientaux, le *Bengale* et les *provinces d'alentour* reçurent pour colons les descendants de ce même patriarche Anou, qui eut d'autres fils en Égypte.

De l'extrême orient passe-t-on à l'extrême occident, on rencontre :

10° Le *Sindh*, avec les deux rives du fleuve, au pouvoir d'hommes qui tinrent toujours à la souche première ;

11° Les *Ahirs*, les « vachers », descendus du berceau chamite de l'Hindou-Koush ;

12° Le *Gujarate*, peuplé aussi par d'anciennes tribus septentrionales, les *Kumbhis*, les *Dhnaras*, les *Dailyas*, etc.

Les deux cartes, celle des langues vulgaires de l'Inde et celle des pays chamites, coïncident donc, puisque l'une et l'autre donnent aux Chamites toute l'Inde du nord et de l'ouest, ou, en dehors du Dekhan, la péninsule presque en entier. — Que reste-t-il donc aux Kolariens, Santals ? Quelques faibles enclaves.

Concluons sur le sujet de ce IV° livre, la *Langue*, ou le problème de la famille des langues aborigènes. Il est au dernier point discuté, et Hunter le déclare d'une « obscurité profonde » (1).

Sont-elles, comme le voudrait l'opinion presque universelle, aryennes, soit qu'elles dérivent immédiatement du sanscrit ou du prākrit (2), soit qu'elles descendent, ainsi que le pensent quelques savants, d'un langage aryen qui leur fut antérieur ? Non : à coup sûr, elles ne sont pas aryennes. Au milieu de

(1) Hunter, *Indian Empire*, p. 338.
(2) *Prākrit*, l'ancien parler vulgaire, mêlé de sanscrit.

tant de recherches, on n'avait pas eu l'idée que le sémito-chamitique pût avoir affaire là.

Si le berceau des Chamites avait été connu, la question eût été tranchée. Les fils de Cham, Kush, Anu, etc., qui sur la terre étrangère étaient Chamites et parlaient le chamite, apparemment étaient déjà Chamites et parlaient le chamite dans leur mère-patrie.

A l'origine, la grande foule humaine de l'Inde supérieure fut effectivement chamite et parla en conséquence. Nous ne croyons pas possible, après les exemples sans nombre que nous avons donnés, de nier dans les langues actuelles la copieuse présence du chamitique. Les noms des peuples, de leurs éponymes, ceux des contrées, des dieux, de certains hommes marquants, de produits répandus au loin ; puis l'introduction du chamitique dans le sanscrit, les expressions chamitiques singulières qui persistent encore à l'écart, la liste assez longue, bien qu'elle ne soit qu'un fragment, des termes chamitiques disséminés dans les idiomes vulgaires, décident tout à fait, il nous semble, la question de la survivance du chamitique. Encore n'avons-nous tiré nos épaves que de l'hindoustani et de quelques dialectes de l'Hindou-Koush ; nous aurions bien plus obtenu en opérant aussi sur les autres dialectes qui se disputent ce grand monde.

Mlechchhas ! (1) s'écriaient les Aryens en écou-

-----

(1) De *mlechh*, parler d'une manière confuse et inintelligible.

tant les Dasyous sans les comprendre, c'est-à-dire gens à langage barbare et incompréhensible. Eh! ces barbares étaient les fondateurs de Babylone, de Memphis et de Sidon, les frères des Égyptiens et des Phéniciens...

Les piliers d'Asoka (III° siècle avant Jésus-Christ), à inscriptions en prākrit, étaient jusqu'à présent, dans l'étude du langage indigène, les colonnes d'Hercule, elles sont étrangement dépassées.

Reviendrons-nous maintenant aux Kolariens, Dravidiens, Tibétains? Une première considération élimine immédiatement leurs langues comme langue principale de l'Inde; c'est qu'elles appartiennent à des classes tout à fait différentes de celles de l'hindoustani et autres langues communément parlées. Le *kolarien* est un idiome *agglutinant* comme le dravidien de l'Inde méridionale. — Le *tibétain* est *monosyllabique* comme le chinois, avec une tendance à l'agglutination. — L'*hindi*, avec ses frères, est au contraire une langue *flexionnelle*. Or, le chamitique qui y est englobé est *flexionnel* aussi, comme le sémitique et comme l'aryen ou sanscrit dominant en ces langues. Les composants sont donc sous ce rapport de même nature et très loin de la nature kolarienne, dravidienne ou tibétaine.

En second lieu, si la thèse que les Kolariens ou autres forment, en dehors des Aryens, la majorité de la population était vraie, nous devrions dans les langues du nord faire une ample provision de leur vocabulaire, mais elles ne donnent rien, tandis que

l'hindi, riche en chamitique, règne souverainement (1).

(1) Nous savons que presque toute l'Inde du Nord parle l'hindi
ou des dialectes voisins ; mais le *santali* n'a pas avec lui la
moindre ressemblance. Voici comme exemple sur un passage de
l'Évangile de saint Marc, x, 35-36, deux spécimens, l'un en
santali, principal dialecte kolarien, l'autre en *urdu*, qui diffère à
peine de l'hindi ; le lecteur verra que, sauf les noms propres,
aucun terme n'est le même. D'un bout à l'autre de l'empire il
n'est pas d'Indien qui ne comprenne cet urdu, — par des rapports
très prolongés avec les Hindous de toutes les provinces, nous
pouvons le dire, — mais, à moins d'être de la race, personne ne
comprendra le santali. C'est-à-dire que l'hindi est à peu près
universel, et que le santali n'est qu'une exception.

Latin.

35. Et accedunt ad eum Jacobus et Joannes, filii Zebedei,
dicentes : Magister, volumus ut quodcumque petierimus facias
nobis.

36. At ille dixit eis : Quid vultis ut faciam vobis ?

Santali.

35. Khangi zabadi ren hopon Yakub ar Yuhanna Yesu then he :
Katekin menkeds, E guru, alinkin menek kana, okakolin koimes,
onakom emalin.

36. Oai onkine kuliketkioa : cet ben namkana aben lagit cet lo
cikaia ?

Le terme de *guru* est un emprunt à l'hindi ou au sanscrit.

Urdu.

35. Tub zabadi ke beṭon Yakub aur Yuhanna ne us pas ake kaha,
Ai Ustad, ham chahte hain, ki jo kuch hain mangen, tu hamaro
liya kare ?

36. Usne un se kaha, tum kya chahte bo, ki Main tumharo
liya karun ?

Nous donnerons plus loin les noms des grands dieux ou démons
santals, on verra qu'ils n'appartiennent nullement à l'hindi.

LIVRE V

LA RELIGION DES CHAMITES

———

La mythologie des Chamites n'a pas plus été recherchée que le reste de leur civilisation. Elle est restée noyée dans le Brahmanisme et l'Hindouisme. En notre livre *Les Chamites* nous en avons extrait un certain nombre d'éléments, pris soit dans le calendrier, où chaque mois a son dieu protecteur, soit dans ce qui survit aux Indes, et que les Aryas reconnaissent comme appartenant aux Dasyous. Il est certain que le *chamitisme* est l'une des premières bases, sinon la première, de la religion populaire des Hindous ou de l'Hindouisme. Cette expression de *chamitisme*, on voudra bien nous la passer pour un fait à étudier nouvellement: elle suit la forme commune, Védisme, Brâhmanisme, Hindouisme, etc.

La nature chamitique a été garantie, dans ce cas comme en plusieurs autres, par la présence des mêmes divinités et du même culte dans les colonies où les émigrants avaient porté leurs dieux.

Dégager les dieux principaux et certains de l'obscurité ou bien du brahmanisme qui les avait plus ou moins absorbés sera notre tâche. Plus haut

14

nous avons montré que le panthéon vraiment chamitique du nord-ouest signalait le berceau, le même panthéon dira par conséquent quels furent les dieux des Chamites. On nous pardonnera quelques répétitions et longueurs en considérant que ce panthéon est à restituer dans sa totalité.

Sans entrer dans les détails, la Genèse concorde, en inscrivant dans la lignée de Cham des noms que les indigènes décorèrent de la divinité, comme *Koush*, *Siva* et peut-être *'Havilah*, ou même, en mentionnant le *nakhash*, celui qui fut le *nâga* divinisé.

CHAPITRE PREMIER

LES DIEUX ET LES ÊTRES SACRÉS DES CHAMITES

Les principaux dieux ou objets du culte chamite que nous rappellerons sont :

Çiva et	Nâga,
Ouloul,	Kapi,
Râ, le soleil,	Le Taureau,
Hari, *id.*	La Vache,
Sina, la lune,	Le Bélier,
Anou, le poisson,	L'Ibis,
Thot,	L'Aigle,
Kuça,	Le Lotus,
Kubera,	Le Cèdre.
Kadru,	

De plus en plus clairement on verra que le fond

de la population indienne appartient à la seule famille de Cham qui honore ces dieux, les autres peuples n'usant pas de ce panthéon.

I. *Çiva* (1). — D'éminents sanscritistes tiennent Çiva pour une divinité purement brahmanique. « Çiva et Vishnou, dit M. Monier Williams (2), sont deux dieux brahmaniques, et ont leur origine dans le Véda. » D'autres savants, comme Wilson, jugent avec raison que Çiva était absolument étranger aux Aryas dans sa personne comme dans son symbole le linga, et qu'il était le dieu suprême de la race brune, celle que ses éponymes Cham et Chanaan rendaient digne d'un tel culte. Ainsi qu'il arrivait souvent chez les nations païennes, le dieu vaincu, que les Védas ne nomment même pas, poussé par ses disciples, gravit peu à peu l'Olympe des vainqueurs, si bien qu'il parvint à être casé comme troisième de la triade souveraine, Brahmā, Vishnou, Çiva. Que la divinité suprême et universelle des Chamites soit montée au pinacle du Brahmanisme, prouve assez la place qu'aux Indes remplissaient les Chamites.

Laissons l'histoire du dieu ; nous n'avons qu'à constater son origine chamitique. Or nous pouvons le faire par une observation fort simple, qui nous paraît trancher définitivement la question, c'est que *Çiva*, au caractère essentiel de procréateur, et

(1) La lettre ç (*du sanscrit*) se prononce tantôt *s*, tantôt *sh*. Dans Çiva, nous l'avons toujours entendu prononcer *s*, *Siva*.

(2) *Brahmanism and Hinduism*, p. 71.

suivi de son taureau à signification semblable, se retrouve de temps immémorial, et de beaucoup préaryen, en toutes les possessions des Chamites.

C'est lui qui est le *Seb* ou *Keb* de l'Égypte, dès l'Ancien Empire, avec le même caractère de fécondateur, et le même taureau, au nom de *Sâb* ou *Hâpi*. Sous la voûte du Ciel qui représente la déesse Nout courbée, Seb est étendu ithyphallique sur la terre et couvert de feuillage. De l'union du dieu et de la déesse naît le soleil, qui s'échappe du corps de Nout.

Le même Çiva est le *Kiran* ou *Kaïcan* de la Babylonie, dieu du fer, forgeron divin, ce qui rappelle sa patrie de l'Hindou-Koush, où abondent le fer et les forgerons. — Il est encore le *Kiran* ou *Kiun* de Chanaan (*Amos*, V, 25-26), — le *Kiun* des Syriens, — le *Kaïcan* ou *Kiun* des Arabes, — le *Kaïcan* (planète Saturne affectée à Çiva) des Persans; et sous cette forme verbale il a été rapporté dans sa première patrie.

Une présence qui est loin d'être moins marquante est celle inscrite dans le Calendrier (que nous avons prouvé être de confection chamitique et non sémitique), au mois de *Sivan*, avec le taureau pour signe zodiacal. Celle-ci en antiquité l'emporte sur les plus antiques, puisque le Calendrier était déjà employé dans le grand recueil astrologique chaldéen préparé par Sargon I⁰ʳ et son fils Naram-Sin (vers 4000). C'est bien le cas de dire que le brahmanisme, qui n'était pas encore né, ne peut certes s'attribuer Çiva.

Çiva n'étant pas une divinité aryenne, et le nom n'étant pas de source sanscrite, sa signification originelle et chamitique n'est pas celle de « fortuné » que le sanscrit lui donne, sous un autre terme *çiva* homonyme ; mais, comme nous l'avons montré au chapitre I, § III du livre précédent, sur le *çiçna*, elle est celle de phallus, que représe ntele linga. Le nom de sa parèdre Ouloul en sera la contre-partie, la *yoni*. Les linga pullulent dans les Indes : on en estime le nombre à 30 millions. A Bénarès surtout ils sont nombreux, car là préside le dieu. Presque toujours la *yoni* les accompagne (1) ; et devant le temple est l'image du taureau *Nandi*, compagnon de Çiva, pour rappeler encore la procréation.

II. *Ouloul* fut la parèdre de Çiva. Son nom, redoublement de *ula*, désigne en effet le principe féminin, comme Çiva le principe masculin. L'étoile du matin, Vénus, est encore Ouloul. Évincé de son premier empire, le nom fut conservé par le Calendrier, où il préside le sixième mois *d'Ouloul* (aoûtseptembre), et reste un souvenir de l'extrême antiquité du culte. Aux Indes, elle fut supplantée par *Oumâ*, déesse aux nombreuses appellations, tantôt douces, tantôt terribles. Cependant on reconnaît toujours Ouloul dans l'hindoustani et le persan *lûli-e-fulak*, « la planète Vénus, une prostituée », deux acceptions faites pour une divinité pareille.

L'armée des divinités féminines ou *Çâkti* du brahmanisme « a sa racine dans la femme de

(1) Monier Williams, *Brâhmanism and Hindûism*, p. 78-310.

Çiva », Oumā, Durgā, Pārvati, Kāli, etc. Elle représente par elle seule toutes les autres manifestations de ce genre (1). Aussi les *Çāktas*, ou adorateurs de ces représentations féminines, s'adressent de préférence à la femme de Çiva. Le *Çāktisme* est un rejeton du *Çivaïsme*. A Ouloul, la Chamite, se rattache donc ce culte dégoûtant. — On voit combien les deux divinités et les deux emblèmes soudent le chamitisme de l'Inde au récit de la Genèse sur Cham.

Les femmes des grandes divinités védiques et brahmaniques, Indra, Agni, Vishnou, Brahmā, ou ne sont pas nommées dans les Védas, ou ne sont pas égales à leurs époux, ou même ne sont pas encore imaginées. Ces conceptions de divinités femelles retournent ainsi au Chamitisme, où avec un dieu comme Çiva elles étaient inévitables.

En Chaldée, dans le vieux calendrier dont elle usait, Ouloul jouissait de toute sa prééminence ; mais dans le culte commun elle fit place à *Istar* ; et elle-même, reléguée aux enfers, y régna en tant qu'*Alilat.* — Pour les Arabes, *Allat* fut la principale appellation des divinités féminines (2).

III. *Rā*, le soleil, reçut tous les honneurs en Égypte, et chaque Pharaon fut un *Rā.* Autre domaine chamite, la Polynésie possède également son *Rā* (Tahiti) ou *Lā* (Samoa), soleil, dieu, et roi quelquefois.

(1) Monier W., *ibid.*, p. 186.
(2) Herod., III, 8.

Ce soleil des pays chamites devait donc avoir lui en premier lieu dans les Indes, quoique les lexiques n'en parlent pas. En effet le roi de Gilgit est encore *râ*; et conjecturer qu'il y fut soleil-dieu, en ces contrées, berceau des Égyptiens, ne serait pas une supposition hasardée. Nous avons déjà dit avoir surpris ce *Râ* dieu-soleil sur les lèvres de certaines castes hindoues.

IV. *Hari* paraît dans le sanscrit tout à la fois comme « soleil, jaune, vert, etc. » Mais était-il bien le soleil des Aryas, qui avaient déjà *Sûr*, *Sûra*, *Sûrya*, etc. ? L'Inde portant, outre les Aryas, la grande population indigène, il est présumable que *Sûr* fut le soleil aryen et *Hari* celui des Chamites.

Cette hypothèse nous paraît se changer en certitude lorsque nous constatons que tout l'orbe chamitique proche ou éloigné avait une dénomination relevée de celle de *Hari*. Au premier rang se lève le fameux *Hor* ou *Horus* d'Égypte. La Malaisie entière a des formes voisines; et en Polynésie *Oro* recevait naguère le plus glorieux des cultes.

Le copte disait *eidr* lumière; l'hébreu *heres* soleil, *hor* luire, *ur* feu; l'éthiopien *har*, *harar* et *halal*, comme l'arabe *harr*, brûler; l'assyrien *uru*, jour, lumière. — Le sémito-chamitique, sous des variantes diverses, répétait en outre le *hari*, jaune, vert, qui convient au soleil.

En acceptant *Hari*, le brahmanisme le personnifia dans son Vishnou alors fort obscur; mais *Hari-Vishnou*, à partir de cette époque, brilla d'un éclat sans pareil, et mérita de devenir le second de la Trimourti.

Ce sujet reviendra dans le chapitre suivant.

V. *Sin* fut le dieu lune en Babylonie. *Sina* ou *Hina* fut également la lune en Polynésie, tantôt dieu, tantôt déesse. Les Indes l'eurent-elles? Nous le pensons, d'abord à cause de cette double présence dans les propriétés de Cham; mais aussi parce que le sanscrit en garde encore quelque lueur.

On y lit, en effet, *sina* ou *sini* blanc, puis *sinī-cali* « la fine lune » (1), le jour qui précède la nouvelle lune, quand l'astre n'est que le plus délicat des croissants. Le *sina* lune du Polynésien dit aussi « blanc ». Avec le sanscrit *sina* ou *sini* et *sinī-cāli* « blanc, fine lune », n'a-t-on donc pas aux Indes la lune en son entier, aussi bien qu'on la possède sur l'Océan Pacifique dans *Sina* blanc et lune ?

En tout cas, l'astre sous les noms de *Soma, Chand, Chandra, Indu,* etc., n'a pas perdu son culte aux Indes.

VI. *Anu, An,* le *Poisson.* Dès les Indes, *Anu* parut comme un grand dieu-poisson; et il passa comme tel en Chaldée et en Égypte. En ce dernier empire où plusieurs poissons étaient tenus pour *sacrés,* il était le γύμρς, l'anguille, qui annonçait la crue du Nil. Des statues de bronze nous montrent certaines déesses à coiffure surmontée d'un poisson, ainsi que des poissons coiffés du disque

(1) Nous prenons ce *cali* du polynésien (Hawaï), *cali,* « fin, délié ».

et des cornes de la déesse Hathor, dont le symbole est la vache, mère du soleil.

L'être aquatique, *Anu*, n'avait-il pas au reste donné son nom à toute la population des *Anamim*, et cela dès les Indes, où vivait la première nation de ce nom ?

En Chaldée, *Oannès*, l'importateur de la civilisation indienne à Babylone, était un *Anu*, et son dieu-poisson y plut tellement qu'on le mit à la tête de la suprême triade, Anu, Bel, Ea.

Il est donc certain que cet Anou, qui des Indes passait vers le Nil et l'Euphrate chargé de tant d'hommages, les avait d'abord recueillis à son berceau, sur ce territoire nord-ouest, d'où les Koushites, les Kefas, les Égyptiens s'étaient mis en marche. Mais sa divinité y périt avec le temps.

C'est surtout dans les incarnations de Vishnou comme poisson et tortue que le brahmanisme rend un culte au poisson ; cependant ce culte était chez les Chamites beaucoup plus direct et plus considérable, aussi bien aux fondations qu'à la mère-patrie.

En cette mère-patrie que n'aurait-on pas à noter ? Un peuple entier de *Matsyās* « les poissons », plus vieux que l'invasion aryenne, habitant le *Matsya-deça* « pays-poisson », avec la ville de *Matsya* « le poisson » pour capitale, et le roi *Matsya* ou Virâta. Nés de la nymphe Adrikâ changée en poisson, ce roi et sa sœur *Matsyâ* « poisson-femelle » ou Satya-vati, sont tous deux moitié humains, moitié poissons. Cette dernière est la mère de

Vyāsa ou *Krishna-dwaipāyana* « le noir, né dans une île » de la Yamunā, que le Mahā-bhārata dit être son propre compilateur (1).

On voit d'autres métamorphoses semblables.

La légende, qui dans le récit du Déluge choisit un dieu-poisson pour sauveur du juste Manou, avait emprunté ce choix aux Indiens.

VII. *Thol.* S'il est un dieu auquel on puisse sûrement assigner les Indes, et les Indes nord-occidentales pour origine préaryenne et éminemment chamitique, c'est le célèbre *Thol* ou *Tekh.* En Égypte il était dieu des sciences, des arts, de l'écriture, de l'éloquence, de la vérité, et en même temps dieu-ibis-cynocéphale-serpent-lune-huit. D'où lui venaient donc tant et de si beaux titres ? Si l'on se reporte à sa patrie, rien de plus facile que la réponse. N'y était-il pas celui que les Aryas appelèrent *Takshaka* pour *Taka*, qu'ils avaient même identifié à leur « universel faiseur » *Viçvā-Karman,* devenu par cet emprunt un second Takshaka ? N'était-il pas celui qui, séjournant près des mines d'où sortit le bronze, y était « artisan sur le bois et les métaux » ou *takshāyaskāra,* qui vivait aux lieux où foisonnaient les ibis (*habu*), les singes (*Kapi*), les serpents (*nāga*) ? Et par conséquent n'est-il pas manifeste que c'est là qu'il reçut pour compagnie sacrée et pour parure cette faune divine et cette cour égyptienne ?

Quand ses disciples émigraient, il leur restait par-

____

(1) *Ādi-parva,* st. 2312-2417.

tout fidèle. Non seulement il est en Égypte, mais le voici *Taaut* en Phénicie (1), *Tulu* en Chaldée, où il concède son nom au père du juste sauvé du déluge, *Ubara-Tulu* « serviteur de Tulu ». Jusqu'en Polynésie rien ne lui manque. *Tiki* s'y montre également, artiste, tatoueur, calculateur, sculpteur et le reste, créateur même. Il est l'époux de la lune *Hina*, et confectionne la première femme, qui devient une nouvelle *Hina*.

VIII. *Kuça*, notre *Kush*. — Personne ne doutera de l'origine chamitique de ce dieu, non plus que de son extrême antiquité. Dans la Genèse, il figure comme premier né de Cham, et il procure à l'Éden son *Pays de Koush*, le *Kuça-drîpa* des livres indiens.

Dans le Brahmanisme le grand *Kauçika* ou « descendant de Kuça », Viçvā mitra, le tient pour émis du sein de Brahmā. Les Pourānes en font un prince de race lunaire. — Pour nous, c'est lui qui dans le calendrier, de concert avec *Lava*, nomme le 9ᵉ mois de *Kasleu*, auquel il préside mieux que Nergal (2).

Il y avait une déesse *Kuçā*.

On a dit à quel point la lignée se répandit sur les Indes, ainsi que dans les pays lointains de Chaldée, Susianne, Yémen, d'où elle gagna le sud égyptien.

IX. *Kubera* ou *Kuvera*, dieu des richesses et

(1) Vouloir, comme G. Rawlinson (*Phœnicia*, p. 29), que Thot soit originaire d'Égypte, et de là ait passé en Phénicie, c'est ignorer ce qu'il fut dans les Indes.

(2) V. *Chamites*, Calendrier, 9ᵉ mois, p. 316.

des jardins. Sa principale résidence était en la ville d'*Alakâ* ou *Khotan*, dans la *Kasia regio* des Khâsas, la Kashgarie. Comme toute la contrée était aurifère et renommée par sa fertilité et la beauté de ses plantations, les attributions du dieu naturellement en résultèrent. Le traitant d'abord en vrai Dasyou, les Aryas virent en lui le chef des mauvais génies ou esprits de ténèbres; mais plus tard ils l'adoptèrent, à cause, dit Manou (VII, 12), « de la sagesse de sa conduite, » et ils en firent un petit-fils de Brahmā; d'où l'on conclura sans peine que les disciples de Kubera avaient tourné au brahmanisme. Alors on laissa tous ses titres à un dieu si « sage ».

Kubera fut par excellence une divinité de Cham. Il est l'intime ami de *Çira* ou *Iça-sakhi*, le frère du terrible démon Rāvana, et roi d'un pays koushite, la Kasie.

Avec lui passent les gardiens de ses jardins et de ses trésors, les *Yakshas* et les *Guhyakas*.

X. *Kadru* fut, suivant les Aryas, fille ou petite-fille de Brahmā. Mais en réalité elle n'est pas à eux. Son nom répond au chamito-sémitique *Kadar*, brun, noir, sale, boue, terre. Elle est la mère des serpents *Nāgâs* et *Takas*, que l'on supposait enfantés par la terre, et que d'après elle on disait aussi *Kâdra-reyas*.

XI. *Nāga*. — Le *nāga*, serpent en général, mais spécialement *cobra di capello*, le dispute à Thot en antiquité chamitique et préaryenne. Thot se l'était du reste incorporé en tant que compatriote. Mais les Chamites étant restés invisibles, bien des fois ce qui leur appartenait a été déclaré *scythique*. Nous avons déjà souvent parlé du dieu reptile et de son origine indienne, c'est lui qui de son propre nom baptisa l'étain et le bronze *nâga* (héb. *nekhshet*). Or le bronze était sous cette même étiquette employé par les premières dynasties de Chaldée et d'Égypte. L'Égypte avait même, outre son métal, le serpent *nak*. Tubal de la Bible se servait de ce nom. Eh quoi ! dès l'Éden le *nâga* n'était-il pas le *nakhash* tentateur ?

On s'aperçoit encore dans l'Inde que le serpent est loin d'être une divinité aryenne. Près d'Alla-hâbâd, à Dârâ-gañj, est un sanctuaire très fréquenté, dédié au célèbre *Vâsuki*, roi de la race serpentine. Parlant de la visite qu'il y fit, M. Monier Williams remarque (1) que « le prêtre de ce temple n'était pas un Brâhmane, mais un homme de caste inférieure ; » et il ajoute : « Tel est, je crois, le cas pour tous les temples de serpents, ce *qui est une preuve que le brâhmanisme n'avait originairement aucun lien avec l'ophiolâtrie.* » Les Aryas n'ignoraient pas que les *Nâgas*, adorateurs du *nâga*, étaient un peuple aborigène. Ils le voient dans l'Hindou-Koush (2) ; ils le savent frère des Tâkas par la même déesse-mère Kadru ; ils pourchassent en descendant les monts les deux peuples jusqu'au Kashmire.

Purement chamitique est l'étymologie de *nâga*,

(1) *Brâhmanism and Hindûism*, p. 323.
(2) *Bhishma-parva*, it. 215.

indiquant, on l'a dit, non pas le sifflement, mais la morsure.

Lorsqu'une colonne d'Indiens partit pour l'océan Pacifique, elle emmena son *nâga*, au moins quant au nom. Il fut à Hawaï le *naheka* ou *nahesa*, qui mord et déchire, *nahu*; mais qui, aussi savant que le *cobra*, répond aux enchantements du *calecale-i-naheka* « le charmeur ».

XII. *Kapi*. — A leur tour, les singes nous font signe. Eux aussi, comme *cynocéphales* « singes à tête de chiens », ils appartenaient dans l'antiquité à la personne de Thot. *Kapi*, si ce n'est *Kef*, aux Indes, ils restèrent *Kef*, *Keften* en Égypte, où leurs attributions étaient des plus glorieuses. Thot présidant à la justice, le *Kef* était accroupi sur la balance du jugement, sans doute parce qu'il connaît supérieurement les lois de l'équilibre, et que sur la balance de la justice « le cœur doit faire équilibre à la vérité ». Salomon, qui désirait des *Koph* les envoyait acheter dans la patrie de Thot. Là ils fourmillaient. Un grand royaume, la *Kapisène*, une grande capitale, *Kapisa*, un grand peuple, les *Kapilâs*, étaient fiers de participer à la nature simienne. En associant le cynocéphale à un dieu élevé, et en le comblant d'honneur, l'Égypte nous apprend que le goût indien est plus vieux qu'elle.

Avec raison elle appelait la Phénicie *Kef* et ses habitants *Kefas*, puisque ceux-ci étaient les mêmes *Kefas* ou *Kapilâs* de l'Hindou-Koush.

Les Kapi jouèrent dans l'Inde un grand rôle. Ayant à leur tête le dieu Râma, *Kapi-prabhû*, « scigueur des singes », ils conquirent Lankā (Ceylan), brillèrent sur la bannière des héros, concédèrent leur propre nom aux hommes et même aux divinités. La vénération que l'on a toujours pour eux dans la péninsule est vraiment incroyable.

Le brâhmanisme, qui avoue la très antique vénération de ce dieu (1), ne peut le refuser aux Chamites.

XIII. *Le Taureau.* — Dans le calendrier des Chamites, le troisième mois, *Siван*, est sous la présidence de Çiva, et son signe zodiacal est le *taureau* (2), animal qui pour tous les Orientaux symbolisait le principe mâle et fécondateur, ainsi que la force, et par là était fort approprié à Çiva. Les Indiens ne les séparèrent jamais : l'animal est le véhicule et le second du dieu « qui a pour enseigne le taureau », se plaît à dire le Mahā-bhārate.

Comme le soleil est le grand fécondateur, le même symbole lui était affecté, ce qui est très apparent vers le Nil, où le culte de *Hapi* était aussi vieux que Memphis. L'Égypte avait effectivement deux taureaux sacrés : *Hapi*, représentant Osiris, le soleil de nuit, et *Mnévis*, représentant Rā, le soleil du jour.

En Phénicie, le soleil *Baal* procédait aussi comme Çiva, sur un taureau.

(1) Monier Williams, *Brâhmanism*, etc., p. 222, note.

(2) Le calendrier, tel qu'on l'expose habituellement, affecte le taureau zodiacal, non pas au mois de *Siван*, mais au second mois de *Aïr* « eau et bélier », qui, évidemment, est le propre du bélier. Plusieurs autres déplacements nous paraissent erronés. Nous avons, dans nos *Chamites*, rétabli ce que nous tenons pour l'incontestable vérité.

Le tout était un souvenir des Indes. Là, en Chaldée et pays voisins, voulait-on honorer un personnage, on le louait comme « taureau des hommes ». Rien n'est plus usuel dans les Poëmes que cet éloge ; et rien aussi n'est commun comme la paire de cornes qui, sur les figures, glorifie le front des héros.

Inséparable de Çiva, le culte du taureau chez les Chamites n'a pas besoin d'être prouvé davantage ; cependant il est encore utile de savoir, comme gage d'antiquité, que le *Hapi* égyptien est du langage de toute la Malaisie sous la forme de *Sapi*. Le sanscrit lui-même n'en a-t-il pas quelque chose dans son *Çibhya*, dieu Çiva et le taureau ?

XIV. *La Vache.* — Aujourd'hui, pour les Indiens, la vache est de tous les animaux le plus sacré : chaque partie de son corps et même chaque poil est inviolable. Son urine est le plus saint des breuvages ; ses excréments sont le plus efficace purificateur. Tuer une vache est plus criminel que tuer un homme. Le ciel des fervents adorateurs de Vishnou, ou de Krishna, son incarnation, est le *Go-lok*, « le monde des vaches ».

Il n'y a pas de doute que cette dévotion exista de temps immémorial chez les Chamites de l'Inde ; c'est de là qu'elle fut transmise à l'Égypte, où dès le premier roi Mena le taureau avait ses temples. Si le taureau, fécondateur comme le soleil, représentait cet astre, la vache en figurait la mère, *Isis* ou *Hathor*, qui allaitait Horus. Son nom y était juste celui des Indes, qui nous est révélé par la caste des *ahira* « les vachers ». *Ahi* aux Indes, il était *ahi* ou *aha* ou *ah* en Égypte.

XV. *Le Bélier.* — Au même titre que le taureau, le bélier de nos pasteurs Chamites gravit le Panthéon. Comme lui il est force et fécondateur. Le troisième mois du Calendrier est sous la présidence de Çiva (*Sivanu*) taureau, mais le second appartient à *Air*, le bélier et l'eau.

L'Égypte voyait de même dans le bélier le principe de la génération. « Le bélier mâle, dit un texte, le taureau prolifique, qui s'accouple toujours », priape (Brugsch). Son bélier est *ail, oeile*.

Le sanscrit *medhra* dit également bélier et priape. Il qualifie Çiva de *medhra-ja* « né du medhra », ce qui à son point de vue est juste, et exprimé par le Calendrier qui fait suivre le mois du bélier *Air* par celui de *Sivan*.

Les femmes égyptiennes demandaient au bélier la fécondité en se dénudant dans son temple. L'animal était consacré au dieu thébain *Num* ou *K'hnum*, l'ardeur solaire. Comme *Num* est producteur, c'est lui qui sur un tour à potier façonne l'œuf du monde, d'où sortiront et le genre humain et la nature entière. Pareille mythologie est bien celle des Chamites.

Air avec la signification d' « eau » est resté dans les Indes, où il nomme la rivière *Airī-vati* et l'éléphant d'Indra, *Airī-vata*, né du barattement de l'Océan.

XVI. *Le Básha.* — Dès les âges antiques et de beaucoup préaryens, l'Inde avait le culte de son

15

Básha, faucon-épervier-aigle, qui chassait dans l'Himalaya occidental. Il était en rapport avec le soleil. On le voit sous les Aryas percher sur la bannière de *Hari* soleil. Ils l'ont nommé *Garuda*. Mais il était sur de nobles bannières bien avant eux : l'Égypte avait le même épervier *bâk*, en relation aussi avec l'astre, et surmontant la bannière de *Horus*.

Le chapitre III nous dira quelque chose de plus.

XVII. *L'Ibis*. — *Hab* ou *habu* « ibis » est de *hab-hab* « poursuivre, chasser, pêcher », la voix imitant la poursuite. Le mot est égyptien, mais il a dû être d'abord indo-chamitique, puisque les faits sont sortis de ce centre, et qu'à l'Orient la Polynésie dit également *apu-apu.h.* avec le même sens « poursuivre, chasser ».

Quand nous avons parlé du Thot d'Égypte, nous aurions pu laisser avec lui l'ibis, qui, tout en se nommant *Hab*, s'appelait aussi Thot comme le dieu, et lui était consacré. Il l'ornait de son long bec, et s'unissait si intimement avec lui que par la figure de l'oiseau on écrivait le nom du dieu. Tuer, même involontairement, un ibis était un crime digne de mort.

D'où ce saint amour venait-il ? Est-ce que le premier Thot ou Tekh n'était pas le *Tak (Takshaka* sanscrit) du Cham-douipe ? Est-ce que la vraie patrie des ibis n'était pas ce *'Havilah* « ibis » que l'Éden a rendu célèbre à jamais ? On se rappelle sans doute que les ibis animent par myriades les montagnes et les eaux de 'Havilah et de Koush. Le brahmanisme ne nous a rien conservé sur son culte, mais comment douter de ce culte primitif quand on songe à l'Égypte et au'*es* colonie*s* ; lorsqu'on voit tant de nobles personnages du Cham-douipe emprunter le nom de l'élégant échassier, ou le choisir pour monture, tels que *Kuval-açva, Kuval-âditiya, Kuvalayâpîda.*

Partout où se logèrent les Chamites l'ibis ou son remplaçant pêcheur fut leur saint ami, et jouit des mêmes faveurs. En Chaldée, il est *abaia* (où l'on retrouve le *habu* d'Égypte), et combien de grands personnages *Abaia !* En Polynésie, pas d'ibis ; eh bien ! ce sera le héron ou le martin-pêcheur..... Le roi de Tahiti suppliait le capitaine *Cook* d'épargner ses hérons : ils étaient des *atua*, des divinités ! Lui-même s'appelait *O Tu* « le Héron ».

XVIII. *Le Lotus.* — Le lotus et l'ibis sont inséparables. Le second mange, il est vrai, le premier, mais comme ils vivent de société dans les eaux, ils reçoivent souvent un seul et même nom, *Karela, Kubala, Kubal,* etc. Il était donc naturel dans le Cham-douipe, où l'abondance des eaux les appelait, que l'amour porté aux uns s'étendît aux autres. Le lotus est du reste si beau et si aromatique !

Cette double affection alla des Indes au Nil. Le brillant rôle mythologique de la fleur fut en effet semblable dans les deux Empires. Plongeant au sein des ondes quand le soleil se couche, elle en reparaît quand il se lève, unie à lui dans la vie et la mort. En vertu de cette sympathie qui les faisait naître et mourir de concert, on racontait que *Hari,* le jeune astre, montait du sein de la gracieuse corolle, pour disparaître le soir avec elle.

Ainsi pensaient également les Égyptiens. *Horus* s'élevait du même calice. Pour eux le lotus était un des motifs d'ornementation les plus goûtés, soit dans la grande architecture, soit pour les menus objets. Les femmes le portaient à la main, ou le plaçaient sur leur tête qui en était parfumée.

Autant en faisaient les Indiens. Brahmā le Créateur naît lui-même d'un lotus qui croît sur le nombril de Vishnou. La déesse Lakshmī sort de l'Océan tenant à la main un lotus. La Péninsule entière, dit le Mahā-bhārata (*Bhīsma-p.*, st. 474), a la forme d'un lotus, et en conséquence est appelée « la Fleur de lotus ». L'origine de ces conceptions brahmaniques n'est pas dans le Brahmanisme. Comme il émaille les étangs et les lacs, le lotus émaille la littérature indienne. Il est chéri par les artistes. Tous les beaux yeux sont des yeux de lotus bleu. Il confère son nom aux nappes d'eau, aux villes, aux personnes. Adopté par les Bouddhistes, il est devenu l'emblème de la perfection et un de leurs grands symboles.

Karela, Kanwal est le nom que nous venons d'écrire pour le lotus des Indes. On sera bien aise d'y retrouver à la fois, et le nom de l'ibis *Karela*, et celui de leur jardin commun le *Kaboul*, et celui du jardin de l'Éden *Xarilah*. Belle assemblée que celle de la belle fleur, du bel oiseau et du beau jardin !

Il nous semble que la réunion indienne insinue

les lieux où le nom fut d'abord imposé, et où se trouvait le véritable *Hacilah*.

XIX. *Le Cèdre*. — Le culte du cèdre fut de tout temps en souveraine faveur dans l'extrême ouest de la chaîne himalayenne. L'arbre conique, symbole de Siva par sa forme, lui fut consacré, revêtu de son nom dans *Si-dâr* pour *Siva-dâru* « arbre de Siva », ou *dev-dâr* « arbre du dieu », *Pinus devadâru*. C'est le nom qui a enfanté le nôtre, *cèdre*. Avec le culte de la divinité la vénération pour l'arbre gagna toutes les possessions chamitiques et au delà. Il est dans l'Égypte de l'ancien Empire, qui ne voyait pas sur son sol croître le beau végétal, mais honorait son bois et sa résine, éléments de purification, et conservait dans *Seb* l'appellation du berceau. Le culte descendit de l'Inde en Chaldée, où très à tort, selon nous, quoique généralement l'arbre est pris pour l'*Arbre de vie*, correspondant à l'Arbre de vie de l'Éden. Nous désirons par notre Appendice A réfuter cette erreur. Encore à l'heure présente, dans les mêmes montagnes indiennes, le majestueux conifère est vénéré comme purifiant, chassant les démons, accordant la fécondité. Mais dans le reste de la Péninsule il paraît peu connu : d'autres arbres sacrés attirent les dévots.

CHAPITRE II

OBSERVATIONS SUR LA MYTHOLOGIE DES CHAMITES

Cette énumération religieuse suffit, notre but n'étant pas de faire un traité de mythologie chamitique, mais de montrer que cette mythologie est celle qui a régné avant le brahmanisme et le védisme, et, mêlée au brahmanisme, règne encore dans les Indes. Or les éléments, par leur présence dans les autres possessions de la race, et par leur caractère, s'en révèlent si manifestement chamitiques, et leur importance est telle, que la négation n'est pas possible. Quelle prétention d'antique origine peuvent avoir le brahmanisme et son prédécesseur le védisme, lorsque le privilège d'antiquité leur est disputé par Babylone et Memphis? et quand les dieux qu'ils pensaient leur appartenir, et même avoir créés, étaient adorés par les Anous du Nil dès le règne de Ména, et par les Kefas du golfe Persique et de Chaldée avant le roi Sargon Ier?

Les Chamites peuvent réclamer *Çira*, *Râ* et *Hari* le soleil, *Thot* le savant et artisan avec toute sa cour animale, *Anu* le poisson, *Kuça* du Kuça-dvîpa, *Kubera* et ses assistants, *Kadru* et ses enfants *Nâgas*, l'illustre *Kapi*, le *Taureau* de Çiva, la vache *Ahî*, le bélier *Aïr*, l'aigle *Bâsha*, l'*Ibis* et son compagnon le *Lotus*, tous deux *Kaçela*, le cèdre *sidâr*.

Étymologies. — Les grands dieux des Chamites avec leurs disciples sont donc aux Indes. De plus, l'étymologie de leurs noms dérive de la langue en usage dans le pays, non pas certes de l'aryen, mais du chamitique dont l'hindou est saturé.

Que l'on en juge.

Çira, par son étymologie chamitique, a le sens, non de « fortuné » que l'on trouve en sanscrit pour un terme analogue, mais celui de priape.

Sin, lune, est de *sin* « blanc », conservé en polynésien.

Anu, le dieu-poisson, est de *an*, *anu* « poisson », passé en Égypte.

Thot ou *Tekh*, le dieu artisan, est de *ta* frapper, existant en Égypte, avec *tekhes* couper ; héb. *taka* frapper ; sansc. *taksh* couper ; pol. *taai*. h. travailler le bois.

Kubera, dieu des richesses et des jardins, est sans doute de égy. *kab*, *kôb* enrichir ; poly. *kuvala*, *kavoro*. h. production, accroissement.

Kadru, la brune, mère des serpents, tient à l'héb. et l'arabe *kadar*, être brun, noir, boueux.

Nâga est du chamitique « mordre ».

Kapi est de *kap* couvrir, brun.

Habu, l'ibis, est de *hab-hab* poursuivre, pêcher.

Râhu, le démon, est comme le poly. *rahu*. t. sorcier, magie.

Si-dâr « arbre de Siva », le cèdre, s'explique par lui-même.

A cette naissance étymologique des dieux et êtres sacrés, on voit quelle race humaine les honorait.

Berceau des dieux. — Ces êtres de marque et Chamites de nom sont-ils, *quant à leur origine,* ceux de la Péninsule entière? Nullement : c'est au Cham-douipe qu'ils apparaissent d'abord et qu'ils appartiennent spécialement.

Çira est un « habitant du Mêrou » et de l'ouest himalayen.

Râ est aux mêmes lieux avec le roi de Gilgit.

Anu y est aussi avec les Anous du passé et les Anous de cette heure.

Thot est avec les ibis de ces montagnes, ou aux forges à l'est du mont Bâmian, et aussi avec les

Tâkas, et leurs frères germains les

Nâgas.

Kuça est au kuça-dvîpa et aux monts de Kush.

Kubera habite la Kashgarie, versant nord de l'Himalaya.

Nâga est aux mines.

Kapi bondit dans les forêts voisines, en la *Kapisnêe.*

Ibis et *Lotus* veulent le Kaboul.

Bâsha, le faucon, niche sur les pics himalayens.

Si-dâr, le cèdre, est encore vénéré près de ses grands bois.

Que cette assemblée et ce berceau des dieux et êtres sacrés des Chamites aient leur siège au berceau de la race, cela ne prouve-t-il pas que les deux berceaux, des hommes et des dieux, font cause commune?

Nous avons en outre remarqué que ces dieux ou êtres sacrés sont, et sous les mêmes noms, ceux des autres pays Chamites, Chaldée, Égypte, Polynésie, qui nous dévoilent par leur antiquité l'antiquité encore plus haute des mêmes cultes vers le Kaboul et et l'Indus.

Reviendrons-nous maintenant à ces Kolariens, Santals, Tibéto-Burmans que l'on prend pour les aborigènes de l'Inde, ou à d'autres peuples quels qu'ils soient, qui ne seraient pas les fils de Cham ? Certes, on ne pourrait comparer le panthéon éminemment et universellement chamitique dont nous venons d'esquisser les principaux traits avec le culte si embryonnaire et si différent des populations kolariennes.

Le savant M. Monier Williams, dans ses explorations scientifiques aux Indes, a voulu connaître les Santals. Il s'est rendu chez eux, à environ cinquante lieues nord-ouest de Calcutta ; et, comme résumé de son appréciation, il nous dit (1) que les Santals croient sans doute à un Être suprème, mais qu'ils ne jugent pas nécessaire de s'adresser à lui, pensant qu'il n'intervient pas auprès de ses créatures, sinon par l'entremise du grand démon *Ma-ráng-Buru*, qui seul a besoin d'être adoré et rendu favorable. — Ils saluent le soleil chaque matin ; cependant l'astre n'est pas un élément réel de leur religion.

« La religion, telle qu'ils l'entendent, est plutôt la *Démonolâtrie*, c'est-à-dire de culte des esprits-démons ou *Bongàs*, con... avec le culte des an-

(1) *Brâhmanism and Hinduism*, p. 32.

cètres, » et surtout des chefs défunts de leurs tribus. L'auteur donne les noms de six grands *Bongâs*, qui sont *Jâhererâ, Monreko, Turuiko, Mârang-Buru, Gosâeera* et *Pergana Bongâ*. Les démons de second rang sont innombrables, et président l'un à la race, un autre à la tribu, à la famille, aux rivières, aux montagnes (Hunter, p. 58). On les prie, on leur fait des offrandes pour se les rendre propices.

Bien que par un commerce constant avec les Hindous, nombre d'idées religieuses et de pratiques soient devenues communes, on voit que les croyances indiquées ne sont sûrement pas celles qui, mêlées au brahmanisme, ont constitué l'hindouisme. Ni les personnages, ni les noms, ni la langue ne s'y prêtent. Avec tous ces *Bongâs*, on est loin de *Çiva, Kuça, Hari, Thol, Nâga, Kapi*, et le reste, divinités si bien introduites dans le brahmanisme, si incorporées avec lui, que la plupart des savants les croient de nature brahmanique.

Impossible, si l'on ignore les Chamites, de se rendre compte du brahmanisme et de l'hindouisme, qui n'est précisément qu'une fusion du brahmanisme avec le chamilisme à forte dose (1).

(1) Nous nous séparons ici de l'éminent auteur de *Brahmanism and Hinduism* lorsqu'il dit (p. 3) : « L'Hindouisme est le Brahmanisme modifié par les croyances et superstitions des Bouddhistes et races non aryennes de toute espèce, y compris les Draviliens, Kolariens, et *peut-être* les pré-kolariens aborigènes. » — Nous venons de mettre les Kolariens de côté ; les Bouddhistes et Draviliens ont peu donné ; mais c'est aux Chamites que doit être accordée la plus grande part.

Les données premières des Chamites ont été modifiées par les Aryas, quand il leur a plu de les introduire dans le brahmanisme. Ainsi, l'aigle *bishī*, qui fut transformé en *Garuḍa*, n'avait certainement pas dans l'origine la mission qu'on lui voit de dévorer les Nāgas, Nishadhas, Kirātas, c'est-à-dire ses propres dévots. — Ces peuples n'étaient pas davantage réservés au Pātāla, étage supérieur de l'enfer, comme ils le furent par les Aryas. — *Kubera*, le dieu des jardins et des richesses, n'était pas le *Ku-vera* « le mal fait », à trois jambes et seulement huit dents, etc. Adhérait-on au brahmanisme, on était canonisé; le repoussait-on, on était mis hors la loi, caricaturé, et la damnation était inévitable.

Ces altérations gênent beaucoup lorsqu'on cherche à saisir la vérité première, et surtout les traditions des Chamites, qui sont les antiques traditions de la Péninsule. Il devient difficile, sous leurs transformations, de restituer les formes primitives. Si l'on tente de faire revivre le passé, on doit se garder de perdre cela de vue.

CHAPITRE III

HINDOUISME ET CHAMITISME

On admet ordinairement trois phases dans le processus de la religion des Indes, le *Védisme*, le *Brahmanisme* et l'*Hindouisme*. Mais la phase qui, en réalité, fut la première de toutes, et qui se prolonge encore au sein de la phase dernière ou actuelle de l'hindouisme, quoique complètement méconnue, est le *Chamitisme*.

Le *Védisme*, ou première apparence religieuse que l'on exhume des Védas, est la conception, non pas de l'Inde aborigène, mais des Aryas relativement peu anciens sur son sol. Personnifiant les forces de la nature, il rendait un culte à *Indra*, le dieu du ciel azuré et des phénomènes atmosphériques, à *Agni*, le feu, aux dieux solaires *Sūrya*, *Sāvitrī*, *Pushan*, *Mitra*, etc., aux vents *Marūts*. Mais avec le temps, le Védisme s'engloutit dans les doctrines nouvelles.

Le *Brāhmanisme* (1) admet un dieu impersonnel, *Brahmā* (neutre), qui dans ses manifestations devenait *Brahmā* (masculin). Mais jamais il n'eut une doctrine nette et positive. On le voit conserver en sous-ordre les dieux védiques, comme aussi recevoir ceux de Cham. Il s'accommode de tout (2).

(1) La dénomination de Brahmanisme n'est pas celle des Brahmanes ; leur terme est *Arya dharma* « religion des Aryas ».

(2) Par une citation du *Mahā-Bhārata* (au *Bhishma-porva*, st. 212 et s.) nous allons juger que le Brahmanisme reçut indifféremment dans son Olympe les dieux et démons des Védas, du Brahmanisme et des Chamites.

« Cette montagne (le Mérou) est couverte de palais tous parés d'or. Là folâtrent perpétuellement, accompagnés par la troupe des Apsaras (nymphes), les Rakshasas, les Asouras (deux classes de démons), les Gandharvas (chanteurs et musiciens célestes), et les chœurs des dieux (inférieurs).

« Là, Brahma, Rudra et Çakra (Indra) lui-même, le souverain des immortels..., les sept magnanimes Rishis..., Kuvera... Sur

Brahmā n'est plus qu'à l'usage des brahmanes ; et les deux Brahmā métaphysique et Brahmā manifesté, au moins pour le vulgaire, entrèrent dans les ombres.

L'*Hindouisme* couvrit le brahmanisme. Mais disons nettement que l'hindouisme n'est pas une religion proprement dite ; ce n'est qu'une dénomination qui voile le mélange de tous les cultes passés et présents, car rien n'est exclu, Védisme, Brahmanisme, Bouddhisme, Chamitisme, Mahométisme : on ne se gêne même nullement pour y caser au besoin le Christianisme.

Cependant deux divinités principales, *Çiva* et *Vishnou-Hari*, retiennent ou attirent à elles l'im-

le flanc septentrional de la montagne est un bois charmant de Karnikaras, céleste de tous les côtés, chargé de fleurs. Là, *Puçupati* (Rudra ou Çiva), seigneur des créatures, y réside en personne, environné des divins Bhoutas (démons) ; Çiva s'y amuse accompagné d'Ouma (sa femme) ; il porte une guirlande de karnikaras qui descend jusqu'à ses pieds. »

La guirlande d'Ouma n'est pas moins belle. On ne dit pas ici comment ces nobles divinités « s'amusent ». La danse de Çiva avec Parvati (ou Ouma) est un « objet de profonde méditation ». Personne comme le dieu ne se fait autant admirer dans la frénétique *tâṇḍava*, où l'on s'abandonne aux contorsions les plus diaboliques. Aussi le dieu est-il « le dieu des danseurs » *naṭeçvara*. On est également transporté lorsqu'il frappe de ses tambours, *jharjharin* et *damaru*. Une troupe de diables-bouffons l'environnent, gorgés de liqueurs fortes et ivres comme leur maître.

Dans ce tableau, chaque culte a fourni ses représentants : Indra ou Çakra est au Védisme, Brahma au Brahmanisme, Çiva, Ouma, Kubera avec les démons Rakshasas, Asouras et Bhoutas au Chamitisme.

Mais, comme on l'a fait sentir plus haut, des Bhouddistes, des Kolariens, des Dravidiens, rien ne paraît.

mense majorité. et forment deux grands rameaux religieux, le *Çivaïsme* et le *Vishnouisme*.

Or le *Chamitisme* se retrouve là. Nous ne dirons pas que les deux rameaux sont issus du brahmanisme ; ils tiennent tous deux fortement au Chamitisme, bien que la laxité de l'esprit indien y permette toutes les intrusions.

Telle est maintenant notre thèse : les deux cultes dominants dans l'Inde, *Çivaïsme* et *Vishnouisme*, sont en grande partie du *Chamitisme* qui y persiste, bien que susceptible encore de se couvrir de nombreux parasites.

Sur le *Çivaïsme* la démonstration est toute faite. Çiva a trop souvent porté son nom sous notre plume comme suprême, prodigieusement antique et général dieu des Chamites, pour qu'il y ait lieu de montrer que le Çivaïsme qui l'exalte est l'essence même du Chamitisme.

Mais ce qu'il y a de chamitique dans le système du Vishnouisme n'étant pas asséz connu mérite d'être dégagé.

§ UNIQUE. — *Le Vishnouisme se rattache principalement aux Chamites.*

Malgré tous ses affluents, le grand fleuve de population indienne est resté en proportion extrêmement forte ce qu'il était dans les temps préhistoriques, une population chamite. Il est, par conséquent, naturel que la vie chamitique, quoique modifiée par des interventions étrangères, s'y maintienne en grande partie.

Le *Védisme* n'était pas la religion des aborigènes, mais uniquement celle de la minorité conquérante.

Le *Brahmanisme* ne fut pas davantage le lot de tous les Indiens, il ne fut que celui des brahmanes.

Mais le *Chamitisme*, dans ses vagues contours, était vraiment la religion de la race. Seulement les subjugués Chamites, de caractère accommodant, subirent l'action des vainqueurs. Comme le sanscrit peu à peu s'annexait la langue chamitique du pays, le védisme et le brahmanisme déteignaient sur la croyance.

Un exemple fera sentir cette action. Le Védisme n'avait pas le dieu Çiva ; mais les indigènes y tenaient par-dessus tout. Ils étaient de beaucoup les plus nombreux ; l'on ne pouvait se passer d'eux ; ils avaient une multitude de tribus, de grands États, des rois ; ils parvenaient à la dignité de brahmane ; on s'alliait largement à eux par le mariage, il fallait bien de gré ou de force les satisfaire. Çiva fut donc admis, et, bien qu'à contre-cœur, les Aryas lui concédèrent le troisième rang dans la Trimūrti suprême, libre aux Chamites de lui donner le premier. — Cependant, les brahmanes ne voulaient point paraître battus : ils avaient une certaine divinité védique, *Rudra*, dieu des tempêtes et de la destruction, ordinairement associé aux dieux de la pluie, *Indra*, et du feu, *Agni*, ils le façonnèrent en Çiva (1). Çiva parut n'être ainsi que le

(1) En sanscrit, *çiva* est un terme commun qui signifie « favorable ». On le trouve dans les Védas, accidentellement adjoint, non pas comme nom propre, mais comme épithète, à

Rudra aryen. Ce ne fut, il est vrai, que pour peu de temps et en apparence, car en réalité le vrai Çiva éclipsa complètement sa doublure.

Un fait pareil se passa pour *Hari*, le soleil adoré par les Chamites : on l'identifia à *Vishnou*, alors petite divinité védique. Dans le Rig Véda, Vishnou n'est en effet que le dernier des Adityas, c'est-à-dire des manifestations de l'énergie solaire ou seulement « le jeune frère » du roi céleste a, *Indrânu-ja*. Hari était au contraire pour les ' hamites un des grands noms du dieu soleil, et les siens n'auraient pas voulu s'en détacher ; alors par un compromis religieux on s'arrêta au composé *Vishnu-Hari*. — Ce fut vers le VII° siècle avant notre ère. Il convient d'étudier quelque peu cette forme.

L'Égypte adorait le soleil sous plusieurs aspects et plusieurs noms, parmi lesquels dominaient *Râ*, le soleil en général et *Hor* ou *Horus*, le soleil levant ou renaissant. — Pareil état de choses existait dans un autre grand domaine chamitique, la Polynésie. Elle avait exactement les deux mêmes noms, *Râ* (1) et *Oro*.

Rudra ; ce fut, probablement, un des motifs qui inclinèrent à donner au dieu Çiva la place de l'épithète homophone.

Quelques-uns font de Çiva l'un des noms de la tribu indigène de *Tugra* « fils du serpent ». Inutile de réfuter.

(1) Ou dans les dialectes qui, au lieu du *r*, ont le *l*, comme le samoan, le foutounien, le hawaïen, *Ld*.

Quoique la science ne l'ait pas relevé, il en fut certainement ainsi dans les Indes, et cela même antérieurement aux autres pays de Cham. *Râ* encore aujourd'hui est à Gilgit « le Roi », comme il était en Égypte « le Pharaon ». Il n'y a pas de doute que dans le passé il ne fût aussi « le Soleil », puisque *de auditu* nous l'avons personnellement surpris dans le langage d'une classe d'Hindous. Les Égyptiens avaient primitivement vécu en ces mêmes zones, et déjà ils avaient à leur usage *Râ* et *Horus*, qui les suivirent vers le Nil.

Cet *Horus* était *Hari*.

Plusieurs raisons nous assurent en effet que le *Hor* d'Égypte et le *Oro* polynésien avaient été au berceau indien le *Hari* toujours présent, en sorte que *Hor* d'Égypte, *Oro* de Polynésie et *Hari* des Indes ne sont qu'un, comme l'indiquent au reste les noms et leur objet.

En premier lieu, *Hari* fut de tout temps aux Indes l'une des appellations du soleil. Sous ce nom il possède encore un culte considérable, des temples splendides, comme celui d'Amritsar, *Hari mandara*, surnommé « le Temple d'or ». Il a de belles litanies, *Hari-smaran*. Répéter sans cesse le nom de Hari ouvre infailliblement le ciel de Vishnou. On dit ce nom 300.000 fois par jour. Telle encore la sainte formule *Hari-bol* !

Voilée pourtant à l'arrivée des Aryas, l'importance de *Hari* dans la Péninsule nous est garantie par sa prépondérance dans les empires des Chamites. Nous venons de nommer l'Égypte et la Polynésie ; mais l'on doit ajouter la Chaldée, Chanaan, la Phénicie, la Malaisie, et même des contrées environnantes non Chamites. Le nom changeait, il est vrai, suivant les lieux, mais on avait composé sur le dieu un roman astronomique si séduisant qu'il fit fureur dans le monde d'alors, et que la méprise à l'égard du dieu-héros est impossible.

Ce fut le roman que le Calendrier esquisse pour dire les amours du jeune soleil *Tâmouz* avec l'Étoile du matin *Ouloul*. Sous le nom de *Horus* on le racontait en Égypte, sous celui d'*Oro* en Polynésie ; et quoique d'autres populations et le Calendrier lui-même eussent employé les noms différents de *Tâmouz*, *Adonis*, *Atys*, même celui du *Dionysos* des Grecs, encore était-ce toujours le mythe qui avait commencé avec *Hari*, *Hor*, *Oro*, et désignait le soleil adolescent. — Beaucoup plus que simple récit, la fiction, liée du reste au cours des saisons, était entrée dans les mœurs et les institutions, avait engendré des coutumes et des fêtes ; tantôt de deuil à la mort d'Horus, tantôt de joie licencieuse à son retour à la vie. La Polynésie, qui le croirait ? avait surenchéri avec ses dissolus *Aréois*. L'éloignement de ces îles, joint à la persistance séculaire des coutumes, est un indice certain de ce qui fut au berceau.

Certifié par ses doubles brillants de l'Océan et du Nil, le *Hari* des Indes retrouve ainsi son lustre du passé.

Une seconde raison qui montre *Hari* dans les

Indes antiques est celle d'un autre mythe frappant, où la même divinité intervient, et que l'on racontait à la fois en Égypte et dans la Péninsule, celui de *Hor* le soleil se levant au matin de la corolle d'un lotus. Sur les lacs abondants du Cham-douipe brille un firmament de ces fleurs, et la légende qui fait voir Hari montant de leur sein est on ne peut mieux à sa place. Avec les Aryas vint plus tard Vishnou : transformé en Hari, il voulut aussi son lotus. On le lui mit à la main, comme on en mit un autre à la main de sa femme Lakshmī. Mais Vishnou ne l'avait certainement pas porté hors de l'influence des Chamites. Il y a plus : au milieu du corps de Vishnou dormant sur les eaux s'étale un lotus, d'où Brahmā naît et s'élève. Ici le brahmanisme n'a-t-il pas interverti les rôles ? car Brahmā n'est pas le soleil, et la légende lui est infiniment antérieure. C'est Hari-Vishnou qui est le soleil, et lui par conséquent qui devrait avoir le beau calice pour berceau.

En troisième lieu, Horus avait en Égypte son oiseau symbolique, l'épervier *bāk*, qui l'ornait souvent de sa tête. Les Pharaons étant eux-mêmes des Horus, leur bannière était surmontée du *bāk*. Or ce bāk venait en droite ligne des monts himalayens de l'ouest, où il est encore *bāsha* ou *bāshā*, précieux faucon chasseur que les riches achètent à haut prix. Quand descendirent les Aryas, ils transformèrent le bāsha en un volatile mythique, *Garuḍa*, moitié homme, moitié oiseau, et roi des oiseaux ; puis de celui qui était le compatriote et l'ami de leurs antagonistes, les Nâgas peuple-serpent, ils firent l'ennemi qui en eux dévore sa proie. L'identité du mythe devient frappante et curieuse. Si le *bâk*, égyptien est en rapport avec Horus et surmonte sa bannière, le *bâsh* de l'Inde était en rapport avec Hari bien des siècles avant, et devait aussi surmonter sa bannière ; puis quand Vishnou entra dans la société, l'oiseau Garuda continua à percher sur son drapeau, et même il servit de véhicule au dieu.

Quatre faits se font parfaitement écho entre l'Inde et l'Égypte :

1° *Horus* et *Hari* sont dans les deux pays avec des peuples à origine chamitique.

2° Les noms de *Râ*, le soleil en général, et de *Horus* ou *Hari*, le soleil levant, coexistent dans chacune des contrées. — Ainsi en est-il en Polynésie.

3° Le soleil *Horus* ou *Hari* émerge du calice du lotus.

4° L'épervier *bâk* ou *bâsh* est des deux côtés en rapport avec le soleil, et des deux côtés aussi surmonte la bannière soit de Horus soit de Vishnou-Hari.

On ne peut nier que la correspondance de ces faits de l'Indus au Nil ne soit singulière. Et comme évidemment ce n'est pas l'Égypte qui les a transmis à l'Inde, c'est l'Inde qui les eut la première, puis les communiqua à l'Égypte. Parmi les preuves sans nombre de l'origine indienne des Égyptiens, ces faits ont droit de prendre place.

Quant au sujet que nous traitons actuellement, les mêmes faits montrent que dans les Indes antiques *Hari* fut bien l'un des noms du soleil levant. De même que l'on avait fait un seul personnage de Rudra et Çiva, ainsi fit-on de Vishnou et Hari.

Il y eut pourtant une différence. Dans le premier cas, Çiva était si brillant qu'il éclipsa totalement Rudra. Dans le second, Vishnou acquit de l'importance par l'association, et c'est sous son seul nom que le dieu qui en avait un autre entra dans la Tri-mûrti.

Comme conclusion : des deux doctrines qui maintenant remplissent les Indes, le *Çivaïsme* est du chamitisme presque pur ; le *Vishnouisme*, par l'adjonction de Hari à Vishnou, est encore du chamitisme, mais mitigé. La conception chamitique est donc toujours reine sur la terre où elle est née.

LIVRE VI
COUTUMES DES CHAMITES

Nous nous contenterons d'une énumération. La matière a déjà été traitée dans nos *Chamites* ; et des développements nous entraîneraient trop loin. Notre but, qui est de faire ressortir la prédominance de la famille de Cham dans les Indes, nous semble rempli par ce qui précède ; un coup d'œil sur les coutumes fortifiera pourtant la conviction. Toutes celles que nous allons signaler existaient soit dans les Indes entières, soit dans quelqu'une de ses parties.

La preuve que les coutumes mentionnées sont bien chamitiques ressortira, comme dans les sujets antérieurs, de leur coexistence chez les peuples de même race ; et cette coexistence sera montrée par de simples indications (1).

(1) Les indications des lieux ou des peuples seront ainsi données :

Ég. pour Égypte.
Lib. pour Lybie.
Yém. pour Yémen ou Arabie méridionale.
Chan. pour Chanaan.
Ph. pour Phénicie.
Pal. pour Palestine.
Bab. pour Babylone.
Chl. pour Chaldée.
Pol. pour Polynésie.
Am. c. pour Amérique centrale

Commençons par les coutumes religieuses. Un certain nombre de dieux ayant été conservés par le brahmanisme, bien des coutumes religieuses les ont accompagnés. D'autres ont survécu en dehors du brahmanisme, et se passant de lui.

1. Pour le culte, choix des hauts-lieux. — Chan., Pol.

2. Pour le culte, choix des arbres touffus, bois, étangs sacrés. — Chan., Pol.

3. Temples, autels en pierre, ce qui n'avait pas lieu chez les Éraniens. — Ég., Ph., Bab., Pol.

4. Idoles nombreuses. — Ég., Chan., Pol.

5. Centres de pèlerinages — Ég., Yém., Ph., Pol., Am. c.

6. Triades divines. — Ég., Bab., Ph.

7. Œuf cosmique, d'où sort le monde. — Ég., Ph., Pol.

8. Animaux sacrés. — Ég., Bab., Pol.

9. Montures animales. — Ég., Bab. Incorporation des dieux avec les animaux. — Ég., Bab.

10. Sacrifices humains. — Ég. au début, Chan., Cartha., Pol., Am. c.

11. Anthropophagie. — Ég. au début, Pol.

12. Magie, pouvoir supra-naturel accordé aux mantars (formules). — Ég., Bab., Chan., Pol.

13. Astrologie. — Ég., Chl., Pol.

14. Prêtres sorciers, sous le même nom de *Kahin, Kuhana.* — Chl., Chan., Yém., Pol.

15. Mauvais œil. — Ég., Bab., Pol.

16. Amulettes sans nombre. -- Ég., Bab., Pol., etc.

17. Impuretés légales des femmes en couches, avec séclusion de sept jours, à l'occasion des morts, etc. — Pal., Pol.

18. Animaux purs et impurs. — Ég., Pal., Pol.

19. Quadrupèdes au sabot non fendu impurs. — Pal.

20. Purifications obligatoires. — Ég., Pal., Pol.

21. Ablutions aux repas. — Pal., Pol.

22. Mariages par achat de la femme. — Bab., Pal., Pol.

23. Mariages incestueux chez les dieux et les hommes. — Ég., Bab., Chan.. Pol.

24. Polyandrie. — Yém., Pol.

25. Lévirat, ou obligation d'épouser la veuve d'un frère mort sans enfant. — Pal. (même avant la loi).

26. Aux décès, grandes lamentations, et en se frappant la poitrine. — Ég., Pol.

27. Pleureuses à gages. — Ég., Pal. Pol.

28. Incisions sur le corps. — Ég., Chan., Pol.

29. — Amputation de phalanges des doigts, à la mort ou maladie d'un parent ou d'un chef. — Pol., Socotora.

30. Cendres aspergées sur le corps. — Pal., Pol.

31. Crémation des corps des défunts. — Bab., Pal., Pol.

32. Exposition des corps sur des échafauds. — Pol.

33. Exposition des corps *en des tours* sur les montagnes. — Aux Indes, sur les Ghats ; en Libye, *chuchas* ; au Pérou, *chulpas*, puits à momies. — Ég., Ph., Lib., Am. c.

34. Apothéoses. — Ég., Chl., Yém., Pol.

35. Culte des ancêtres. — Ég., Chl., Yém., Pol.

36. Grande hospitalité. — Tout l'Orient.

37. Immoralité extrême. — Chan., Yém., Lib., Pol.

38. Culte du linga et de la yoni. — Ég., Pol., et tous les établissements chanan. et phén.

39. Abus des flatteries aux rois et aux grands. — Ég., Bab., Pol.

40. Prosternations obséquieuses, « flairer la terre », friction du nez par terre. — Ég., Pol.

41. Baiser nasal, aux Indes primitives. — Ég., Éth., Chan., Pol.

42. Mode de s'asseoir : comme les tailleurs *palthī*, sur les talons *ukru* (term. indi.). — Ég., Bab., Pol.

43. Lits en cordes entrelacées. — Ég., Pol.

44. Sainteté de la chevelure et précautions extrêmes pour ne pas la fouler aux pieds. — Pol.

45. Rasure de la tête à modes différents. — Ég., Lib., Pal., Pol.

46. Longue mèche au sinciput. — Ég., Lib., Pal., Pol.

47. Coiffure de plumes. — Ég., Lib., Pol.

48. Coloration des cheveux et de la barbe. — Pol.

49. Coloration du corps, généralement en jaune. — Pol.

50. Coloration des ongles, des mains, des pieds. — Ég., Pol.

51. Coloration des cadavres. — Ég., Pol.

52. Coloration des idoles. — Ég.

53. Emploi de l'antimoine pour les yeux. — Ég., Pal.

54. Onctions du corps. — Tout l'Orient, Pol.

55. Tatouage. — Lib., Pol.

56. Couronnes et guirlandes. — Ég., Pol.

57. Bijoux sur tout le corps. — Ég., Lib., Chan., Bab., Pol.

58. Immenses boucles d'oreilles. — Pol., Am. c.

59. Distension du lobe des oreilles. — Mal., Pol., Am. c.

60. Fleurs ou feuilles dans les oreilles. — Pol.

61. Cordelettes au poignet comme préservatifs. — Ég.

62. Étoffes de joncs ou d'écorce de mûrier. — Ég., Pol.

63. Pagne autour des reins. — Ég., Lib., Pol.

64. Turban. — L'Orient.

65. Vêtement en peaux d'animaux ou de poissons. — Ég., Pol.

66. Vêtements des femmes semblables à ceux des Juives. — Pal.

67. Goût pour les épices.

68. Abus des liqueurs enivrantes. — Ég., Bab., Pol.

69. Passion pour la musique et la danse. — Pol.

70. Jeux scéniques. — Pol., Am. c.

71. Baladins de diverses sortes. — Ég., Lib., Pol.

72. Abus des jeux de mots. — Ég., Pol.

73. Pugilat avec règles analogues. — En Pol. comme aux Indes.

74. Provocation en se frappant le bras de la main. — Pol.

75. *Lasso* de même nom pour la chasse et la guerre. — Ég., Pol.

76. *Chakra*, disque de combat, avec hymne identique. — Chl.

77. Massage du corps. — Pol.

78. Loi du *tabou*. — Pol.

79. Conservation des généalogies. — Tout l'Orient, Pol.

80. Conservation des traditions par des récits sans fin. — Pol.

Nous avons dit qu'il n'était pas une de ces coutumes, parfois très singulières, et régnant dans les pays de Cham, qui ne se trouvât ou dans la totalité de l'Inde ou dans quelqu'une de ses parties.

Qui oserait maintenant rapporter leur ensemble, en ce qu'elles ont de non-aryen, — et c'est presque tout, — à ces tribus que l'on prétend former le fond de la population indienne, et qui pourtant sont à peu près ignorées ? Qui voudrait même attribuer la plupart d'entre elles à n'importe quelle famille autre que celle de Cham? Nous ne parlons ni des Gonds, qui dans l'Inde sont une race absolument différente, et qui, du reste, habitent au midi, ni des Dravidiens qui remplissent également le sud; nous nous en tenons à ce qui a constitué le grand corps de la population septentrionale.

En telle matière, on ne peut songer aux Kolariens, dont les tribus disséminées en divers lieux de la Péninsule y mènent une vie presque sauvage. Quant à leur principale branche, celle des Santals, que l'Angleterre commence à civiliser, et qui vit à part vers le Gange, dans les montagnes du bas Bengale, elle comptait tout au plus un million, en 1872 (1). Ces Santals ont-ils la généralité des coutumes chamitiques si fortement enracinées de l'Himalaya aux Vindhya, et même dans le sud? Les ont-ils exportées et fait valoir en dehors des Indes? On ne saurait même poser de semblables questions. Sans doute, par des relations constantes, ils partagent quelques-uns des usages, mais ce sont des cas exceptionnels.

Par leurs coutumes, les Indiens sont Chamites.

(1) W. Hunter, *Indian Empire*, p. 71, note 1.

pyramides, aux cités ; elle se montrera quant à la race qui édifia, et aussi quant à l'époque de ses travaux. Au début de ces Empires, en dehors des centres chamitiques rien de tout cela n'existait. Les Chamites furent par excellence bâtisseurs..

Les *Mégalithes* ont leur place de choix dans ces magnificences. Nul pays n'en étale en plus grand nombre que les Indes. Il ne serait pas possible de les attribuer à d'autres qu'à ces amis de la pierre, jaloux de tant de forts et de villes longtemps avant les Aryas (1).

Les mégalithes se voyant uniquement dans ces mêmes royaumes constructeurs que nous avons nommés, ou dans ceux que visitaient les Chamites, il va de soi qu'ils étaient érigés par eux. Toujours nommer les *Druides* et les *Celtes* est une énorme méprise.

C'est parce que la facture est l'œuvre des Chamites qu'ils remplissent la chamitique et préégyptienne Libye. C'est aussi pour cela que les pyramides, obélisques, mastabah d'Égypte ne sont que les modèles en grand des mégalithes ; pour cela que ces derniers reparaissent en Chanaan, chez les Phéniciens, et sur toutes les rives où s'aventurèrent leurs navires, c'est-à-dire au sud de l'Espagne, en Portugal, en Armorique, Irlande, Angleterre, Danemark, Mecklembourg, Poméranie, etc., ; que,

(1) Nous pensons avoir dans nos *Chamites* (App. D.) restitué d'une manière définitive les mégalithes à cette race antique.

teresse. L'on peut dire le système tout à fait chamitique, car dans ce monde insulaire rien de brahmanique n'apparaît.

Et les *Pyramides*? Est-ce l'Égypte qui les aurait
imaginées? Nullement. L'Inde les vit de tout
temps, et de tout temps ses fils les élevèrent dans
leurs colonies d'Orient et d'Occident. Toujours les
temples indiens sont accompagnés de pyramides ;
et parmi les plus anciens, les aînés, encore debout,
faits de roches cyclopéennes empilées les unes sur
les autres, sont des pyramides (1). On comprend
pourquoi : la pyramide, l'obélisque, le menhir, sont
en grand le cynique symbole de Çiva. Là où naquit
Çiva, là naquirent le menhir, l'obélisque et la pyramide. Aussi les Çivaïtes se plaisent à multiplier la
forme pyramidale, ils la donnent à leurs bâtiments
sacrés, à leurs autels, à leurs statues, à leurs dolmens, et jusqu'à leur coiffure. Construire des
temples *avec leurs pyramides* est une œuvre souverainement méritoire.

Ces ouvrages préhistoriques de l'Inde sont donc
dus aux Chamites. Que l'on recommence à vol d'oiseau le voyage accompli tant de fois aux colonies
de ces hommes, en Égypte, dans l'Arabie méridionale, la Phénicie et Chanaan, la Chaldée, les empires du Mexique et du Pérou, l'Amérique centrale,
et la vérité se montrera quant aux forts, aux
temples, aux tombeaux, aux palais, aux canaux, aux

(1) Heeren, *Politique et commerce des nations anciennes de l'Inde,*
c. II.

phalassar II (VIII° siècle), qui porta ses armes dans la vallée de l'Indus, citent le long de ce fleuve des villes dont on ne connaissait pas même les noms.

Dès ses premières pages, la *Chronique du Kashmire* raconte que les plus anciens rois élevaient force cités, maisons, *de pierres*, est-il dit; et ces pierres, que l'on admire encore, avaient les formes massives et les dimensions inouïes qui sont le caractère des constructions cyclopéennes et chamitiques. Le temps venu, ils multiplièrent les *Agrahâras* pour les Brâhmanes, les *Vihâras* pour les bouddhistes, les temples, les enceintes, les digues contre les eaux, etc.

On peut juger de l'antiquité de la pratique par ce qui est connu des Chamites hors de l'Inde. — 1° L'Égypte eut sous l'ancien Empire ses tombeaux à Memphis et Dashour, ses mastabah, ses forteresses (Abydos, Semneh, Thèbes), ses sanctuaires. « La plupart des sanctuaires célèbres, Denderah, Edfou, Abydos, avaient été fondés avant Ménès », le premier roi (1). — 2° En Palestine, les débris de la Pentapole et des autres villes chananéennes sont d'immenses décombres de blocs de pierres gigantesques. Les restes des œuvres phéniciennes ont le même caractère. — En Polynésie, où manque la pierre, les lieux d'assemblée sont élevés, quelquefois de trois mètres, sur des terrasses formées de lave ou de corail. Chaque village est un *Pa* ou for-

(1) Maspero, *L'archéologie égyptienne*, p. 63.

LIVRE VII
ŒUVRES DES INDO-CHAMITES PRIMITIFS

La matière eût été loin de manquer pour restituer aux Chamites la part capitale qui leur revient
dans les arts de l'Inde ; mais l'ensemble de nos
preuves est d'une évidence suffisante pour nous
permettre d'être bref.

CHAPITRE PREMIER

ARCHITECTURE

De son sommet à son extrémité l'Inde est couverte de forteresses, de villes, de temples, de palais, de magnifiques monuments. Elle le fut pour
ainsi dire toujours ; on a beau s'enfoncer dans le
passé, atteindre l'arrivée des Aryas, qui trouvèrent
le Cham-douipe hérissé de forts, remonter même
au delà, on en voit encore. De toute part, des
ruines dissimulées jusqu'en de vastes forêts attestent l'antique présence de villes maintenant oubliées. Les inscriptions du roi d'Assyrie, Teglat-

toujours avec les Chamites, ils ont pénétré sur l'Océan Pacifique, à Hawaï, à Opia, à Tonga-Tabou, aux îles Malden ; qu'ils ont gagné jusque dans le Nouveau-Monde, le Pérou, la Bolivie, le Honduras.

Le Kashmire, l'un des points de départ, parle hautement. Jucher au pinacle de son panthéon un Çiva, en compagnie de sa digne moitié, c'est pour les disciples déclarer sans pudeur quels sont leurs mœurs, leurs arts. Aussi le menhir ou linga, symbole de Çiva, était-il la facture la plus fréquente et la plus honorée du Kashmire. Les rois, les reines, les princes, se faisaient une gloire d'en élever : des enfants bien sages employaient leur temps à fabriquer de petits lingas On lui consacrait force temples, où il était ordinairement assisté de la yoni, figurée par un chakra ou cromlech ou autrement.

Mais les Chamites, vrais adorateurs de Çiva et d'Ouloul (Oumā, Parvātī) n'étant pas connus, il fallait trouver d'autres hommes à qui l'on pût attribuer les mystérieux monuments de l'Inde. Alors on met en avant les aborigènes quels qu'ils soient, les insulaires des Andamans, les Anamalais du sud de Madras, les Gonds, les Juangs d'Orissa, etc. (1). L'obscurité est complète. Les Gonds n'ont pas élevé un seul dolmen. Si les mégalithes couvrent le pays des Khassias, qui les érigent toujours ; s'ils abondent dans les monts Nilgiri aux nouvelles demeures des Kirātes, c'est précisément parce que les

(1) Hunter, *Indian Empire*, p. 53 et s.

Khassias et les Kirates avaient d'abord habité les confins ouest de l'Himalaya, où les Poëmes les signalent souvent ; c'est parce qu'ils avaient vécu avec les Koushites, qu'eux-mêmes avaient du sang koushite dans les veines ; c'est enfin parce qu'ils étaient disciples de Çiva, le dieu du menhir.

Les Kohls recouvrent, il est vrai, les cendres de leurs morts de dolmens et pierres levées : mais ils ont tellement vu les constructeurs nés qu'ils en ont pris cette coutume avec bien d'autres.

Que l'on rende donc les mégalithes aux populations qui furent les pépinières de la Péninsule et des pays porteurs de ces monuments, c'est-à-dire aux Koushites, aux Kefas, aux Anous, Nâgas et Tâkas, à ceux qui ont été les Koushites d'Arabie, les Anous d'Égypte, les Phoutéens de Lybie, les Kefas de Chanaan, de Phénicie et de leurs fondations, à ceux qui sont allés remuer des pierres, ou à défaut de pierre des blocs de corail dans les îles du Pacifique, à ceux qui ont visité les champs du Nouveau-Monde.

Nous venons de reconnaître aux Chamites primitifs les premiers essais d'un art qui se fit remarquer par sa grandeur et sa force. Mais c'est aux Bouddhistes que l'on rattache le développement de l'architecture indienne. Le *développement*, soit ! car leurs monastères et sanctuaires *Stupas* (1) four-

(1) Le *stûpa* est un monument élevé sur les reliques de Bouddha ou sur les lieux consacrés par une scène de sa vie.

nissent d'abondants et de beaux exemples ; toutefois ne disons pas l'*origine*. Les Bouddhistes ne formaient pas une race à part, et n'étaient que des Indiens Chamites dont ils continuèrent les traditions. Comme Bouddha ne parut qu'au V⁰ siècle (500-420), ils eurent pour types les édifices considérables et nombreux que nous avons dits. Ne remontant pas plus haut que l'invasion aryenne, les forts du Cham-douipe avaient précédé de *mille ans* et plus les constructions bouddhiques ; et si l'on recule jusqu'à l'Égypte et la Libye, à ces mille ans, il faudrait en ajouter plus de trois autres. La marge était assez grande pour que l'on pût s'élever des dolmens, pyramides, forts, temples mêmes, aux *stûpas*.

Il est donc non seulement probable, mais certain que si les Bouddhistes indiens ont donné à l'architecture une vive impulsion, ils avaient avant eux trouvé des maîtres et des modèles.

CHAPITRE II

SCULPTURE

Un personnage on ne peut plus expert dans la sculpture des premiers temps va nous renseigner sur celle de l'Inde ; c'est le dieu même de cet art, *Thot* ou *Tekh* ou *Tak*. Il lui suffit d'exhiber son nom, qui par le *texes* égyptien (*laksh* sanscrit) est celui du « coupeur, tailleur, marteleur » sur le bois, la pierre, et qui par le même égyptien *Ihdal* nomme avec le dieu les statues et ces colonnes qui souvent étaient des figures. Partout où il parut, Thot eut pour fonction de façonner des idoles. Il est sculpteur, disons-nous, en Égypte ; il l'est en Phénicie où Sanchoniaton, d'après Philon de Byblos, nous apprend que *Tall* est « l'inventeur des dieux » avec leurs insignes ; il l'est en Chaldée, sous le vocable de *Tula* ; il l'est en Océanie, où le nom du dieu *Tiki* répondant à ses œuvres dit, statue, idole, tatouage, peinture, écriture, etc.

On ne saurait prendre plus haut la sculpture des Chamites. — En Égypte, le sphinx de Gizeh existait déjà du temps de χufu (IV° dyn., vers 4000). Cette dynastie et la V° ont laissé des œuvres admirables, comme le « scribe accroupi », les panneaux de la tombe de Hosi. « Les bas-reliefs et les statues qui décoraient les temples ou les tombeaux étaient peints pour la plupart » (1). C'est ce qui a lieu également dans les Indes.

La Chaldée avait ses statues et ses figurines. — La Phénicie fabriquait « bas-reliefs, statues et statuettes de toute matière et de toute dimension, et tout ce qui se vendait bien » (2), travaillant pour elle et pour l'exportation. — Les Polynésiens avaient leurs nombreuses idoles *Tiki* et leurs statues colossales. — Au Mexique, de grandes statues recouvertes

(1) Maspero, *L'Archéologie égyptienne*, p. 160.
(2) Perrot et Chipiez, *Hist. de l'art dans l'antiquité*, t. III, p. 403.

d'or fin, et surmontant de hautes pyramides, figuraient des héros déifiés.

Les œuvres premières sont moins visibles dans les Indes, mais on peut les supposer sans crainte d'erreur dans le pays berceau de *Tekh* l'artisn. Connaissant bien ses talents variés, les Aryas l'identifièrent à leur *Viçat-Karman* « l'universel faiseur ». Il donna son nom à la grande cité industrielle de Taxila (Taksha-çilā).

Si les bouddhistes développèrent l'architecture, autant en firent-ils de la sculpture, mais sans la créer davantage. Quand leurs idoles de Bouddha s'exhibèrent nombreuses, et dans les stûpas s'étalèrent en longues rangées, on ne faisait que continuer les coutumes indiennes. Auprès de ceux-ci les statues grotesques ou obscènes offusquent la vue en tous lieux ; elles pullulent sur les monuments. Quelques villes ont la spécialité de les fabriquer par pacotille pour les demeures particulières ou les *extolo*. Mais à la quantité ne répond pas la beauté. Eh ! comment l'âme de l'artiste s'élèverait-elle par de semblables représentations ! Cependant le goût se fait sentir en d'autres productions.

L'art du *sang-tarāsh* « tailleur de pierres, sculpteur » se dévoila dans la région de Thot, région de bois, de rochers, de métaux, hantée par les ibis et les serpents, c'est-à-dire au nord-ouest, fourmilière des Chamites.

CHAPITRE III

ARTS INDUSTRIELS

Tâchons maintenant de nous faire une idée des arts rudimentaires qu'en industrie les Chamites primitifs pouvaient exercer dans les Indes. On sait que le nord-ouest fut le berceau, et que malgré l'accumulation des siècles les noms de plusieurs nations qui figurent au chapitre II sur l'Éden et au chapitre X de la Genèse sont encore présents.

Prenons donc quelques-unes des richesses de ce berceau : elles représentent parfaitement les industries premières auxquelles dut se livrer la famille ; et ce sont elles aussi qui les premières ont dû être transportées par les tribus en exode.

Que l'on ne s'étonne pas de la perfection de leur travail ; on se tromperait grandement si l'on prenait les Indiens pour des esprits obtus et incapables : ils sont, au contraire, fort intelligents. C'est la remarque que font toutes les personnes qui les fréquentent comme nous.

Pierres précieuses. — Dans l'origine, les pieds, à chacun de leurs pas, heurtaient les pierres fines. On eut bientôt raison de leur résistance, et l'on sut avec art les polir et les perforer. Hommes et femmes ravis les faisaient étinceler sur leurs personnes et sur tout ce qui leur appartenait. Ils n'ont jamais

cessé d'avoir cette orientale passion. Les Poèmes
nous montrent les pierreries données à pleines cor-
beilles comme on donnerait les fruits de son jardin ;
et aujourd'hui les princes, tel que celui du Kaboul,
sont des montagnes de lumière.

Or voilà que les Égyptiens, sortis de ces bijou-
teries, en étaient presque aussi prodigues. « Le
domaine du lapidaire, dit M. Maspero (1), était
aussi étendu qu'il l'est aujourd'hui, et comprenait
l'améthyste, l'émeraude, le grenat, l'aigue-marine,
le cristal de roche, la prase, les mille variétés de
l'agate et du jaspe, le lapis-lazuli, le feld-spath,
l'obsidienne... On fabriquait des colliers (des amulettes), et c'est par milliers qu'on les ramasse dans
les nécropoles, à Memphis, à Erment, près d'Akh-
mim et d'Abydos ». Et quels noms avaient ces
gemmes égyptiennes ? *Mani...,* juste comme au
Kaboul, ce qui veut dire que, avec le goût lui-
même, les premières de ces *mani* en venaient.

Saluons, en passant devant eux, les Phéniciens-
Kefas ; ils rivalisaient.

Orfèvrerie. — Il suffisait au Cham-douipe de se
baisser pour recueillir l'or aussi bien que les pierres
précieuses. Dans presque tous les fleuves qui sil-
lonnent cette encognure, il roulait, entraînant quelquefois des pépites. Au milieu des amas de pous-
sière rejetés hors des terriers des petits animaux,
on le ramassait encore. Il était beau et bon, *optimum.*

(1) *Archéol. égypt.,* p. 234.

Sa réputation s'était étendue; et les Kefas ou Kapilās ou Phéniciens, qui autrefois avaient habité là, loin de l'avoir oublié faisaient des voyages pour venir s'y approvisionner.

On apprit à le travailler. Ce n'était pas pour la première fois que les Dasyous qui affrontèrent les Aryas étaient resplendissants d'anneaux et de colliers, leurs pères les avaient portés, et emportés en changeant de patrie. L'industrie façonnait des ornements, des lacets, des broderies d'or, qui, combinés avec les perles et les diamants, faisaient l'orgueil des héros de la grande guerre.

Avec avidité ces parures furent accueillies dans toutes les parties du globe alors visitées. Que l'on regarde les personnages ou les divinités de Chaldée, Babylone ou Assyrie, de Palestine, Chananéens ou Hébreux, ceux de Madian, de Phénicie, les Égyptiens, les Libyens, les Foulahs, et toujours le regard sera frappé par des bijoux de même forme, parure des bras, des poignets, des doigts, des chevilles, des orteils, du front, du cou, des oreilles, des narines. Où prit naissance cet écrin riche, varié, mais partout identique, sinon dans le pays qui de lui-même en présentait abondamment la matière à des hommes intelligents, mais aussi vaniteux qu'on l'est aujourd'hui?

Produits divers : Henné, Safran, Nard, Costus, Gentiane, Anis, Cassia, Ébène, Antimoine, Bdellium, Ivoire, Vigne et Vin, etc., etc.

Dans les Indes croît l'élégant arbrisseau *menhdi*

ou *lawsonia inermis*, dont les feuilles ont la propriété de teindre en jaune orange. Nos Chamites en usèrent largement pour enjoliver leurs ongles ou leurs doigts. La plupart des Orientaux épousèrent la coutume, et jaunirent même les corps des morts. On la trouve en Palestine, en Égypte, en Arabie, et les Polynésiennes font ce qu'elles peuvent pour avoir un tel agrément.

La *menhdi* est ce que les Arabes nommèrent *hinā*, le *henné*, deux expressions dont chacun trouvera facilement le germe dans *menhdī*. En nos Antilles, les grappes fleuries de l'arbrisseau, grâce à leur suave odeur, ont valu à la plante un nouveau nom dérobé au *réséda*.

— Au jaune henné faisait concurrence le *Kung Kuma*, crocus *sativus*, le *safran*. Il était tellement lié à l'Inde du nord qu'on le reconnaissait pour « enfant du Kahsmire, » *Kaçmira-ja*. Dans les cérémonies religieuses on en fait grand usage.

Autant qu'aux Indes le jaune plaisait à l'Égypte.

Le *Nard* et surtout le *Spike-Nard*, ou nard à épis parfumés, conquit sa réputation dès l'aurore des âges. L'espèce la plus estimée était précisément celle du berceau des Chamites, et, on peut le dire, de l'Éden. Distinguée entre toutes, elle était qualifiée de *Kabolilic*. Pour l'Évangile, c'est le *nardus indica*. Sous le titre de *Kabolilique*, il était obtenu, à l'époque du Périple, de la ville d'Ozène (Ujjain, un peu au nord des monts Vindhya), avec le *costus speciosus*, le *bdellium* et l'*ivoire* (1), quatre substances très significatives de leur origine, ainsi que des goûts, de l'industrie et du négoce des populations du berceau. Avec le nard on préparait des huiles et des onguents, qui, outre leur agréable senteur, avaient la réputation de dissiper les fatigues, calmer les douleurs, chasser les troubles de l'âme, exciter à la gaieté.

Quand Moïse voyait dans l'Éden le *Bdellium* que vient de citer le Périple, il avait cent fois raison, car les surnoms ou épithètes de la gomme rare. *Sira, Kauçika, Kumbhâ, An Arya-ja, Dailya-meda-ja*, par la désignation des dieux ou des peuples qui l'avaient sous leur égide, indiquent clairement que le lieu de production reconnu par la Genèse était bien exact, et qu'un très ancien commerce en faisait jouir des nations éloignées.

Ainsi l'Éden était embaumé par les deux parfums les plus appréciés, le bdellium *laudatissimum* et le nard *kabolilique*.

Une population de montagnards himalayens, les Kirâtes, qui plus tard devaient envoyer des rameaux dans le Népal, le Bengale et le Dekhan, s'était fait une spécialité de la vente de ces matières et autres produits du pays, des esclaves d'abord, de l'or, des pierreries, des oiseaux et quadrupèdes peu connus, du bdellium, de l'ivoire, car ils domptaient et conduisaient de grandes troupes d'éléphants, — du nard qui, s'il avait pris le nom du Kaboul, avait également reçu le leur, et

(1) Périple de la mer Erythrée, n° 48.

était dit *Kirātini*, — de la *gentiane*, encore appelée d'après eux *Kirāta-tikta*, « amer des Kirātes », et par les botanistes *Agathotes Chirayta* ; ou bien, ce qui est à peu près de même, *An-Arya-tikta*, « l'amer des Non-Aryas » ou des sauvages indigènes. L'obscurité de ces montagnards leur a fait tort. Pline attribue à un certain Gentius, roi d'Illyrie, qui aurait laissé son nom à la plante, la découverte de ses vertus médicinales. D'autres, transformant *Kirāta* en *Chironia*, en font gloire au centaure Chiron, habile dans la guérison des plaies.

Comment ne pas croire aussi que les experts Kirātes, qui, parvenus au Bengale, devinrent les grands vendeurs d'une autre rareté valant son pesant d'or, le *malabathrum* ou *Laurus Cassia* (1) n'avaient pas commencé leurs bénéfices en leur premier habitat ?

Nous avons fait connaissance avec une autre plante indienne encore vivement prisée, l'*aneth* ou *anis*. C'était un parfum, mais de plus, par certains mélanges, on obtenait la poudre *miṣi*, qui, passée sur les dents, en prévenait les douleurs, et les rendait éclatantes comme de l'ivoire noir. Nous ne désespérons pas de voir un jour la mode introduite en Europe par quelque belle aux dents douteuses.

(1) En sanscrit *tamāla-pattra* « feuille sombre », les feuilles étant rougeâtres en dessous : c'est le mot qui fut altéré en *malabathrum*. On l'appelle aussi *su-pattra* « belle (ou bonne) feuille ».

L'Égypte s'empressa d'adopter la poudre, en lui laissant son nom indien de *mise* ou *amisi*.

L'*Ebène*. — Gésénius lui donne pour étymologie « tout à fait manifeste », dit-il, la racine hébraïque *eben*, « pierre », ce qui fait de l'ébène « un bois de pierre » ou dur. Malheureusement, la Palestine ne produisait pas l'ébénier, ne faisait pas le commerce de son bois, et ce ne sont pas les Hébreux acheteurs qui peuvent avoir créé un nom devenu celui de l'univers entier. L'étymologie est à réclamer à quelque pays produisant le bois noir, et capable de l'exporter au loin. Nous l'avons recherchée dans nos *Chamites* (App. C), et les langues sémito-chamitiques ont donné, comme la Polynésie (privée du *b*), un *pana*, m. h., ou *apana*, « noir », qui convient on ne peut mieux. En hébreu, l'on a *pun*, « s'obscurcir »; en assyrien, *puna*, « soir ».

Hiram et Salomon se rendaient à Ophir afin de se pourvoir des *habnim*; c'est l'Inde : l'Inde procurait donc et le bois et le nom.

En Égypte comment s'appelait l'ébénier ? *haben* ou *habni*. L'Inde vient d'expédier vers le Nil.

La *Vigne* et le *Vin*. — On fait à l'Arménie l'honneur d'avoir la première nommé le vin et exporté la vigne. La thèse n'est pas admissible, et il faut encore revenir à ceux qui ont eu l'initiative des principaux éléments de la civilisation matérielle. Leur pays était du reste si favorisé ! Les raisons que nous allons donner en peu de mots ne sauraient être repoussées.

1° Le Cham-douipe est en vignes l'une des contrées les plus riches et peut-être la plus riche du monde. De leurs formes splendides elles couvrent à profusion la surface du pays, du nord au midi et de l'est à l'ouest.

2° Les Égyptiens, qui avaient cette terre pour lieu de naissance, nous font voir dans leurs plus vieux hypogées la vigne cultivée et le vin préparé il y a 6,000 ans.

3° Les noms qu'ils donnent à la plante et à son fruit étaient précisément ceux du Cham-douipe.

Dans le Cham-douipe la vigne est *lāk*; en Égypte, elle est *lekh*.

Aux Indes, le raisin est *hāra-harā*, et la liqueur spiritueuse *hālāhali* ou *ali*; en Égypte, le raisin est *aloli*, *arer*.

Aux Indes, *vai-an*, « liqueur de grain », est le vin; partout *win* est le vin.

4° Grands navigateurs et courtiers des Égyptiens, les Phéniciens-Kefas, leurs voisins et amis, n'avaient pas été étrangers à ces transferts.

L'antimoine, *surma*, *phuk*, égyp. *stem*, était commun sur certains points de la Péninsule. Dans l'Hindou-Koush même, la montagne de Bāmian en renferme des quantités énormes. Au sud, vers l'Indus, le pays de *Sauvira* en fournissait également, et l'avait même enrichi de son propre nom de *Sauvira*. Les belles *Nāgi* en saisirent promptement l'avantage pour ces yeux que les poètes orientaux ont tant célébrés. Un collyre semblable devait faire fortune. Les Chananéennes l'employaient. Le patriarche Job, après avoir nommé sa première fille *Jour*, et la seconde *Casia*, comme la feuille odorante du laurier, appelait la troisième *Keren aphuk*, « corne de phuk (ou antimoine) ». En Égypte, à quelque classe de la société que l'on appartînt, riche ou pauvre, on avait son étui de *stem*. *Stem* est le père de *stibium*, et stibium le père d'*antimoine*.

Ivoire. — Le nom de *l'ivoire*, devenu comme celui de l'ébène, presque universel, et resté le nôtre, descend aussi de l'Inde, qui la première fut capable de tirer parti d'une matière qu'elle possédait en abondance. Ivoire répond au sanscrit *ibha*, répété lui-même de ce que nous pouvons dire avoir été le chamitique indigène, puisque le mot existe aussi en Égypte, Ethiopie, Polynésie, hébreu. La ville égyptienne *Ab* ou *Ebo*, « Eléphantine ». nous garantit l'antiquité de beaucoup préaryenne de la chose et du nom, la ville existant dès la cinquième dynastie, au delà de 3,000 ans avant notre ère. Cette expression de *āb* est le nom de la « dent », car originellement *āb* signifie dent, corne, ongle, écaille. Le polynésien en a conservé le radical dans son *ivi* qui aux Marquises et à Hawaï a tous ces sens.

C'est encore de l'Ophir indien que Hiram et Salomon tiraient leur dents d'éléphants, comme ils en recevaient l'ébène. On le voit positivement par le nom hébreu, où la racine *ăb* est vivante dans *shen habim (hab !)* « dents d'éléphants ». Ne vient-on pas de voir que les Kirâtes himalayens étaient dompteurs d'éléphants et marchands d'ivoire ?

Dans l'Inde qui travailla et cisela toujours l'ivoire avec beaucoup de dextérité et de goût, ce qu'elle fait encore en plusieurs de ses villes, ornant depuis le palanquin jusqu'aux peignes des dames, dans cette même Inde avaient fait leur apprentissage les Phéniciens au talent non moins remarquable. « Ils ont employé *l'ivoire des Indes* pour faire vos bancs de rameurs », dit Ezéchiel des gens de Tyr (xxvii, 6). — *India mittit ebur*, chante Virgile (Géorg., i, 57). — Et Ovide : *India præbet ebur*. — Horace parle de l'*ebur indicum* (Odes, I, xxxi, 6).

Poterie. — La plupart des dolmens indiens renferment des vases de terre, quelquefois à formes heureuses et dont la date défie le calcul. Chaque village avait généralement son *Kumbhâr*, « potier », qui fabriquait des vases de toutes dimensions, les plus petits pour la cuisson des aliments, et de grandes jarres pour emmagasiner le grain. Son attirail était des plus primitifs : avec une roue simple et l'aide des mains, ainsi que des pieds, qui dans les Indes sont de secondes mains, il obtenait les courbes les plus gracieuses. L'ouvrage terminé allait au four sous le soleil.

Le vase, *Kumbh* dans les Indes, est *Kabi* en

Égypte. C'est de la préhistoire sur l'âge et la parenté.

Tissage. — Malgré toutes les invasions et tous les bouleversements, les villages de l'Inde ont en général conservé leurs coutumes, leurs institutions, leurs industries. L'Inde est fort probablemet la première de toutes les contrées qui ait imaginé l'art de tisser le coton. Aussi simples que ceux du potier, les appareils se résument en deux bâtons sur lesquels est tendue la chaîne, à travers laquelle une navette dessine parfois une belle trame. On ornait par des broderies, soit tissées sur le métier, soit ajoutées à l'aiguille.

Maintenant, que l'on consulte les représentations égyptiennes, et l'on reconnaîtra la même vulgaire machine. Deux femmes y travaillent; et ce sont aussi les femmes indiennes qui se livrent à cette occupation. Quoi de plus supposable que les très antiques tisseurs de la Péninsule soient partis pour la vallée du Nil leur métier sur l'épaule?

Mousseline. — Avec le même métier, les Indiens — et dans leur pays ils sont à peu près les seuls tisseurs — obtiennent des mousselines devenues fameuses, et que nos fabriques européennes ne pourraient égaler. Cette science dut encore être pré-égyptienne puisqu'elle fut la même en Égypte. Se rappelle-t-on les habitants des cinq fleuves, lors de la Grande Guerre, chantant « la vierge couleur d'or, *parée de fins vêtements* » (*Karna-parva*, st., 2,039)?

« Les noms qu'ils donnent à leurs tissus en expriment la finesse et subtilité : *air tissé, tissu du vent, rosée du soir, eau courante*. Un vêtement de la plus fine qualité peut facilement passer à travers une bague du petit doigt ; et une pièce de 30 pieds de long serait enfermée dans une coquille d'œuf. Cependant la pièce demande au moins quatre mois pour sa confection, et vaut 40 pounds (1,000 fr.).

« ... On raconte qu'une jeune dame se montra à la cour d'un empereur mahométan en costume fort transparent ; et comme on lui reprocha de trop exhiber la surface de sa personne, elle repoussa le reproche avec indignation, disant qu'elle s'était enveloppée en *sept doubles* de mousseline de Dacca (1). » Dacca avait autrefois la palme pour la fabrication des mousselines.

Toutes les dames égyptiennes en toilette auraient mérité la même observation que la jeune dame indienne : autant vaudrait n'avoir rien sur le corps. Quoique l'Égypte fabriquât la mousseline, l'Inde lui en expédiait encore de grandes quantités, et l'on peut croire qu'elle fit sa première éducation.

Un goût artistique très prononcé relevait les ouvrages indiens. Ils sortaient vraiment d'une *manufacture*. Les mains indiennes et les pieds qui les aident sont en général petits, à doigts bien dégagés, souples et sensibles. Comme l'on marche pieds nus, nous pouvons le constater à tout moment.

(1) Monier Williams, *Brâhmanism and Hindûism*, p. 466.

Le même talent artistique paraissait dans les œuvres de l'Égypte et de la Polynésie.

Pelleteries. — Comment ne pas en parler à propos de vêtements? Elles formaient en bien des cas tout l'accoutrement d'une personne.

Souchna, couvert d'une peau de taureau, les cornes dressées sur lui, est un parfait Chamite, dont le Rig chante la défaite : « Indra a déchiré Souchna aux cornes menaçantes » (1). Ouvrons le *Sabha* du *Mahā-bhārata* (st., 1,147) : « J'ai vu attendre à sa porte les Çākas (Scythes), les Toukharas et les Kankas (« les hérons »), hommes velus, au front orné de cornes ; et (st. 1865) « les Kirâtes... qui s'habillent de peaux. » Ces peaux étaient celles des daims; les Kirâtes en paraissaient tout dorés. Voici le cheval. Hérodote (VII, 70) a dépeint les combattants Soudras couverts de la dépouille des chevaux, les deux oreilles dominant le guerrier. Arrien voit les Çibi avec leurs enveloppes animales et leurs massues, semblables à autant d'Hercules. Chez les populations maritimes, la peau et le casque étaient pris aux cétacés. Les Babyloniens gardaient soigneusement la figure de Oannès (un Anu) débarqué sur leurs rives avec ce costume pisciforme. En quelques îles du Pacifique les insulaires se vêtaient de la même façon.

Des dépouilles aussi utiles, et qui formaient éga-

(1) Sect. I, Liv. III, Hymn. 1, 12

lement de bons tapis, étaient objets de vente, d'échanges ou de cadeaux. Quand le *Sabha* énumère les dons faits aux princes, les peaux d'antilopes, de daims, gazelles, tigres, lions constituent des lots excellents.

Une mention à l'une des étoffes tout à fait primitives, adoptée, aussi bien que dans l'Inde, par l'Égypte et la Polynésie, celle faite de joncs ou d'écorce, spécialement du mûrier. C'est en Polynésie la *tape*. Dans les Indes le *valkalâ* était à la fois l'écorce et le vêtement. Il resta longtemps le propre des ascètes ou des *vana-prasthas* « retirés dans les forêts ». — Ils avaient mieux ou moins encore que l'écorce, et se faisaient avec l'herbe sainte *Kuça* ou *Darbha* des habits *Kuça-chîra*. Comme *chîra* (pron. *chîr*), veut dire déchiré ou guenille, le *chirin* était un pittoresque mais solennel guenilleux. Le mot est chamitique, ce qui accorde l'invention aux indigènes (1).

Esclaves. — C'était un des plus importants objets du commerce du nord-ouest. Le trafic ne dure-t-il pas encore ! Les femmes de Chitral sont belles, et Chitral est un marché renommé. « La pratique de vendre leurs propres sujets a acquis aux chefs de Chitral et de Yassin une peu enviable notoriété » (2). Aux âges que nous considérons que ne

(1) Le sanscrit le veut de chi « haïr » (!). Il est évidemment de l'indigène chirea « déchirer ».

(2) Biddulph, *Tribes of the Hindoo Koosh*, p. 67.

dût on pas voir! Nous venons de rappeler, d'après le Mahā-Bhārate, les dons faits aux princes. Les jeunes filles et femmes, « vêtues d'étoffe de coton et parées de bijoux d'or », y comptent par milliers. Les Kirātes se faisaient spécialement remarquer, mais la pratique était générale. Suivant le *Karna-parva*, quand le roi des Angas (du Bengale, descendants d'Anu) accable de ses malédictions les habitants des cinq fleuves pour leur immoralité, son interlocuteur Çalya, qui fait partie de ces populations bafouées, lui riposte que chez les Angas un homme vend sa femme et son fils.

Les Phéniciens, marchands sans frein de cette denrée humaine, ne faisaient en cela que suivre l'exemple de leurs pères, Kefas ou Kapilās du Cham-douipe.

Divers. — Outre les richesses que nous avons désignées, le Cham-douipe en possédait beaucoup d'autres. Nous en citerons quelques-unes.

L'*Or* déjà cité plusieurs fois.

Le *Plomb*, au nom du *nāga*.

L'*Étain*, au même nom.

Le *Cuivre* et le *Fer*, très abondants.

Le *Minium*, « fils du nāga » ou *nāga-ja*, qui sous le nom plus commun de *sindūra* sert aux femmes dont le mari est vivant pour se marquer le front d'une raie rouge. Elles sont alors *sindūra-tilakā*.

L'*Orpiment*, *nāgajîvani çatru* « ennemi de l'étain ».

Le *Cinabre* ou *Vermillon*, qui portait le nom de ses vendeurs, *Dārada*, les Dardes du nord-ouest.

Le *Lapis-Lazuli*, formant aux mêmes régions une montagne entière, dite comme lui *Nîla* « le bleu ».

La *Sardoine* et l'*Onyx*, cités par Clésias (1), l'*agate*, et nombre d'autres précieux minéraux recherchés par les Babyloniens pour les sceaux dont chacun faisait usage (2).

Le *Sandal, Chandan* ou *Valgu*.

Le *Cèdre, Deodâr* ou *Sidâr*, déjà étudié.

Les *Parfums* ne se compteraient pas : bdellium, nard (ou *jalâ-mâsi*), encens (*Kapi-nâman* et vingt autres), le benjoin (*Kapi-taila*), le cassia, etc., etc.

L'*Indigo, nîla* « le bleu ».

La *Cochenille* (*Krimi*), que Clésias dit venir des sources de l'Indus (3).

Les *Paons, mayûra*, hind. *muhr.*

Des *Chiens*, d'une taille et d'une force, remarque Clésias (4), à tenir tête aux lions. Objet de commerce, ils étaient vendus en Chaldée, où les riches en nourrissaient des meutes. Xerxès s'en fit un corps de troupes. Actuellement, un chien vaut un homme (esclave).

Le *Zebu, bos indicus*, que l'on vit dans l'ancienne Égypte.

Le *Châmar*, le Yak ou *bos grunniens*. Sa queue, à splendide fourniture, était devenue insigne de royauté — enseigne militaire pour les Mongols — et chasse-mouches sans pareil.

(1) *Indica*, 5.
(2) Id., 2.
(3) Id., 21.
(4) Id., 5.

La *Vache, Ahī*, nous le savons, émigra en Égypte avec le même nom. Elle appartenait aux *Ahirs* « vachers », tribu de l'extrême nord.

Le *Taureau, Hāpi* en Égypte, est *Sāpi* dans la Malaisie, ce qui ne peut venir que de l'Inde.

Le *Bélier, aïl* en Égypte, est *aïr* dans le calendrier, dont nous avons montré l'origine chamitique. Il est *aidaka* ou *elaka* dans un sanscrit qui doit tenir au précédent. Dans le shina himalayen les moutons sont *ejīle*.

La *Chèvre* est *leb* en Égypte et *lebit* dans le calendrier,

Nous ignorons si la domestication de ces animaux est due aux Chamites, qui les nommèrent ainsi, mais il est certain qu'ils les possédaient domestiqués au Cham-douipe avant la fondation égyptienne.

Ces quelques renseignements aideront à apprécier avec quelle largesse la Providence avait doté ce nord-ouest indien, destiné à devenir le berceau de si grands peuples, et à enfanter de si mémorables colonies.

CHAPITRE IV

MÉTALLURGIE

L'invention et les premiers travaux de la métallurgie, dont les œuvres enrichirent l'occident, assurent aux Chamites l'occupation incontestable et souverainement antique des Indes. C'est dans l'encognure du nord-ouest que l'opération commença ; et ce furent les Chamites qui s'y livrèrent, et pendant de longs siècles continuèrent seuls à fabriquer et propager sur toutes les plages qu'ils pouvaient atteindre ces objets nouveaux et recherchés.

Nous entendons parler spécialement du bronze. On n'a pas à faire ici l'histoire de la métallurgie de l'Inde ; mais comme il nous a été donné d'ouvrir certaines portes, c'est par elles que nous entrerons dans le sujet, le traitant d'une manière succincte, parce que déjà nous nous y sommes arrêté ailleurs (1).

L'invention, disons-nous, fut la gloire du nord-ouest. Là, gisent dans les montagnes les deux composants du bronze, le cuivre, avec l'étain que l'on ne voyait pas autre part. Là aussi, le plomb, pris pour l'étain, est *nāga* comme lui, nom qu'il porte encore dans le *nang* des Shines de l'Himalaya. Si l'étain était un peu rare, le plomb, encore à présent largement exploité, surabondait. La coïncidence est heureuse parce que le plomb, grâce à ce qu'il est homonyme, affirme de tout son poids la présence de son voisin bien connu.

Répétons-le, leur unique nom de *nāga* rassemble bien des vérités : *nāga* est le cobra à blessure mortelle ; — *nāga* est l'étain et le plomb, progénitures du reptile, ou *nāga-ja*. — Le même *nāga-ja*

<hr>

(1) V. *Aurore indienne de la Genèse*, l. V, Métallurgie, et plus haut (l. I, c. II), *L'Origine de la métallurgie dans les Indes.*

est aussi le minium ; — *nāga-mātri* « mère du nāga » est le réalgar ; — *nāga-çatru* « destructeur du nāga » est l'orpiment. — *Nāga* est le peuple qui adore la bête, et qui avec ses frères les *Tākas* occupe une place considérable et dans les Poëmes et dans l'histoire indienne. — *Nāga* devient en composition dans *nāgāri*, *nāgā-çana*, etc., « le dévorateur des serpents *nāgas* », sous la forme de l'aigle *bāsh* ou *Garuda* ; et, pour les Aryas, dévorateur de tous leurs ennemis.

Qu'en réalité l'étain fût là, divers textes anciens signalent comme ses dépôts le mont Bāmian et les sources de l'Hilmend. Le voyageur Burnes, qui a visité ces lieux « excessivement riches, dit-il, par le règne minéral », le constate, avec le plomb, le cuivre, l'antimoine, le fer, etc. (1). N'y eût-il de nos jours plus d'étain, malgré le témoignage de Burnes, on en aurait assez tiré pendant nombre de siècles, avant que l'Espagne et les Cassitérides livrassent le leur, pour que dans l'Hindou-Koush sa présence passée fût hors de doute.

Quel peuple exploitait ces mines, et de leurs produits manufacturait des instruments ? Dans une région de hautes montagnes, chaque vallée enfante sa tribu. Les noms sur lesquels peuvent s'arrêter les regards, nos lecteurs les ont déjà prononcés, Nishadhas, Nāgas, Takas, Koushites, ceux

(1) *Travels into Bokara*, t. II, p. 246.

dont le sanscrit fait des Kapilās, et qui furent les Kefas de la future Phénicie.

Comme des métaux variés étaient et sont répartis dans tout le corps de l'Hindou-Koush, il est présumable que bien des tribus se mirent à l'œuvre. Cependant l'étain avoisiné par le cuivre n'existant que dans les vallées orientales du mont Bāmian, nous sommes quant à l'invention du bronze ramenés sur ce point et aux populations qui l'habitaient. Prenons ces peuples à partie.

Nāgas et Tākas. — Parlant des migrations des Chamites à l'intérieur de l'Inde (L., II, c. II), nous avons démontré, contrairement à une erreur très grande et très commune, que les Nāgas et Tākas ne sont nullement des *Scythes.* Quand leur physionomie, vraiment belle quoique brune, ne le dirait pas, leur nom, qui les associe aux serpents et métaux *nāga* de l'Hindou-Koush, le passage archaïque de ce nom en Égypte et en Chaldée et le reste ne permettent pas de se tromper sur leur sang chamitique et leur origine indo-koushite, non plus que sur une antiquité dépassant de bien des siècles une irruption scythique aussi tardive que le II' siècle avant notre ère. De tout temps les Nāgas et leurs frères étroitement unis les Tākas furent des tribus de l'extrême ouest. Loin d'être Scythes, ils doivent les uns et les autres compter parmi les premiers nés des Chamites.

On ne lit pas, — mais où est l'histoire de ces temps et de ces lieux! — que les Nāgas aient travaillé aux mines, il serait pourtant difficile de supposer qu'ils n'eurent aucune part dans l'industrie d'un métal qu'ils avaient honoré de leur propre nom. Ils sont enfants de *Kadru*, « la terre » personnifiée, et c'est dans les entrailles de la terre que les Aryas les font résider.

Si le travail métallurgique des Nâgas est à peine visible, celui des *Tâkas* l'est davantage. Fils également de *Kadru*, « la terre », serpents comme les Nâgas, régis par le grand serpent des Poèmes, *Takshaka*, en réalité ils étaient renommés comme ouvriers habiles sur le bois et sur le métal. Leur vaste capitale *Taksha-çilâ*, pour *Taxila*, sise entre le Kashmire et le confluent du Kaboul et de l'Indus, avait la réputation de grand centre industriel.

Kefas. — Ce peuple renommé était voisin de berceau. La thèse que l'Inde est à la fois métallurgiste et chamitique ne saurait avoir meilleurs soutiens.

Sous la rubrique de *Chanaan* ils sont expressément rangés par la Genèse dans la famille de Cham.

Leur demeure initiale était dans le Cham-douipe, sur le versant oriental de l'Hindou-Koush, en un territoire qui en son midi gagnait le Kaboul. C'était la *Kapisène*, avec sa capitale très antique *Kapisa*. Alexandre, à la manière persane, avait érigé la région supérieure du Kaboul attenante à la chaîne du Paropanisus, en satrapie des *Paropanisades* : elle englobait la Kapisène. Les Aryas faisaient de son peuple des *Kapilâs* : ils étaient les *Kefas*. *Kéf* ou *Kap*, le nom est le même.

Plus de 4,000 ans avant notre ère, ces Kapilâs, qui, vivant au milieu des rivières et des lacs, étaient forcément devenus mariniers, descendirent aux îles Bahreïn du Golfe Persique. Ils étaient ceux que Sargon Ier appelait « la race brune » et qu'il combattait tout en l'estimant belliqueuse, celle également dont de Quatrefages aurait voulu faire une race spéciale, la *race érythréenne*, ne s'apercevant pas qu'il avait purement affaire à des Indiens (1). Au roi Sargon nos Kapilâs ou Kefas-Phéniciens fournirent les chars de bronze qui faisaient son orgueil. Mais, fabricants et marchands innés, ils travaillaient pour tous, notamment pour les *palesi* et rois touraniens de la Chaldée. Sur une de ses statues (2), Gudea se dit las déjà des statues d'argent, d'albâtre, de cuivre, d'*étain* et de *bronze*, et déclare qu'il en veut une en pierre dure. Les statuettes en bronze ne sont pas rares dans les décombres de Tel Loh.

Qu'ici l'Inde se réjouisse, cet étain et ce bronze s'appelaient en chaldéen *anak*, et en suméro-accadien *anna*. L'Inde y retrouve aussitôt le nom qu'elle a créé, comme elle retrouve dans les œuvres la filiation de sa propre facture.

Ce nom chamitique suffit en outre à éliminer comme inventeurs les Touraniens que des savants disent avoir apporté la métallurgie en Chaldée.

Vers le même âge, grâce à leurs vaisseaux, les

---

(1) On a là quarante siècles avant notre ère la physionomie des Chamites. Elle est encore la même.

(2) Statue B, col. VII, au Louvre.

Kefas furent certainement ceux qui approvisionnèrent l'Égypte. L'étain signalé toujours par son nom y est *bas-nâg* (avec *bas*, métal). Le bronze y était aussi ancien qu'il était commun. « La plupart des ustensiles étaient en bronze. On les rencontre par milliers dans nos musées... L'idée d'appliquer l'or et les métaux nobles sur le bronze, sur la pierre et sur le bois était déjà ancienne en Égypte au temps de Khéops » (1), ou Khoufou de la IVᵉ dynastie, vers 4,000.

Les dates approximatives de la Chaldée et de l'Égypte concordent ; et si l'on désire celle de l'invention indienne, il faut en conséquence reculer encore davantage.

Avec leur marine les Phéniciens allèrent toujours développant leur commerce, qui fut surtout un commerce maritime, bien qu'ils conduisissent aussi de grandes caravanes. Pendant des siècles, ils furent sans concurrents. Après Hippone et Cambé, Utique fut fondée en 1158 seulement. Les entreprises qui dépassèrent ce site dans le bassin de la Méditerranée sont donc postérieures à cette date. Bien postérieure par conséquent fut la connaissance de l'étain d'Espagne et de Cornouailles. De 1158 à 4,000 s'étendent près de 3,000 ans durant lesquels les Kefas indiens purent seuls fabriquer avec l'étain de leur pays. Ne soyons pas surpris si les mines de Bâmian sont au plus bas.

(1) Maspero, *Archéologie égypt.*, p. 290-296.

CHAPITRE V

NAVIGATION.

Encore une note indo-chamitique des plus belles, des plus certaines et des plus méconnues. Ceux-là mêmes qui viennent de se montrer comme premiers métallurgistes furent aussi les premiers navigateurs.

Notre intention est simplement de mettre sous les yeux du lecteur deux points importants, le premier sur l'origine de la navigation des Phéniciens, le second, sur l'extension de la navigation primitive des Chamites indiens.

§ 1. *L'Origine de la navigation des Kefas* (*Phéniciens*)

C'est dans le Golfe Persique, aux îles de Tylos et d'Aradus (nos îles Bahreïn) que généralement, pour ne pas dire toujours, on suppose le premier siège des Chananéens et Phéniciens. De là on les voit partir pour Chanaan et la Phénicie. On suit en cela les renseignements donnés par Hérodote, Justin, Strabon, qui eux-mêmes s'étaient contentés de recueillir les traditons locales.

Ce n'est remonter assez haut, ni quant aux premières manifestations de l'art nautique, ni quant au berceau réel des nautonniers. Il est vrai qu'on eût difficilement pu le faire, car ce n'est qu'en notre siècle que l'Inde a commencé à sérieusement se révéler ; et même sur ce point spécial elle ne l'a pas encore fait,

Le chapitre III de notre livre I a déterminé le berceau des Chamites, de ceux que la Genèse produit en son chapitre X. Là paraissent les nations chamitiques patriarcales ou les premiers ancêtres des rameurs du Golfe Persique, et par conséquent de leurs fils les Chananéens et Phéniciens.

Que l'on s'adresse aux Phéniciens limitrophes de l'Égypte, établis même dans le Delta et à Memphis, ils diront positivement ce qu'ils sont, et quel était leur nom véritable. A la lumière de ces déclarations personnelles il nous sera facile de trouver le nid de la famille.

La Phénicie, en son étroite, mais illustre bande de la Méditerranée, s'appelait *Kefa*, ou avec le *t* signe du féminin *Kef-t*. Ainsi disaient les indigènes, ainsi répétaient les Égyptiens.

Mais *Kef* y était aussi le cynocéphale : est-ce que nos habiles marins se seraient comparés à lui ? Pourquoi non ? Le vénéré dieu Thot ou Taaut phénicien, « Seigneur de la vérité, — Seigneur des divines paroles et des écrits sacrés, » aussi bien qu'il était ibis ou serpent, n'était-il pas cynocéphale ou *Kef* ? Combien de héros furent des *Kef*, ou dans les Indes des *Kapi* ou *Kapila* ? Que d'Hindous sont encore des *sahib Kapi* ! et nous en connaissons particulièrement. Le mot de *Kapi* que le sanscrit s'est annexé n'est guère *que Keph* ou le *Koph* de

Salomon. Ce terme de *Kapi* avait deux sens, celui de brun ou rougeâtre et celui de singe, le quadrumane ayant reçu le nom général de sa couleur.

Involontairement nous avons atteint déjà le berceau. Les *Kefs* ou *Koph* humains étaient sans contredit les habitants de cette vaste portion du Chamdouipe. dite à la façon grecque *Kapisène*, à la façon aryenne *Kapila*. Ce n'étaient donc point quelques rares individus dévots qui portaient le nom du dieu à quatre mains, c'était la population entière (1).

Pour atteindre les Indes, il nous a fallu passer pardessus le golfe Persique ; mais si l'on y fait une descente, on reconnaît les Kefas dans la race dite « race brune » qui peuplait ces îles. Les Grecs les baptisèrent *Phéniciens*, mais tel n'était pas leur vrai nom : *Kefas* ils étaient sur la Méditerranée, *Kefas* ils avaient été à leur point de départ ou à la station érythréenne. En les disant Phéniciens, les Grecs n'ignoraient certainement pas l'appellation réelle, puisqu'ils voyaient des *Képhènes* dans ces Erythréens et dans tous les bruns des régions voisines. Ils avaient, on peut le croire, tiré cette désignation du vrai nom *Kefa*, et nullement d'un certain héros *Céphée* qu'ils imaginèrent après coup (2).

De leur Kapisène les Kapilas ou Kefas suivirent

(1) En fût-il encore besoin, la fixation du berceau repousserait définitivement cette erreur énorme que les Phéniciens furent des *Sémites*. Genèse, géographie, histoire font les Phéniciens et Chananéens *Chamites*. V. plus haut, l. I, c. III, § I.

(2) Herod., VII, 61.

sans doute le cours de l'Indus, et arrivés à la mer, gagnèrent le golfe Persique par le procédé de tous les premiers peuples marins, un lent cabotage. Ainsi fit certainement le Oannès, au nom chamitique d'*Anou*, qui par son apparition étonna si fort les indigènes de l'Euphrate.

Parvenus dans le golfe, ils atterrirent non loin de son ouverture en des îles tout proche de la rive arabique. Ce simple fait du choix insulaire de leur première station prélude au système qui fut toujours le leur : il les montre comme ils furent par la suite, avec des aptitudes et des principes arrêtés, se fixant en des îles touchant à la terre ferme. Venus en marins, ils prétendaient rester marins, entourés d'une fourmilière d'embarcations, et prêts à repartir pour commercer sur tous les rivages. Déjà ils étaient aussi marchands qu'industriels, car s'ils prétendaient conduire partout leurs voiles, c'étaient pour y trafiquer des raretés : or, gemmes, ivoire, bois précieux, parfums, couleurs, singes, paons, et surtout de l'incomparable bronze, qu'ils avaient apporté de la Kapisène, et que la Chaldée la première avait vivement goûté.

Nous serait-il même permis d'émettre cette conjecture, que l'invention du merveilleux métal, de ses haches et de ses glaives, fut un des plus puissants motifs pour les engager à en faire participer l'étranger contre rémunérateur échange; et qu'en conséquence les premiers voyages et les premières émigrations nautiques de la Kapisène ne doivent pas être bien postérieurs à l'invention du bronze ?

Ce n'est point par accident si les plus grands fabricants de bronze sont les plus grands navigateurs.

De la Kapisène au golfe, quoique l'on pût ne pas quitter les flots, le voyage présentait d'extrêmes difficultés, et des nautonniers aguerris pouvaient seuls les surmonter. Le Kaboul est très périlleux à cause de l'excessive rapidité de son cours, et des éperons de montagnes qui en tout son trajet lui disputent le terrain. Puis quand le fleuve se précipite dans l'Indus, à Atock, le danger devient formidable et il dure plus bas longtemps encore. Au terme, tout n'est pas dit, les bouches de l'Indus apportent des obstacles nouveaux. Est-on enfin sur la mer, le cabotage commence avec d'autres peines, le long des côtes désolées de l'Ichthyophagie et de la Gédrosie, où les navigateurs ne peuvent compter ni sur des hommes qui viennent à leur aide, ni sur une goutte d'eau douce et une bouchée de nourriture.

Bien des siècles plus tard, Néarque, l'amiral d'Alexandre, poursuivit le même voyage. Quoique parti seulement de l'Hydaspes (Jhilum), à son point de jonction avec l'Akésine (Chenab), il n'eût à affronter ni le Kaboul, ni Atock et le haut Indus, sa navigation fut un incroyable labeur. Quand il atteignit Alexandre, le pauvre amiral était si épuisé, amaigri, réduit à l'extrémité que le roi ne le reconnut pas d'abord. Quels ne furent donc pas l'habileté, le courage et l'endurance des Kefas qui plus de 4,000 ans avant Néarque, non seulement firent

celle traversée, augmentée de la partie la plus
périlleuse, le Kaboul, Atock et le haut Indus,
mais encore la prirent et reprirent sans fin ni re-
lâche, et créèrent entre le golfe et l'Indus un in-
cessant mouvement de va-et-vient.

La théorie de l'Inde touranienne se dresse ici de
nouveau, mais encore à contre-temps. C'est aux
mains des Dravidiens qu'elle met la première navigation. Elle ignore, hélas! que les Phéniciens
étaient des Chamites fils des Indes! Ce que l'on
appelle Dravidiens, et les lieux d'où on les fait
sortir, nous l'avons dit, mais nous pouvons le
laisser redire à Hunter (1) : « Longtemps avant les
invasions aryennes, un peuple parlant un langage
de l'Asie centrale était entré par les défilés du nord-
ouest. C'étaient les Dravidas ou Dravidiens de nos
temps. Leur langage se rattachait à celui des nations de la Sibérie et des Finnois du Nord de l'Europe. » On y compte quatre dialectes : le tamoul,
le telougou, le kanara, le malayâla (2). Mais bien que
ces hommes parvenus au Dekhan eussent, comme
le pense le Dr Caldwel, de petites embarcations
pontées, bonnes pour côtoyer, il est tout à fait impossible de leur concéder l'immense circulation des

(1) *Indian Empire*, p. 327.
(2) La déplorable erreur combattue plus haut, que les Dravidiens
occupent l'Inde septentrionale, revient ici à propos de la navigation. Les dialectes que l'on cite, et qui sont parlés dans le sud de
la presqu'île, sont précisément aux antipodes de lh'indoustani du
nord.

mers, qui n'appartenait qu'aux Kefas-Phéniciens.

La connaissance des rapports souverainement reculés de l'Inde avec l'Égypte anéantit complétement cette thèse de grande navigation dravidienne, en même temps qu'elle établit celle des Kefas de la manière la plus incontestable. C'étaient les Kefas-Phéniciens qui occupaient la Kef-T- (Phénicie) et la basse Égypte, et faisaient les affaires commerciales de ce dernier royaume, mais nullement les Dravidiens, qui y sont tout à fait invisibles.

Dès les premières dynasties de l'ancien empire, l'Égypte recevait des produits de l'Inde, et pour nous rien de plus explicable, puisque les Kefas de la Phénicie et de la Kapisène étaient justement là. Leurs communications avec la mère-patrie ne s'étaient pas arrêtées. Les navires de grand parcours entre l'Égypte, l'Arabie, le golfe Persique, la Carménie, les ports du littoral de la route, étaient des *navires indiens*. Lassen l'a prouvé définitivement.

La thèse dravidienne se fonde sur les noms des articles qu'envoyèrent chercher Hiram et Salomon. Ce motif est bien maigre. Et puis, en premier lieu, les voyages et les échanges étaient opérés par les marins du roi phénicien de Tyr, non certes par les Dravidiens. A un fait si patent rien à objecter.

— En second lieu, se fonder uniquement sur les noms des objets rapportés est encore une erreur. Les uns n'y voient que des noms sanscrits (1), les

_____

(1) Max Muller, *Science du langage*, 1re série, p. 203-204.

autres que des noms dravidiens (1). Or, quand on passerait condamnation en faveur du dravidien sur les noms des paons et du santal, ceux de l'ivoire et des singes sont trop foncièrement chamitiques pour qu'on puisse les distraire. Nos lecteurs se rappellent bien qu'ils se retrouvent dans l'Égypte primitive, *âb*, *abu* avec la ville d'*Ebo* (Éléphantine), et les singes *Kapi* ou *Koph* restés *Kef*.

La même erreur qui ne voit que Dravidiens dans la moitié septentrionale de l'Inde, et leur rapporte ce qui appartient aux Chamites, comme la première navigation, conduit à supposer des relations navales suivies entre les Dravidiens de l'Inde et les Accads de Chaldée qui tenaient à la famille (2). On leur accorde le transport, la vente et la fabrication de divers articles, comme la mousseline, qui paraissaient en Babylonie.

— On va plus loin ; ce sont ces Touraniens de Chaldée qui auraient transmis à l'Inde leurs traditions dans le récit du Déluge. — Il y a grandement à s'étonner, quand les pères des Phéniciens, maîtres navigateurs de l'antiquité, sont de temps immémorial établis dans les îles du golfe Persique et sur la rive arabique adjacente, de voir attribuer en ces mêmes lieux la navigation et ses œuvres à des hommes qui ne firent jamais que petite figure sur les mers.

Non seulement le golfe Persique et sa côte occi-

(1) Dr Caldwell, introd. à la *Comparative Grammar of the dravidian languages*.

(2) Ragozin, *Vedic India*, p. 306 et s.

dentale étaient pleins de Chamites Kefas, mais la Babylonie et la Susiane avaient assi de nombreuses populations de Chamites Koushites.

La Chaldée possédait sans doute ses Touraniens sous leurs rois ou *patesi*, comme Ur-Nina, Gudea, mais on ne leur voit pas de marine. Lorsque Gudea veut se procurer les richesses de la péninsule du Sinaï, la diorite pour ses statues, les bons bois pour ses temples, le cuivre, les turquoises, il paraît incapable de fournir les vaisseaux, et ce sont ceux de Magan, de Nituk, etc., qui remplissent la mission (1). Or Nituk, qui est aussi Tylos et Dilmun, la principale des îles Bahreïn, était depuis des siècles au pouvoir des Kefas, qui l'encerclaient de leurs navires. Ces navires de Nituk qui jouent un grand rôle, et furent mis au service de Gudea, n'étaient donc pas touraniens.

Que les Kefas ou Kapilâs, et par conséquent les Chamites de l'Inde, reçoivent alors l'honneur des immortelles navigations phéniciennes.

§ II. — *Extension de la navigation primitive indo-chamite*

Si les Kefas furent les héros de la navigation des Chamites, ils ne furent pas les seuls de la race et même les seuls Indiens à sillonner les flots. Presque tous les peuples de cette famille furent des peuples marins, les Libyens à leur début, les Arabes du sud, les Phéniciens, le groupe Koushite de la Chal-

(1) Inscription de la statue D de Gudea.

déo, les premiers Carriens, les Polynésiens. Seuls les Égyptiens firent exception ; mais s'ils n'étaient pas marins, encore étaient-ils mariniers, épris du divin Nil, leur grand fécondateur et leur grande voie de communication.

Le berceau de la famille, de l'Indou-Koush à l'Indus et au delà, par sa houle de montagnes géantes, mères d'innombrables nappes et cours d'eau, disposait si particulièrement à ce genre de vie que pour les Aryas nouveaux venus tout *Dâsa*, *Nishâda* et membre des populations locales était un « batelier et pêcheur. » Aux Nâgas ils attribuent deux séjours, les entrailles de la terre et le sein des flots, des lacs, de la mer, ce que par hyperbole ils entendent réellement de la profondeur des eaux. Vaincus dans leur guerre contre les dieux, dit l'*Adiparva*, « les Asouras . se hâtent de se cacher dans la terre, dans les ondes salées et dans la mer, séjour délicieux et sublime des Nâgas (st. 1177— 1209) », et des Nishâdas, est-il dit ailleurs (st. 1322).

Les riverains de l'Indus furent toujours passionnés pour leur beau fleuve et largement en usèrent, ce qu'ils font encore. A l'embouchure, Patala est l'un des plus anciens ports de mer. D'autres furent établis à l'occident, sur le littoral de la Gédrosie et de la Carmanie, et d'autres encore à l'orient sur les rivages du Dekhan.

Alexandre trouva le Panjab plein de bateaux de toute sorte, et lui-même avec une partie de son armée s'embarqua sur l'Hydaspes (Jhilam), où il avait rassemblé 2,000 bâtiments (1). Le Konkan, jadis se prolongeant jusqu'au cap Comorin, fut toujours la *Côte des Pirates* (2), et la Gédrosie pourrait au nord réclamer le mérite de l'avoir continuée. Vers le milieu du XII° siècle, Marco Polo dit ces forbans si multipliés sur la côte du *Mélibar* qu'ils pouvaient équiper cent bâtiments pour la course.

Ceux qui écumaient ainsi l'Océan indien en parcoururent une vaste partie. Les Laquedives, les Maldives, Socotora, les Comores, Madagascar, virent arriver les Indiens sur l'aile si favorable des Moussons. La présence de la marine anglaise n'a pas arrêté cet essor : ce sont les nombreux navires des indigènes qui font encore le commerce du Zanzibar ; et sur ces bords éloignés l'on entend avec surprise parler hindoustani comme à Bombay et à Calcutta.

Il n'y avait pas de raison pour abandonner l'Orient, dont les terres, à partir de Burmah et de la presqu'île malaise, formaient une chaîne d'anneaux ininterrompus. Ainsi les marins et leur art furent portés en Polynésie, qui n'est, comme nous l'avons largement démontré, qu'une fille des Indes (3). Mais les pirogues étaient restées assez habiles et audacieuses pour continuer l'exploration, et peupler par elles-mêmes presque toute la cinquième partie

(1) Arrien, VI, xv, 4.
(2) Pline, VI, 26. — Ptol. — *Périp. mar. Ery.*
(3) Voir *Chamites*, 1re partie.

du monde. Elles firent plus et portèrent le savoir chamitique jusque dans l'Amérique centrale et aux grands empires du Mexique et du Pérou (1).

Si l'Inde a pu se glorifier des navigations phéniciennes, elle peut donc au même titre s'attribuer l'éducation des pirogues polynésiennes.

(1) Voir *Chamites*, III° par'ie, *Amérique*.

LIVRE VIII
LES COLONIES DES CHAMITES INDIENS

——

En inscrivant au chapitre X les éponymes et nations de Cham, la Genèse donne par cela même la
liste de leurs principales colonies. Les plus fameuses de ces temps appartiennent toutes à cette
famille, y compris la Polynésie, que nous ajouterons
de notre chef, et qui prit sans doute naissance plus
tard. Dans toutes ces fondations on avait, *genera-
liter loquendo*, la même physionomie, la même
langue fondamentale, les mêmes dieux, les mêmes
coutumes, les mêmes arts. Et ces éléments de civilisation, nous les retrouvons dans les Indes du
Cham-douipe, patrie première des émigrés.

Il serait superflu de faire remarquer que les
peuples frustes dont on voudrait couvrir les Indes,
Tibétains, Kolariens et autres, ne sont pour rien
dans ces illustres créations; et que d'eux-mêmes
ils n'ont rien fait de semblable. C'est un déficit de
plus au débit de leur thèse.

Suivant notre but d'indiquer seulement certains
points très graves que l'on omet lorsqu'on traite de
l'Inde, nous n'entrerons pas, comme on le pense
bien, dans l'histoire de ses colonies. Plusieurs fois

déjà nous en avons dit la fondation, et cela nous suffit.

Toutefois nous nous attacherons particulièrement aux Égyptiens, à cause de leur importance, et parce que leur origine indienne est encore une de ces matières inconnues qui nous attirent. Cette origine explique naturellement beaucoup de points restés inexplicables, et pour lesquels on cherche souvent des raisons dans un spiritualisme qui n'avait certainement pas existé. Religion, langue, coutumes, gardent non pas toutes leurs racines, mais des racines capitales au pays où se passa l'enfance.

CHAPITRE UNIQUE

LES ORIGINES DES ÉGYPTIENS

Déjà en nos *Chamites* nous avons traité de l'origine des Égyptiens, la donnant à l'Inde, qui est incontestablement la mère de ce peuple hors ligne.

Mais le titre du présent ouvrage nous impose de revenir sur ce sujet, pour que la Péninsule de Cham ne soit pas privée de l'un des plus beaux fleurons de sa couronne.

L'Égypte n'est pas sa propre mère. Dès ses débuts, elle laissa apparaître de nombreux éléments de civilisation qui ont dû prendre naissance sur un terrain antérieur. Si l'on veut s'en rendre compte, c'est du côté de l'Inde qu'il faut se tourner.

Il y eut soit vers le Nil, soit probablement aussi vers le haut Indus, plusieurs tribus de pré-Égyptiens ; mais la Bible considérant toute la nation la met sous titre de *Mitsraïm*, qui est pour désigner l'empire, le pluriel du nom encore actuellement employé par les Arabes, *Misir* ou *Musar*, le *Mudraya* des cunéiformes. Puis, avec raison, la Genèse (X, 13) range les *Anamim*, pluriel de *Anou*, parmi les tribus principales.

Les *Anous*, qui sans doute débouchèrent par l'Isthme de Suez, s'établirent d'abord au point d'arrivée. Un rameau vécut longtemps dans la péninsule de Sinaï ; un autre donna son nom de *An* au XXIe nome de la basse Égypte. Sous le même vocable il y eut des villes importantes, l'*An* du nord ou Héliopolis, l'*An* du sud, dite *An-rès* ou Hermonthis, et dans la Thébaïde Tentyris ou Denderah, appelée quelquefois *An*. En quelques-uns de ces lieux, comme An-Héliopolis, se rencontrent les formes les plus antiques de la religion. « Le temple de Râ, dit Ebers, y était aussi ancien que l'adoration de l'astre sur les bords du Nil » (1).

Ces *Anous* se voyaient-ils donc dans les Indes ? Il n'y a pas à en douter. Les Poèmes et Pourānes (2) comptent parmi les enfants du roi Yayāti un *Anou*, auquel ils attribuent une nombreuse postérité. Tous les Pourānes font assigner à ce patriarche

(1) Ebers, *L'Égypte*, t. I, p. 213.
(2) *Vishnu-purana*, l. IV, c. XVIII.

par son père mourant le district du nord pour territoire à gouverner, celui même où nous allons voir
encore des *Anous*. Mais il s'en fallait que la famille
entière dût rester là. Le Rig montre dans ses
hymnes se dressant contre les Aryas qui enva-
hissent leur pays ces mêmes Anous ; et alors, venus
du nord-ouest, ils étaient dans le Panjāb, vers la
Ravi, en marche pour s'avancer plus à l'Orient. Ils
y parvinrent en effet, et s'y établirent, couvrant le
Bengale et ses environs. De ceux-ci le *Karna-parva*
du *Mahā-Bhārata* (st. 363) décrit « la physionomie
au teint rouge » que les Égyptiens dépeindront
comme la leur.

Mais l'extrême nord-ouest avait été leur premier
siège, et l'on y retrouve toujours présente la
descendance du roi Yayāti. N'avons-nous pas
prouvé que le *Berceau* des Chamites était dans
ces régions (l. I, c. III)? Il fallait donc que les
Anous fussent avec leurs frères, et ils y sont
encore. Chez les Brokpas ou montagnards du Baltistan vit une population d'*Anous* ou *Hanous*,
émigrés d'une population plus à l'ouest. A plusieurs
signes on les reconnaît pour les survivants des
Anous du Rig et des Pourānes. Ils gardent toujours de beaux restes de l'archaïque langage dont
nous allons dire un mot, et qui dans les choses les
plus importantes, par exemple les noms de l'*homme*
et du *soleil*, fut le langage de l'Égypte.

Que signifiait aux Indes ce mot d'*An* ou *Anu* ?
Emprunté à un dieu-animal, comme tant d'autres

noms de la race. il signifiait « poisson », et les Anous étaient un *peuple-poisson*.

Passe-t-on chez les Anous d'Égypte, même sens. Le nom du peuple et des localités *An* s'écrivait ingénument par la figure d'un poisson.

Une station intermédiaire confirme et cette signication et son voyage de l'Inde à l'Égypte. Le célèbre Oannès de Bérose qui se présente par la mer Erythrée et civilise les contrées euphratiques, cet Oannès qu'il faut se garder de prendre pour un mythe est un *Anou*. Costumé avec la dépouille d'un grand poisson, il est pris pour un *dieu-poisson*. Toute une série de théophanies semblables et révélatrices se succèdent invariablement sous le nom d'*Anou*. Aussi le dieu *anu-poisson* fut promu en Chaldée au plus haut honneur, comme premier de la première triade divine, *Anou, Bel, Ea*.

Cette traînée *indo-égyptienne* de curieux *Anous-poissons* pourrait avoir pour compagnes mille identités qui nécessairement lui sont attachées, et qu'elle porte avec elle. Inde et Égypte ont toutes deux ce qui suit :

Constructions massives ou mégalithes.

Pyramides.

Emploi archaïque de l'étain et du bronze provenus de l'Hindou-Koush.

Id. de la vigne, que nous aller signaler.

Dans les coutumes : mèche sincipitale au nom du même dieu *Sira* ou *Seb*.

Profusion de bijoux.

La pagne *mara* (Eg. *mor* ceindre), qui orne est un insigne des rois.

Stibium pour les yeux.

Misi pour les dents.

Henné pour les mains et les pieds.

Etoffe de roseaux,

Armes de mêmes noms.

Lasso *pâsh* ou *phash.*

Le cèdre *Seb* et *Siva* dans les Indes, etc., etc.

Mais nous ne poursuivrons pas ici ces développements, la langue se réservant de nous éclairer par des mots pleins de choses.

Cette langue du pays chamite de Mitsraïm est naturellement celle des Chamites ; et comme le berceau de la race est au nord-ouest indien, entre ce nord-ouest et la vallée du Nil il n'y eut au début qu'un seul et même parler. Un certain nombre de locutions bien caractérisées, révélant des faits importants, seront des vraies preuves d'origine. Déjà mentionnées, elles seront reprises brièvement.

I. — *Les dieux et les êtres sacrés en Égypte et dans l'Inde.*

Râ est des deux côtés le soleil et le roi (v. IV, c. III).

Horus est en Égypte le soleil levant, et *Hari* l'est dans les Indes.

Siva himalayen fut *Seb* en Égypte, très honoré

sous l'ancien empire, et avec le même caractère de fécondateur.

Thot ou *Tekh*, le dieu artiste et savant de l'Égypte, était *Tak* dans les Indes, *Takshaka* pour les Aryas. Chez les Égyptiens le dieu assumait en la consacrant toute la faune d'ibis, de cobra, de cynocéphales qui était précisément la faune, non de l'Égypte, mais de l'Himalaya.

Ibis : *hab* en Égypte, *hab* dans l'Inde (comme l'indique le nom de *Havilah*), vénéré dans les deux empires.

Nâga, le cobra inséparable des mines d'étain et de plomb, ainsi que du peuple *Nâga*, dans l'ouest himalayen, est en Égypte *nak* comme serpent et *bas-nag* comme étain.

Kapi, le singe de l'Inde, est en Égypte aux souverains honneurs sous le nom identique de *Kef*, et a son rôle dans les deux Mythologies.

Lotus, honoré dans les deux pays, voit aussi des deux parts le soleil *Horus* ou *Hari* naître de son sein.

Le *Taureau* est aux Indes le second et la monture de Siva générateur. Au calendrier il est son signe zodiacal (1). Dès Ména, le premier roi, on le voit en Égypte, dans les temples, où il représente

---

(1) V. *Calendrier* dans nos *Chamites*. Nous avons fait observer plus haut qu'une erreur certaine avait opéré dans le calendrier plusieurs déplacements, et nous avons rétabli ce que nous croyons fermement être la première et vraie version. Le taureau, enlevé au mois de Sivan qui était le sien, se voyait au mois d'Aïr fait pour le bélier.

aussi l'astre fécondateur. *Mnévis*, le taureau blanc, est la figure de Râ, le soleil du jour, et *Hapi*, le taureau noir, la figure d'Osiris, le soleil de nuit. En Malaisie, sans doute par les Indes, il est *Sâpi*.

Ahi, la vache. En Égypte, elle symbolise la déesse Isis ou Hathor, mère d'Horus. Même nom *ahi* et même caractère sacré aux Indes.

Bélier : Aïr préside au second mois du calendrier. Dans le Shina himalayen *ejile*, bêtes ovines. En Égypte, *ail, oeile*, bélier fécondateur, est consacré au dieu Khnum.

Anu, le poisson. On a vu le peuple lui-même en porter le symbolisme de l'Indus au Nil.

Bâk est l'épervier d'Égypte, en rapport avec le soleil, et perchant sur la bannière d'Horus. C'est le *bâsha* himalayen, en rapport aussi avec le soleil Hari, et perchant sur la bannière de Hari-Vishnu.

Cet état-major du Panthéon chamitique, en parfait accord entre l'Inde et l'Égypte, n'est certes pas, touchant la filiation, une preuve de médiocre valeur.

II. *Divers.* — On remarquera que les spécimens inscrits désignent des choses de la plus grande importance.

Râ et *Horus* ou *Hari*.

Rôme « homme » en Égypte. C'est le *Rom* des Brokpas du haut Indus et des Tziganes, enfants des Indes.

Tum « gouverneur » dans l'Hindou-Koush, ayant pour district un *luman*. — En Égypte, *ref-lamie* est un fondateur, et *lime* son district.

Ta « soldat » dès l'aurore de l'Égypte. Aux Indes chamitiques fut le même *ta*.

Eior, iaro (copte), « eau, fleuve, Nil ». C'est l'expression indo-chamitique employée au second mois du Calendrier : *air*, eau. Elle se conserve dans le nom d'une rivière du Panjâb, l'*Aira-vali*, l'Hydraotes, et dans celui de l'éléphant d'Indra, *airā-val*, parce qu'il est dit « produit de l'eau ».

Vai est un second nom de l'eau, en double pour l'Indou-Koush dans *vai*, et pour l'égyptien dans *uai*.

Mer ou *mir* est « montagne » dans les deux contrées, et plusieurs montagnes y portent ce nom.

Pa « lieu » dans les deux contrées encore. De là *Pa-mir* « lieu de montagnes », ainsi que *Pa-hâr*.

Tekh est la vigne en Égypte ; elle est *tāk* aux Indes.

Ali, hālā-hali est le vin en indo-chamitique, et *hāra-hārā* le raisin. En Égypte le raisin est *Aloli, arer*.

Siva-dāru « l'arbre de Siva » est aux Indes le cèdre ; et en Égypte il est *Seb*, du nom du même dieu.

Ibha « éléphant et ivoire » en chamito-sanscrit des Indes ; en Égypte *āb, abu* « éléphant et ivoire ».

Bā est la « pierre dure » et *bān* « le fer » dans l'Égypte, qui n'avait pas de mine de fer. La pierre et le fer sont *bāl* dans l'Hindou-Koush, qui était riche de ces mêmes mines.

Haban « ébénier » en Égypte. On connaît *habnim*

(plur.) pour les tronçons d'ébène que Salomon tirait de l'Ophir indien.

Mani « pierre précieuse » pour l'Inde et l'Égypte.

Ouhor « chien » en Égypte ; *Kuri* dans le bushgali, dialecte himalayen.

Bast, la chatte du dieu égyptien Phtah, est encore pour les Shines de l'Himalaya *bush*.

Make le « crocodile » égyptien est aux Indes *makara*.

Kapra « étoffe », vêtement, dans l'Inde. En Égypte, *Kap*, couvrir.

Kôt « forteresse » sur les deux territoires.

Kabi « vase » en Égypte ; *Kumbh* aux Indes.

On pourrait continuer ; mais nous supposons que le lecteur n'en désire pas davantage.

Si l'on résume ces renseignements, voici les preuves incontestables que l'on en tire de l'origine indienne des Égyptiens.

Dans les deux empires :

— Un peuple de même race chamitique, comme le disent sa physionomie cuivrée et tout ce que relève cet ouvrage.

— La présence au Cham-douipe indien des tribus d'*Anou* (Metsraïm).

— Conjointement avec les autres membres de la famille de Cham (Gen. X, 6-7), Kush, Chanaan (ou Kapila), Seba, 'Havilah (ou Kabuli).

— Même signification de *poisson* au nom d'Anu.

— A mi-chemin, en Chaldée, encore même nom

au navigateur-poisson et civilisateur et au plus grand dieu de la grande triade.

— Dieux principaux du Panthéon entièrement en commun, avec détails mythologiques communs aussi.

— Parmi ces dieux, Thot s'assimilant toute une faune de serpents, de cynocéphales, d'ibis, laquelle en son ensemble est juste la faune, non de l'Égypte, mais de l'Hindou-Koush.

— Animaux et autres êtres sacrés parfaitement les mêmes, et à mêmes noms.

— L'identité se continue dans les expressions qui désignent ce qu'il y a de plus notable, celles par exemple de :

Soleil,	Vigne,
Homme,	Vin,
Soldat,	Cèdre,
Eau, rivière,	Éléphant,
Pierre,	Ivoire,
Fer,	Ébène,
Lieu,	Pierres précieuses,
Montagne,	Chien,
Gouverneur et son district,	Chat,
Vêtement,	Crocodile,
Condiments de toilette,	Forteresse.

Nom national, race, langage, religion, richesses, sous les nuances inévitables qu'introduisent les temps et les lieux, tout appartient à la même famille.

Le mode d'émigration.

Mais l'Égypte est loin des Indes : le voyage par terre se conçoit difficilement ; et celui par l'Océan indien était également peu praticable aux Égyptiens, qui n'aimaient pas la mer, et ne s'adonnaient pas eux-mêmes à la navigation maritime. Voici donc ce qui nous paraît très présumable.

Si les Égyptiens n'étaient pas marins, leurs voisins les Kefas ou proto-Phéniciens l'étaient par excellence. Sur la mer Erythrée ils eurent un établissement qui, pour le moins, rivalise d'antiquité avec la fondation égyptienne. Ils naviguaient, non seulement pour eux-mêmes, mais pour le compte des autres États. Les inscriptions de Gudea racontent comment ils faisaient de son temps des courses habituelles du golfe Persique à la péninsule du Sinaï, en touchant à Coptos d'Égypte.

Les Kefas furent en outre toujours dans les meilleurs termes avec les Égyptiens : ils occupaient des villes dans le Delta même, et par leurs vaisseaux faisaient le commerce de ces alliés.

Il nous paraît donc que l'on ne saurait supposer le transport qui amena les Anous du haut Indus jusque sur les rives du Nil par d'autres que par ce peuple voisin de berceau, ami et navigateur incomparable.

RÉCAPITULATION ET CONCLUSION

Nous sommes-nous donc trompé en affirmant que l'Inde avait échappé à l'étude soit dans la partie primitive et très glorieuse de son histoire, soit dans la nature de sa population indigène passée et présente, avec tout ce qu'une race comporte?

Rappelons les omissions principales. Et d'abord celle des origines.

I. — 1° Quand on suit de près les indications — fort nombreuses — que l'on peut tirer de la Genèse sur le *Site de l'Éden*, et qu'on les trouve corroborées par les renseignements des livres indiens, on acquiert la certitude que ce Site fut au nord-ouest des Indes, en ces lieux qui portent encore dans *Koush* et *Kaboul* les noms des deux districts paradisiaques *Koush* et *'Havilah*, et de plus renferment tous les autres signes proposés.

2° La Bible, en décrivant la *Tentation* dans l'Éden, l'assigne au même emplacement. Par des récits très développés, la littérature indienne en fait autant et apporte une confirmation étonnante.

3° Avant même le récit du Déluge, l'épisode de Lémech et Tubal se déroule encore dans cette région, la seule qui pût alors offrir l'étain près du cuivre, et par conséquent permettre le bronze, la seule aussi qui eût des tribus de bruns Chamites aptes soit à travailler, soit à exporter ces métaux, et à donner naissance à la *Métallurgie*.

4° Sur ce même théâtre apparut pour la première fois la famille rougeâtre de Cham. Les représentants des peuples mentionnés aux chapitres II et X de la Genèse y ont toujours été et toujours y sont. C'est le *Berceau historique* de la race.

5° Les premiers événements racontés par la Bible s'étant accomplis en ce même Berceau, au nord-ouest des Indes, les *Traditions* premières nécessairement sont émanées de là ; et les Chamites les ont reçues avec les Sémites plus directement qu'aucune autre population, et en particulier que les Aryas qui en sont devenus l'écho. Comme elle est le centre des premiers faits, l'Inde est donc aussi le centre des premières et capitales Traditions,

II. — Considérons maintenant les fils de Cham dans les Indes.

6° On ne prend communément, — pour ne pas dire toujours, — l'histoire de cette grande contrée qu'à partir de l'invasion aryenne, délaissant tout le passé, qui mériterait cependant les plus magnifiques pages.

7° Une erreur des plus fâcheuses consiste encore à ne pas reconnaître dans les indigènes la race de Cham, à lui substituer des Kolariens, Tibéto-Burmans, Mongols, à prétendre en outre que les autochtones furent réduits en esclavage, ou rejetés dans les retraites perdues des montagnes, et que le reste vivant dans les plaines, mélangé avec les Aryas, a constitué la grande population indienne.

8° Les fils de Cham ne furent pas immobiles dans leur demeure patriarcale du nord-ouest, ils se répandirent pour le moins sur la moitié septentrionale de la Péninsule. La masse énorme qui peupla et peuple toujours l'Inde supérieure, et qui a même un large contingent dans la population du midi, se composa donc (laissant de côté quelques agglomérations secondaires) de Chamites écoulés du berceau du nord-ouest.

D'après les documents indiens, les *Koushites* s'étendirent sur une grande partie de cette moitié supérieure, qui est la plus peuplée ; et se déversèrent même au delà. Les *Anous*, les *Nâgas*, les *Tâkas*, les *Nishadhas*, les *Kapilâs*, les *Kabolilæ* firent plus ou moins de même. Un grand nombre d'antiques tribus aborigènes, et généralement chamites, subsistent encore du nord au sud et de l'est à l'ouest, avec leurs noms conservés.

9° Les Chamites qui abandonnèrent l'Inde fondèrent de temps immémorial à l'étranger les premiers empires civilisés et civilisateurs. Les créations de colonies, telles que l'Égypte, la Phénicie et autres établissements des Kefas, ceux des Koushites, la Lybie, doivent entrer dans l'histoire de l'Inde comme des monuments de premier ordre.

10° La *Physionomie* des Indiens les range de la manière la plus évidente parmi les Chamites. Elle est celle des nations typiques et semi-patriarcales que la Genèse prend en Égypte, Phénicie, Chanaan.

Les vêtements et la parure, loin d'être aryens ou touraniens, ont encore le cachet sémito-chamitique le plus prononcé ; et par les objets de toilette, bijoux d'or, pierreries, antimoine, henné, etc., on apprend que des contrées indiennes les fournissaient aux indigènes.

11° La *Langue* des Indiens dans leur passé pré aryen et en partie au temps présent ne peut être que chamitique comme la race. Par l'observation on constate qu'en effet il en est ainsi.

Beaucoup d'expressions évidemment de cette nature se sont infiltrées dans le sanscrit. — D'autres forts caractéristiques survivent encore dans certains dialectes, himalayens par exemple. — Et si l'on fouille les langues vulgaires, comme l'hindoustani, le chamitique, quoique mêlé au sanscrit, au persan, à l'arabe, y foisonne encore.

12° La *Religion* donne à son tour l'Inde aux Chamites. Les dieux ou êtres sacrés, le soleil, Çiva, Anu, Kuça, Kubera, Thol, Nâga, Kapi, l'aigle Bâsha, etc., furent au berceau, le Cham-douipe, et la plupart passèrent aux colonies purement chamitiques, — La Genèse y signale plusieurs d'entre eux. — L'étymologie des noms se puise dans le chamitique. — La masse actuelle des Indiens conserve le culte des dieux de Cham, qu'elle enrichit, il est vrai, de toutes ses fantaisies. Des deux grandes fractions religieuses, le *Çivaïsme* et le *Vishnouisme*, la première est totalement aux Chamites, la seconde leur appartient par moitié.

13° Les *Coutumes* de l'Inde, dans la longue liste qui leur a été donnée, sont celles de tous les peuples chamites.

14° Des *Arts* il faut parler de même ; de l'architecture, par exemple, en ses formes massives, son goût pour les pyramides, ses mégalithes.

15° Les *Arts industriels* par leurs produits spéciaux marquent l'industrie première et indienne de la famille.

16° La *Métallurgie* du bronze fut la mémorable invention de l'Hindou-Koush, suivie d'une exportation sans limites.

17° Aux mêmes montagnes la *Navigation* avait pris son essor, avec les Kefas, ancêtres des Phéniciens, rois de la mer.

Ethnographie, langage, religion, coutumes, arts, industrie, confèrent donc avec une certitude absolue l'Inde, dans sa moitié septentrionale pour le moins, aux fils de Cham.

Dans son lointain passé elle eut des grandeurs que l'on ignore. Outre la première fabrication du bronze et la première grande navigation dont nous venons de parler, ne fonda-t-elle pas d'illustres colonies ? — Son propre sein fut encore le point de départ de nos traditions fondamentales, — le théâtre des premiers événements bibliques, — et enfin, car il faut bien se résoudre à l'admettre, le siège tant cherché de l'*Eden*.

CONCLUSION

LA DÉNOMINATION INDO-EUROPÉENNE A SUPPRIMER

Par ce qui précède on doit comprendre que l'expression *Indo-Européenne* pour désigner la race qui nous occupe est on ne peut plus inexacte. Par les termes *Indo* et *Européenne*, équivalents d'*Indo-Aryenne*, on a l'intention d'affirmer que les deux populations, aussi bien l'*indienne* que l'*européenne*, ne sont que deux rameaux de la même race *aryenne ;* mais cela est complètement faux des Indiens. Les Européens et les Aryens sont *Japhétites*. Mais les Indiens ne sont ni Japhétites ni Aryens, ils sont *Chamites*, avec un type spécial. Dans les locutions *Aryo-Indiens* et *Indo-Européens*, les deux termes juxtaposés jurent ensemble. Ces locutions doivent être tout à fait abandonnées.

On partage généralement en deux branches la famille aryenne, l'une occidentale, ou des *Européens*, et l'autre orientale, ou des *Aryas*, comme ils s'intitulaient eux-mêmes. Ces derniers, à leur tour, on les subdivise en *Éraniens* et *Indiens*. Les Éraniens s'établirent entre la mer Caspienne et le Tigre, et dans les montagnes de la Médie et de la Perse. Quant aux seconds, les Indiens (Aryas comme les précédents), ils franchirent l'Hindou-Koush, et dans l'Inde subjuguèrent la population antérieure, partiellement, hâtons-nous de le dire. Mais on oublie que seuls les envahisseurs étaient *blancs* et *aryens*, et qu'ils ne formaient qu'une faible minorité. Le grand corps, ou les neuf dixièmes, ne fut pas plus chassé que détruit ; il était et resta sur place, distinct, brun et chamite, éclipsant les vainqueurs par le grand nombre.

Or, l'on ne saurait dénommer une population d'après une minorité infime. *Pars major trahit ad se minorem ;* et c'est aux bruns Chamites, toujours présents, qui, bien que vaincus, sont fort loin d'avoir disparu ou d'être devenus de race blanche et aryenne, à imposer leur nom, seul dans la vérité.

Combien de fois n'avons-nous pas trouvé la qualification d'*aryens* appliquée non seulement à la race, mais à des individus de pur sang indien ! Le contour du visage, semblable à l'ovale européen, trompait, mais tout le reste diffère complètement.

Si l'une des deux races avait à s'amoindrir par le mélange, ce n'était certainement pas l'agglomération fondamentale et imposante par le nombre qui pouvait le faire, mais bien la fraction aryenne. Dès le début les Aryas, par leurs unions, colorèrent et *brunirent* quelque peu une partie de leurs enfants ; aujourd'hui les Anglais font de même, et ces métis, vus avec peu d'estime, sont appelés *Eurasiens* (*Ear* : Européen ; *Asien* : Asiatique) ; mais c'est tout ; et il ne paraît pas que les Indiens se hâtent de *blanchir*.

L'Inde n'est donc pas une contrée *aryenne* ou *indo-européenne* : elle est une contrée principalement *chamite*. Ou, si l'on veut préciser, puisqu'il est d'autres empires de la race, elle est une contrée *Indo-Chamite.*

En élargissant le point de vue, répétons de nouveau que la famille noachide des Sémites, Chamites et Japhétites, est à tort dite *race blanche* dans sa totalité, et que les *bruns Chamites* sont une famille à part.

APPENDICE A

L'ARBRE SACRÉ DE CHALDÉE N'EST PAS L'ARBRE DE VIE

Souvent on lit, et dans les meilleurs auteurs, que l'*Arbre sacré*, à fruits abondants et honoré par des génies, si fréquemment représenté sur les monuments de Chaldée, est le représentant de l'*Arbre de vie* de l'Éden. On pourrait y rattacher en conséquence la tradition de la Tentation et de la Chute, la Chaldée s'attribuant ainsi le siège des premiers faits bibliques. Mais grande est la méprise. Cet arbre est le *Pin* ou *Cèdre.* L'erreur vient de ce que l'on ignorait le culte rendu de toute antiquité, dans le nord-ouest indien, aux splendides cèdres de l'Himalaya, culte qui de nos jours est encore en pleine vigueur (1). Le major Biddulph, jadis *Political officer* à Gilgit, nous fait connaître la coutume himalayenne et les vertus moitié naturelles, moitié

---

(1) Voir sur le Cèdre nos *Chamites, Varia,* p. 745.

imaginaires, de conservation, purification, fécondité, reconnues au majestueux conifère et célébrées ou appliquées en de nombreuses cérémonies (1).

L'arbre avait reçu le nom du grand dieu de ces montagnes dans *Si-dār*, pour *Siva-dāru*, « arbre de Siva », et *Deo-dār*, « arbre du dieu ». C'est le *Pinus Devadāru* des botanistes. Sa forme conique lui avait sans doute attiré le nom et le patronage de la divinité de ces hauteurs ; en sorte que l'on vénérait en lui et le dieu et les vertus du végétal.

Si le culte de l'arbre géant (car les cèdres du Liban ne sont que des enfants auprès de ceux de l'Himalaya) se prolongea à travers les siècles et jusqu'à nous, il s'étendit également dans l'espace. On le rencontre partout où les Chamites s'implantèrent, ou bien firent pénétrer leur influence. Nous allons le retrouver en Chaldée. Il fut en Égypte, où cependant l'arbre ne croît pas ; mais il y porte, sous la forme égyptienne de *Seb*, exactement le nom de l'Hindou-Koush et de son dieu. Il fut en Syrie, en Palestine, en Phénicie, en Phrygie, où le bel Atys, amant de Cybèle, est transformé en pin ; en Grèce même, où Dionysos a son pin pour emblème. En Perse, le pin joue un rôle mystique dans le culte du dieu Mithra.

Pour la Chaldée, on peut affirmer que la figure si fréquente et si connue de l'arbre pyramidal chargé de cônes, honoré par des dieux, des taureaux agenouillés, par des rois, auxquels on pré-

(1) *Tribes of the Hindoo Koosh*, p. 51-103 et passim.

sente un cône à respirer, des génies à tête d'aigle tenant et le cône et un vase d'eau où le bois s'infuse, on peut affirmer, disons-nous, que cette figure n'est nullement celle de l'Arbre de l'Éden, mais bien celle du *Si-ddr*, « le cèdre », *Pinus devadâru*.

Dans les textes, qu'ils soient des Assyriens ou des Accads, l'arbre porte expressément le nom de *pin et cèdre*, « *erinu* », les arbres analogues, pins, cèdres, cyprès, passant sous la même dénomination. Il est qualifié de *Pin d'Eridu*, la ville du dieu Ea ; et les légendes lui attribuent les vertus purifiantes et antidémoniaques du cèdre, mais non pas celles d'un aliment de vie immortelle. — Le dieu Ea dit en effet à son fils Marduk, dont la fonction était de combattre les démons, et au sujet d'un homme qui en était attaqué : « Prends le fruit du cèdre (*erinu*) et présente-le à la face du malade. Le cèdre est l'arbre *qui donne le charme pur et repousse les démons ennemis et tendeurs de pièges*. » Et encore : « Prends un vase, verses-y de l'eau, mets dedans du *bois de cèdre blanc*, introduis-y le charme qui vient d'Eridu, et complète ainsi puissamment la vertu des eaux enchantées. »

Ces paroles dépeignent exactement les scènes des bas-reliefs, et ne laissent aucun doute sur la nature de l'arbre et de ses vertus. Ce sont les mêmes pouvoirs que prisent encore et invoquent les Dardes himalayens.

Un autre texte va confirmer ces vues sur la vraie nature de la plante. Il est tiré des vieux hymnes accadiens, avec traduction assyrienne, pris de la

Chaldée méridionale. Au confluent de l'Euphrate et du Tigre, il décrit le *bocage d'Eridu*, dont on voudrait faire le bocage paradisiaque ; et là encore l'arbre merveilleux est un « pin noir », et de ce bocage « l'ombre est épaisse comme celle d'une forêt : personne n'y est entré ». Voilà bien le pin ou cèdre et ses forêts épaisses.

Tout en donnant à l'arbre une forme de convention, les bas-reliefs ou autres représentations ne permettent pas de se tromper sur lui. Les pommes, quelquefois parfaitement dessinées, sont tout à fait des pommes de pin.

Prenons successivement les données que nous offrent les figures ou les textes de Chaldée, il n'en est pas une qui puisse s'appliquer à l'arbre paradisiaque.

1° Le nom de l'arbre, soit en assyrien, soit en accadien, est positivement celui du pin ou du cèdre, *erinu*.

2° C'est le *pin noir* « à ombre épaisse comme celle d'une forêt : personne n'y est entré. » (Telles les forêts de l'Himalaya.)

3° Les forêts de pins aiment une terre aride et montagneuse, qui ne rappelle pas le Jardin de délices, plein de beaux et bons arbres à fruits.

4° Les fruits de l'arbre chaldéen sont réellement ceux du pin.

5° L'arbre en est si chargé que de cette exubérance il reçoit plusieurs de ses noms. Chez les Perses, il est le *chil-ghoza*, « l'arbre aux 40 noix »,

40, chiffre indéterminé pour *beaucoup*; et chez les Égyptiens, on le dit *ash*, « le nombreux ».

6° Cette fertilité lui vaut la réputation d'accorder la fécondité, et il est imploré par les femmes dardes.

7° Le *charme* du fruit est dans son odeur balsamique (1), qui pour nous expulse les insectes, mais pour les Chaldéens expulsait les démons. C'est pourquoi le fruit est présenté « à la face du malade ».

8° Dans un vase d'eau s'infuse du « bois de cèdre blanc ». Des formules sont prononcées pour y introduire le *charme* qui en fait une eau *enchantée*.

9° Cet emploi du bois indique qu'il jouit des mêmes propriétés que les cônes ; en effet, par l'abondante résine qu'il contient, il est balsamique comme eux.

10° Les génies à tête d'aigle qui accompagnent souvent l'arbre conviennent parfaitement à ce monarque des hautes cimes fréquentées par les aigles, et spécialement par le fameux *bâsha*, le *Garuda* du brahmanisme.

11° Des taureaux, symboles de production comme l'arbre lui-même, sont parfois accroupis à ses pieds.

12° L'arbre reçoit des hommages.

Quand on examine de près ces caractères, est-il possible d'en rencontrer un seul qui s'applique à l'*Arbre de vie*?

(1) Il est une espèce, le *Pinus longifolia*, que l'Inde nomme *Dhûpa-vrikcha* « arbre à parfum » ou à encens.

1° L'arbre de vie n'est pas l'arbre au feuillage *noir, à l'ombre épaisse*, et formant une forêt *où personne ne pénètre*. Pour les forêts de pins est faite la description. Le Paradis d'Eridu est une forêt noire. Ce n'est pas le charmant bocage et verger de la Genèse, où l'on s'engage avec bonheur. « Produxit-que Dominus Deus omne lignum pulchrum visu et ad vescendum suave (G. II, 9). »

2° Le fruit de l'arbre était par-dessus tout un aliment. Rappeler le verset de la Genèse qui le concerne suffit à éliminer l'arbre chaldéen :

G. III, 6. « La femme considéra que le fruit de cet arbre était *bon à manger*, et *agréable à la vue*; et en ayant pris elle en *mangea*, et en donna à son mari qui en *mangea aussi*. »

Trouve-t-on les pommes de pin *bonnes à manger*, et s'avise-t-on d'y mettre la dent? Dans la foule des représentations chaldéennes, pas une seule ne montre ce fait, pourtant essentiel, de la manducation du fruit, ni rien qui s'y rapporte.

3° La grande vertu de l'Arbre de vie était de procurer une vie *immortelle*, tandis que l'arbre chaldéen ne donnait que la *guérison* aux malades. Quand le texte parle du *charme de vie* « shipat balati », c'est uniquement de la santé qu'il s'agit ou de quelque avantage temporel.

4° Si le bois de l'arbre chaldéen, odoriférant comme sa noix, en avait les vertus, le cas n'est pas applicable au bois de l'arbre de vie, dont le fruit seul était profitable.

5° Aussi avec l'Arbre de vie pas de vase d'eau

où s'infuse son bois (1) ; — pas de formule à prononcer, de *charme* à produire, d'eau à *enchanter*.

6° L'arbre chaldéen et l'Arbre de vie nous introduisent en deux ordres tout à fait différents. Le premier croît dans notre monde, le monde où il y a des malades à soulager, des hommes à délivrer de l'obsession des malins esprits. Arbre et croyances, tout est encore vivant. Mais l'Arbre paradisiaque n'est pas du monde actuel : il est à part. Il ne s'accommode — ni des aigles, — ni du soleil planant au-dessus, comme on le voit souvent sur l'arbre chaldéen, — ni du vase d'eau, — ni des taureaux prosternés, — ni des hommages rendus. — Les scènes qui se passent auprès de l'un et de l'autre végétal n'ont entre elles aucun rapport.

Pour que l'arbre chaldéen devienne l'arbre de l'aliment d'immortalité, il lui manque et *l'aliment* et *l'immortalité*.

Ce n'est pas le récit de la Genèse qui est rappelé, c'est un culte himalayen.

On est étrangement loin du récit indien de la

(1) Le culte rendu dans l'Hin-lou-Kouch s'adresse exclusivement au bois. Et si l'on mange, comme il le faut bien en toutes les fêtes, c'est d'un beau gâteau de farine de froment, sur lequel reposent quelques menues branches de cèdre avec des noix et des pommes, grenades. En plusieurs circonstances, on voit les grenades unies au bois.

La présence de ce dernier fruit conduit à un nouveau rapprochement en faveur de l'identité des arbres et des cultes ; et il ne saurait être l'effet du hasard ; c'est que, auprès de l'arbre chaldéen, celui qui l'invoque (le roi Sargon, par exemple) porte quelquefois à la main un bouquet de ces fruits que dans l'Himalaya nous venons de trouver associés au cèdre, les *grenades*.

Tentation, si frappant d'identité avec celui de la Genèse. (V. l. I, c. ii). Si on l'avait eu sous les yeux l'erreur sur l'arbre chaldéen n'eût pas été possible.

Nous disions plus haut que le culte du *cèdre* avait gagné l'Égypte, la Phénicie, la Phrygie, etc.; or en toutes ces stations étrangères il conserve le même caractère qui le rattache au dieu Siva ; mais nulle part on ne saurait identifier son rôle à celui de l'Arbre de l'Éden. On doit rayer cette correspondance.

Mais il est un autre arbre, également très connu, représenté sur un cylindre babylonien, et dont on ne possède malheureusement qu'un exemple. Tout le monde a vu cet arbre, auprès duquel sont deux personnages, d'un côté un homme, de l'autre une femme qu'un serpent dressé derrière elle paraît inspirer. Ici c'est vraiment l'Arbre de vie. Il n'a pas la forme pyramidale de l'arbre de Siva, mais la forme commune. Il n'est pas surchargé de fruits, il n'en a que deux que les personnages s'apprêtent à cueillir, et qui n'ont aucunement l'apparence des pommes de pin. La scène est réellement celle de la Tentation. Autant elle en est la représentation fidèle, autant la précédente s'en écarte ; et autant son arbre s'éloigne du cèdre, autant le précédent se confond avec lui !

Le culte du *pin-deodār* a dû être introduit en Chaldée par les Chamites himalayens qui y étaient

si nombreux. Son extension dans les autres possessions de la race, Égypte, Phénicie, etc., le rend
hautement probable. Seulement, en acceptant le
culte, les Chaldéens y firent intervenir leur pays,
Éridu, et leurs dieux, comme Éa. Ce culte existant
aussi en certains districts mongols, peut-être le di-
rait-on descendu en Chaldée par la race touranienne des Accads, mais le fait est moins probable.

Il importait de rendre à l'arbre des bas-reliefs sa
véritable signification de *cèdre* purificateur, afin de
ne pas attribuer à la Chaldée, que plusieurs vou-
draient attribuer comme siège des premières traditions, d'abondantes figures tenues pour preuves,
et qui ne le sont nullement. L'étonnant récit de la
Tentation, son Arbre à aliment de vie, son Tentateur
si célèbre, et à nom biblique, le serpent *nâga*,
restent dans leur développement et précision le privilège de l'Inde.

––––––

APPENDICE *B*

LE CHAMITIQUE DANS LES LANGUES PUREMENT
INDIENNES

Le chamitique fut parlé dans une notable partie
des Indes ; mais comme il ne l'est plus à l'état pur,
et de plus que la langue chamitique en général n'a

jamais été isolée et étudiée, on sera peut-être inquiet de savoir à quels signes nous reconnaîtrons les termes indiens qui lui appartiennent. Ce sera par leur confrontation avec les langues certainement chamitiques, l'égyptien, l'éthiopien, le polynésien, disons aussi l'hébreu, malgré la croyance qu'il est le sémitique type. Le fût-il, ce qui n'est pas, il n'en résulterait rien pour nos conclusions, parce que le chamitique et le sémitique se coudoyant de très près, le sémitique peut ordinairement répondre pour son frère jumeau. Ainsi fera l'arabe.

Les listes qui suivent ont été prélevées çà et là sur l'hindoustani, notre intention se bornant à donner un certain nombre d'exemples.

Il eût été facile de multiplier en regard des termes indiens leurs correspondants étrangers ; mais nous avons pensé qu'une telle abondance serait superflue, l'importance des spécimens, leur choix dans le parler commun, l'identité des termes comparés, mettront le lecteur à même de saisir promptement l'unité de famille.

Le tableau pourra servir à deux fins, faisant ressortir, en même temps que la nature chamitique de l'indien, cet autre fait ignoré de la nature indo-chamitique du polynésien. Puisse-t-on enfin jeter les yeux sur ce polynésien, la plus riche et la plus inexplorée mine d'or (1) !

____

(1) Les différents dialectes polynésiens seront indiqués par leurs initiales, ainsi qu'il est dit en notre liv. IV sur la *Langue*, au § III.

INDIEN.	CHAMITIQUE.
Ahi vache, *ahir* vacher .	égy. *ehi*, vache,
Alláad (1) crier	pol. *alala*, h.
Bahin sœur	pol. *vahine*, m. h. t., makassar *bakbi*.
Baithad se poser; *baithak* siège, place . .	ég. *baith, baite*, maison; tout le sémiti, *baith*, place, maison; pol. *vai*, m. h. t.
Bandad faire, construire.	héb. *banah*; pol. *hana*. m. b. v. (2).
Bdari fosse, puits	ég. *bar*; héb.. *bar*.
Bartan vase, ustensile . .	pol. *farit*, t.
Báska épervier	ég. *bák*, l'épervier d'Horus; ara. *bás*.
Bijli éclair	cop. *hrêjo*; tout le poly. *uila, uira*.
Bo odeur	pol. *po*, h.; ég.. *bahi*; héb. *basem*, parfum.
Bol parole	ég. *bol, bal*; éthi. *b-hl*; amhar, *bel*; pol. *alala*, h. *arero*, t.
Borud creuser	ég.. *boor*; héb.. ara. *bdr*; pol. *fare*, t.; pol. *varro*, t.
Bukhri balai	
Chamak splendeur . . .	pol. *semo*, s. *samo*, t.; ara. *ahoms*, briller.
Ddr, ddl branche	ég. *jar*, cop. *jal*; mal. *jélia*; pol. *lala* (3).
Dhorung destitué	ara. *Harin* et le reste du sémiti.
Eri talon	ég. *teri*.
Garm (pronon. *garom*) chaleur	ég. *jrôm, srôm*, feu.
Garud percer	cop. *grd*, creuser.
Ghar maison	pol. *fare*, t.; *hale* h.
Ghalad décroître, tomber.	pol. *gau*, décroître, mourir.
Ghol immersion, plongeon	pol. *golo*, t.
Godad percer, piquer . .	cop. *gôth, jôth*.
Gor jambes	cop. *gra*; éthi. *ager*; héb. *regel*.

(1) *Ná*, en hindoustani, terminaison de l'infinitif, à retrancher pour avoir le thème.

(2) Ami des voyelles, le polynésien manque de quantité de consonnes, comme *b, d, c, f,* etc., suivant les dialectes.

(3) La voyelle finale en polynésien est de règle; elle n'appartient pas à l'essence du mot.

INDIEN.	CHAMITIQUE.
Gúng muet	pol. gúgu, s.; ... eggem.
Hálan agitation	pol. alala, h.
Hár montagne (dans pahár)	héb. har; et dans tout le sémitique ar, al, ékrê.
Harâ, haryâ vert	héb. loro, vert; ég. urah, verdoyant.
Haran daim, haral lèche-	héb. eran, chèvre sauvage; ég. ran-kes, ran-kakes, antilopes.
Herâ chercher	pol. hiru, t.; ég. fer.
Halor tumulte, hôr dispute	pol. hali, h.; huri, t.
Jalaâ brûler	cop. jela; pol. ala, h.
Kaâ lie, Kacklâr terre marécageuse	pol. keteo, m., mouiller.
Kaprâ étoffe, vêtement	pol. kapa, b, kl.; kapala, se vêtir; ég. kap, couvrir.
Kâs coupe	héb., etc., kas.
Kâs faible monnaie	cop. kds.
Kenh peine	ég. kesu.
Kesa serrer, lier	ég. kesu, enchaîner.
Kâtâ couper	pol. koti, m.; ara batâ.
Khatu ouvrier	ég. batu.
Khoj recherche	pol. koko, b.
Kol quelqu'un	pol. kali, b.
Kosh s'efforcer	ég. kesas.
Kina haine, inimitié	pol. kona, h.
Kuri chien (bashgali-bimal.)	cop. ouhor; pol. kuri, m.; uri, t.
Lakhi riche	pol. laba, h.
Lná prendre (aoriste lrce)	pol. lare, h.
Lulâ estropié	pol. lola, h, paralysie.
Magar crocodile	ég. majo, mako; pol. mako, m., requin.
Mákhan beurre	ég. aka, graisse; éth. akan, beurre; makâl, graisse.
Mailâ souillé	pol. maele, h.
Mâl propriété, richesse, mâlik maître, Dieu	héb. mala, abonder, avec une foule de dérivés, comme malakh, roi.
Malâd frotter	pol. mili, t. l.; héb. marakh.

INDIEN.	CHAMITIQUE.
Morkad couvrir	ég. mor, mur.
Maror tour, contour	ég. sar, ceindre, lier ; pol. maro, t. ceinture.
Mal ne (prohibitif)	pol. mai, m. h ; ég. em.
Mukhd front	tout le pol mukh, visage.
Men dans	pol. an, m. h.
Manhāi māmoū le bonné	ég. khai ; tout le sémit. homme.
Mot, mõth faisceau	pol. mato, m., comprimer, serrer.
Mõtd gras, épais	pol. mo-tou, m.
Mū poils	pol. mui, h. t. ; emu, h., couper les cheveux.
Mulrd proue	pol. rei-mua, t., kru-mua, a. t. (de mua avant et rei ou āru bout).
Mukh bouche, premier, bout	pol. mua, af. (comme ci-dessus).
Nāga serpent	ég. nak ; pol. nakahu, m.
Nanha petit	pol. nai, t. ; ég. nemhu.
Nāriyer cocotier	pol. niu, m. h. a. ; mal. ñiyur.
Net pilier, obélisque	pol. atif. m., colonne ; héb. nāfa', dresser.
Or voie	pol. aru, t. ; héb. aruhh.
Pa lieu (dans Pa-Mir, Pa-hār)	ég. pa ; pol. pa, m. h.
Pakhān pierre	pol. pakou, m. h.
Pakkā mûr	ég. peku ; cop. bukki, fruit mûr.
Pāl abri, voile	pol. pale, h.
Pankh aile	pol. pakehu, m.
Pāpi eau	pol. pape, t.
Par aile	pol. para-rau, t.
Pefāh explosion	pol. pakotu, a.
Potahali briser	pol. patai, m. ; cop. pōai.
Pāthui bdellium	héb. bdolahh.
Puthar, patiyā pierre	pol. fata, t. ; mal. bātu ; malga. vato.
Peeri, pīlā, pirā jaune	pol. pa-pura, t. ; ég. pārāah.
Par plante, arbre	ég. par.
Pornā planter	à pousser, germer.
Pef ventre	pol. putou, m, ventre ; pito, t. nombril.

INDEX.	CHAMITIQUE.
Phèrå-phèrî rôder.	pol. *pere-pere*, t.
Phèrå tour, rouleau.	pol. *perere*, t., roue, voiture.
Phìrnå tourner.	pol. *peperu*, t., *viri*, t., *vili*, h.
Phèt sédiment.	ég. *pah*, mou ; héb. *phuh*, poudre d'antimoine.
Phuï séparé, divisé.	ég. *fuh*, séparer, diviser.
Pilan ver.	pol. *pili*, a. p. lézard ; *ilo*, a. h. f. ver.
Puèh, puèhå chat.	ég. *bauî* ; ara. *bas*.
Puèhl pâturage.	pol. *puhai*, h.
Pèh, puèhå le postérieur.	pol. *pits*, a.
Rei semence.	ég. *rei* ; pol. *rits*, t.
» sable.	» »
Rôm homme (Brokpas, Tziganes).	ég. *rom*.
Remå pleurer.	ég. *rem*, *remi* ; pol. *roi-mata* « eau des yeux ».
Såf pur.	ég. *sef* ; ara. *saf*.
Såsa respiration.	ég. *ses*.
Sar chef.	ég. *sar* (sous l'Anc. Emp., avant les relations avec l'Asie).
Siagh lion.	ég. *shemå*.
Sis cheveux.	ég. *su*.
Siga perroquet.	pol. *sega*, a.
Singhnå odorer.	pol. *sogi*, a.
Singhan l'action ou l'objet odoré.	pol. *sogu*, onguent.
Skuï fil.	ég. *satu*, lin.
Ta soldat.	ég. *ta*.
Tah sous, le fond.	héb. *tahhat* ; éth. *tahet*.
Tah vigne.	ég. *tekh*.
Tåk regard, tnknå regarder.	ég. *tekh*, regarder.
Tenå pudendum muliebre.	pol. *tene*, m., masculinum.
Tångî hache.	pol. *toki*, m.
Tångî sac.	pol. *taga*, a. f.
Top chaleur.	ég. *tab*.
Tar partie, division.	cop. *tere*.
Tår fil.	pol. *tuiru* ; ara. *tarr*, cordeau.

Indien.	Chamitique.
Ṭikaḍ supporter	pol. *tabe*, m.
Thālā grand plat. . . .	pol. *amoa*, s.
Thothānā frapper. . . .	ég. et pol. *tata*, *te*, t.
Thaṭhā jeu, plaisanterie.	pol. *tatiti*, t.
Thokaṇ marteler	pol. *taki*, m.
Thorā un peu	pol. *tarari*, t.
Thūk crachat	pol. *tuka*, m. ; ég. *taf* ; éth. *tafaa*.
Tikā marque, inoculation.	pol. *tikao*, m., piquer, *tag*, s., tatouer.
Tir mât.	pol. *tira*, t.
Top couvert, *topnā* couvrir.	pol. *tapof*, t. ; ég. *teb*.
Tyun coutume	pol. *tiai*, m.
Urnā voler (oiseaux) . .	ég. *her* ; pol. *reva*, t.
Uṭhnā s'élever	ég. *ather* ; pol. *hiti*, t., se lever (le soleil).

Ce sont dans l'hindoustani 128 spécimens chamitiques, dont le nombre pourrait être considérablement augmenté. On se rappellera qu'il faudrait y ajouter encore, — tout ce que s'est annexé le sanscrit, comme l'indiquent les exemples donnés au corps de l'ouvrage (liv. IV, c. I), — tout ce que recèlent en outre les 240 langues ou dialectes de l'Inde, et que nous ne pouvons connaître, — tout ce qui a disparu par le temps et dans les révolutions d'un empire perpétuellement envahi par des races diverses.

Toutefois, les cas que nous avons choisis sont assez nombreux et frappants pour que le chamitique jadis parlé dans l'Inde soit d'une absolue certitude.

APPENDICE C

L'ÉDEN NE FUT PAS EN BASSE CHALDÉE

On achevait l'impression de ce livre, lorsque dans une Revue (1) parurent différentes notices à l'adresse de ce que nous avons développé ici et ailleurs sur le site de l'Éden. Mais la question de ce site comportant quantité d'éléments qui, autant que nous le sachions, n'ont jamais été étudiés, est restée close à l'auteur de ces notices. A la vue des deux mots Tigre et Euphrate, que la Genèse inscrit dans la description, il tombe dans la méprise vulgaire que le site doit être sur ces deux fleuves. Nous l'avons réfutée plus haut, montrant que cette thèse est en opposition flagrante avec *toutes les autres données*, dont chacune a autant d'importance que le Tigre et l'Euphrate.

Comme l'on a tenté cependant de tracer d'imagination un Éden sur leurs rives chaldéennes, nous ferons voir en peu de mots que les hypothèses rassemblées à l'appui sont on ne peut plus illusoires, et qu'un tel site est absolument erroné.

En choisissant la Chaldée pour site qui, dit-il, « ne peut être douteux » (Rev., p. 317), l'auteur sent toutefois qu'il lui sera malaisé d'y trouver

(1) *Revue biblique*, juillet 1897.

toutes les conditions de l'Éden, aussi pense-t-il qu'il ne faut s'attacher à rien de « précis », que l'on doit se « contenter d'une approximation (p. 346)…, d'une description par à peu près et à vol d'oiseau (p. 347) ». On a lieu d'être étonné ! Les indications de la Genèse sont très *précises*. Ce qui leur manque, ce n'est pas la précision, c'est d'être connues. Suivons cependant « l'à-peu-près ».

1° Il faut à l'Éden un *pays de Koush* ; aussitôt l'on affirme que ce pays de Koush est le *pays des Cosséens* (p. 345-347). Mais l'erreur est flagrante : les *Cosséens* ne sont pas le moins du monde les *Koushites.*

Voici M. J. Oppert (1) : « Il y a grande ignorance, qui existe même chez les anciens écrivains, à confondre les barbares et les brigands *Cosséens* (*Kusu* en Susiane) avec les Cissiens (Kᴀᴢᴜ), les Kassites des inscriptions cunéiformes… *Les Cosséens étaient Touraniens.* » Touraniens, les Cosséens appartenaient à une race absolument différente des Koushites et Chamites.

Et le P. Hummelauer (*in Gen.*, X, 6) : « *Cossæos auctorum Græcorum, gentem per Babyloniam, Susianam et Gordyæos montes dispersam, eosdem esse atque Cuschitas nullo alio hucusque argumento quam nominum similitudine suadebatur.* »

Arrien (2) parle de même des montagnards Cos-

<hr>

(1) *The real Chronology and the true History of the Babyloni-an Dynasties.* Dans *The Babylonian oriental Record*, April 1888, p. 118.

(2) *Expédit. d'Alexandre*, liv. VII, ch. ɪᴠ, § ɪᴠ.

séens, « nation belliqueuse et voisine des Uxiens » (en Susiane).

En un mot, il n'y a pas de *Pays de Koush* avec les *Cosséens*.

2° Il faut, en outre, un *Pays de 'Havilah*. La Genèse enrégistre deux *'Havilah*, l'un fils de Koush et *chamite* (X, 7), l'autre descendant de Sem et Jectan, et *sémitique* (X, 29). Le 'Havilah de l'Éden est naturellement, comme Koush (du pays de Koush), son père, *chamitique*. Or, l'auteur suppose dans l'Arabie du nord-est un pays de 'Havilah qui n'y existe pas du tout. Il y en a un, mais dans l'Arabie du sud-ouest, à quatre ou cinq cents lieues de là, sur les bords méridionaux de la Mer Rouge ; encore est-ce le *sémitique* descendant de Jectan (1). Et, de plus, l'Arabie du nord-est est l'Arabie *déserte*, où le *Jardin de délices* se plairait peu. Ce sont autant de conditions qui refusent aux deux fleuves un pays de 'Havilah voisin du pays de Koush.

Ainsi, vers ces fleuves, pas plus de pays de 'Havilah que de pays de Koush.

(1) Niebuhr, *Beschr* (Description) von *Arab.*, p. 270-280. — Michaelis (*Spicil.*, I, 180 ; II, 202). — Lenormant, Hist. anc. de l'Or., I, p. 280, etc. Niebuhr parcourut avec ses compagnons l'Arabie six années durant. Il constate deux districts de *Chaulan* ou *Haulan*, mais tous deux au sud-ouest, non pas au nord-est.

Quelques Juifs et Arabes pensant que par bdellium il fallait entendre les *perles*, lesquelles sont péchées abondamment dans le Golfe Persique, ont en conséquence supposé un 'Havilah sur les bords du golfe, près de Catipha et de Bahrein. Gesenius à tort les a suivis. Mais leur témoignage est considéré comme de nulle valeur.

3° Les *produits* sont d'excellents indicateurs des contrées. La Genèse voit dans l'Éden un or optime, des pierres précieuses et le bdellium. Nous avons montré dans notre *Aurore indienne* (p. 11 et s.) combien la haute antiquité reconnaissait l'abondance de l'or et des pierreries dans le nord-ouest de l'Inde. Là principalement elle se pourvoyait, et nullement en basse Chaldée. Nous nous étions alors arrêté quelque peu sur le bdellium de l'Inde (p. 65), et il le méritait ; mais nos recherches subséquentes ont apporté tant de confirmations intéressantes sur ce dernier point, que nous n'avons pu les laisser de côté. Tous les noms positifs ou termes descriptifs tirés de la littérature indienne, négligée jusqu'ici, et soutenus par les attestations anciennes, qui désignent la sphère nord-ouest indienne comme le grand marché des premiers siècles, sont pour le site indien une preuve hors ligne. On peut le voir dans l'Appendice qui suit.

Certes, la basse Chaldée était bien loin de cela. Y cherchant le parfum de prix, notre auteur ne trouve rien de mieux que de l'appeler une *résine de baume* (p. 345). Un tel vague ne conduira pas loin.

4° Les *fleuves*. A leur sujet, une donnée biblique du plus saillant caractère est remplacée dans la théorie que l'on propose par une vue entièrement différente et inadmissible. On traduit ainsi la Genèse (p. 344) : « Le Phison... qui *longe* toute la terre de 'Havilah..., le Géhon, qui *longe* toute la terre de Koush... » Et naturellement dans le commentaire que l'on fait l'erreur est répétée (p. 345).

Le texte est dénaturé. Il ne dit nullement que le Géhon et le Phison *longent* leurs pays, mais bien qu'ils les *entourent complètement, circuit omnem terram*, deux fois reproduit. Et c'est l'expression unique de l'hébreu, du grec et du latin. Mise avec intention, elle fait allusion à des vues géographiques propres à cette époque et à cette région. Tout-à-fait semblable dans les livres hindous, elle y revient sept fois pour les sept divisions que l'on suppose à la terre, sans qu'il puisse y avoir la moindre méprise sur la forme circulaire. Qu'une pareille forme gêne notre géographie, nous ne le nions pas.

D'une grande valeur en soi et pour la correspondance indo-biblique, cette particularité n'est pas de celles qu'il soit permis de falsifier. Elle contribue à indiquer comme seul site édénique l'Inde du nord-ouest, où surabondent les cours d'eau, où un détail si exceptionnel est expressément énoncé, où les habitations lacustres, c'est-à-dire *complètement entourées d'eau*, étaient très communes, ainsi que les appellations de *duipa* et *du-āb*, « deux eaux, île », comme ailleurs celles de *sen-nahar* et *naharaïn*, notre *entr'aigues*. Le rédacteur parlait comme tout le monde faisait alors.

Nous ne reviendrons pas sur le Tigre et l'Euphrate, dont il a déjà été question ici même (l. I, c. 1, § 8).

Il n'y a aucun doute : de même que la thèse du

site vers le haut Euphrate, en Arménie, ne peut se soutenir (1), de même celle vers le bas Euphrate.

1° Les *Cosséens* ne sont pas du tout les *Koushiles*.

2° De *'Havilah* vers l'Euphrate il n'y en a point.

3° Les trois rares produits n'existent au bas Euphrate qu'en très minime quantité.

4° Le bdellium, on va s'en assurer, est spécialement au nord-ouest de l'Inde.

5° Le Gehon et le Phison, au lieu de *longer* les contrées, les *entourent complètement*.

Nombre d'autres objections décisives seraient à opposer, mais nous voulons être bref.

Concluons que la thèse du bas-Euphrate est tout-à-fait erronée.

APPENDICE *D*

TRÈS NOMBREUX RENSEIGNEMENTS QUE L'INDE FOURNIT SUR LE BDELLIUM

Quoique nous ayons déjà traité du bdellium ici (p. 10) et *Aurore indienne* (p. 65 et s.), il forme sur l'emplacement de l'Éden une indication si importante et si peu connue que nous n'hésitons pas à confirmer les précédentes données par des données nouvelles, dont nous ne ferons cependant

(1) Voir plus haut, p. 40, et avec des développements *Aurore indienne*, p. 50.

qu'une simple nomenclature. Toutes sont tirées du langage des Indes (1), et tellement copieuses qu'elles présentent comme une monographie de la plante, indiquant par des noms, épithètes et qualificatifs son habitat, les tribus indiennes qui trafiquaient de son bois et de sa résine, leurs dieux, l'apparence et les propriétés de l'arbre et de son parfum, l'estime que l'on en faisait. La grande quantité de ces notions produit un étrange contraste avec l'exiguité, pour ne pas dire la nullité, de celles que l'on cherche vainement ailleurs.

Que si à ces renseignements, qu'aucune autre contrée que l'Inde ne saurait fournir, on ajoute les témoignages venus de l'extérieur, soit sur la présence, soit sur l'exportation à l'étranger, il devient évident que le bdellium de la Genèse est bien le bdellium de l'Inde, et que par conséquent ce signe place avec certitude dans l'Inde l'*Éden*, riche de la gomme si appréciée.

I. — *Témoignages en faveur de la présence du bdellium au nord-ouest indien et de ses exportations à l'étranger.*

1. L'habitat reconnu par les botanistes (Roxburgh) est la région qui s'étend entre les 34ᵉ et 35ᵉ degrés de latitude. C'est le Petit-Tibet et ses environs, ou le nord-ouest indien.

(1) Nous nous sommes servi de l'excellent lexique sanscrit-anglais de M. Monier Williams, ajoutant quelques expressions pré-aryennes et chamitiques.

2. Les Tibétains envoyaient en don du bdellium aux empereurs de Chine.

3. Les rois d'Assyrie l'exigeaient de l'Inde en tribut, et brûlaient le bois dans les solennités.

4. Au dire de Pline (1), de Dioscoride (2), d'Isidore de Séville (3), l'antiquité s'approvisionnait en Bactriane, qui confine à l'Inde du nord-ouest, et à une époque s'étendit même jusqu'à l'Indus. Le parfum en était déclaré *laudatissimum*.

5. Suivant le *Périple* érythréen (4), le bdellium était exporté du Kaboul aux ports de mer avec le *costus odoratissimus* et l'excellent nard dit *kabolitique*.

6. La *Chronique du Kashmire* (5) parle d'un bois entier d'aloès qui en conflagration parfumait au loin.

7. Les Kirâtes, montagnards de l'ouest himalayen, en étaient vendeurs, ainsi que des deux autres substances paradisiaque, l'or et les pierreries (6).

Ces témoignages se confirmeront, de la manière la plus expresse, dans les dénominations qui vont être soumises, par celles concernant les lieux où croît la substance, les peuples qui les habitent, et sont collecteurs, préparateurs et vendeurs, à savoir

(1) Pline, XII, 1-19.
(2) I, 69.
(3) *Orig.*, XVIII, 8.
(4) *Périple*, c. 48.
(5) L. IV, sl. 171.
(6) *Mahâ-bhârata, Sabha-parva*, sl. 1864 et s.

les Koushites, les Daityas, les Kumbhis, les Sindhis, les Yakshas, les Kirātes, tous reconnus *An-Arya-jas*, « non Aryas », c'est-à-dire les Autochthones Chamites.

Aussi notre nomenclature renferme-t-elle plusieurs noms hindoustanis que le sanscrit n'a pas englobés, et qui n'en remontent que plus haut, tel que *pāṭhān*, « gomme-bdellium ».

II. — *Dénominations.*

L'ARBRE

Aguru, l'arbre *Amyris Agallochum* et son bois.
Deva-vriksha, « l'arbre divin ».
Parama-dru, « le premier des arbres ».
Rājārha, « digne des rois ».
Laghu, « l'agréable ».
Man-galāguru, « l'aguru fortuné ».
Mangalyā ou *Mangalyam*, « le favorable ».
Gandha-Kāshṭha, « bois odoriférant ».
Malli-gandhi, « porte-parfum ».
Dhupāguru, « parfum d'aguru ».
Dhupārha, « parfum précieux ».
Vahni Kāshṭha, « bois à brûler » comme encens.
Dahanāguru,   id.
Dāha-Kāshṭha,   id.
Kāshṭhaka, « le bois » par excellence.
Tailāguru, « aguru à huile » de senteur.
Su-rabhi, « d'agréable odeur ».
Laghu-nāman,   id.

Vi-lepa, « onguent ».

Varshika, « le suintant ».

Katchukin, « le revêtu de résine ».

Bhṛinga-ja, « né des abeilles ».

Vāyasa, « à longue vie ».

Viçva-rûpa, « de toute figure », ou variété.

Kanaka, « le doré ».

Pîtaka, « le jaunâtre ».

Loham ou *lohita,* « le rougeâtre ».

Kālāguru, « aguru noir ».

Krishna-Kāshṭha, « le bois noirâtre ».

Kālā-gangam, « noirâtre ».

Serva-sahas, « qui porte tout ».

Jaṭayu,
Jaṭala, } allusion à certaines parties « nouées ».
Granthi-parṇa,

Vallard, « le branchu ».

Pārushya, « le dur », bois.

Kāka-tuṇḍa, « le vilain bec » (aloès ?).

Vana-chandana, « sandal des bois ».

Paṭhā, « le gommeux ».

Çiçu, « l'enfant ».

Kukkuram.

Jonga ou *jongaka.*

Kaṭārā (du Dekhan).

Kṛimi-ja, « né des vers ».

Kṛimi-jagdha, « nourriture des vers ».

LE PARFUM

Guggulu ou *Guggula* bdellium (1). Le vendeur est *guggulaka*.

Kauçika, « tenant à Kush », au nord-ouest.

Dailya-meda-ja, « né de la moelle des Daityas », peuple du nord-ouest, transformé en démons.

Kumbhinï ou *Kumbham*, peuple du nord-ouest.

Yaksha-Kardama, « pâte des Yakshas », êtres surnaturels remplaçant des hommes, gardiens des jardins et trésors du dieu Kuvera, en Kashgarie, versant nord-ouest de l'Himalaya.

Guggulu-saindhara, « guggul du Sindh ».

An-Arya-ja, « produit des non-Aryas », ou indigènes, expression collective qui établit la possession primitive par les Autochthones Chamites.

Çiva, le dieu suprême, qui est *Meru-dhâman*, « habitant du Mérou ».

Durgâ, sa femme.

Ce sont dix dénominations qui ne permettent pas de s'écarter du nord-ouest.

Les suivantes décrivent ou apprécient le parfum :

Divya, « le divin ».

Deveshta, « le désiré des dieux ».

Gandha-râja, « le roi des parfums ».

Palan-Kasha, « gomme odoriférante » (terme chamitique).

Ud dipa ou *Ud-dipra*, « l'enflammant ».

___

(1) Quelques auteurs donnent comme sanscrit un *madalaka* bdellium que le sanscrit n'a pas.

Usha, « le brûlant ».

Padma, « le lotus », auquel le bdellium est comparé.

Palâ-mahâ-shrâvani, « bel extrait ».

Mahâ-nîla-guggulu, « beau bleu guggul ».

Svarna-Kana, « grains d'or ».

Çyama, « le noirâtre ».

Kâla-nir-yasa, « gomme noirâtre ».

Kana-guggulu, « grains de guggul ».

Gandhâshtaka, « les huit parfums », mélange dont le guggul fait partie.

Bhumi-ja-guggulu, « guggul né de la terre ».

Meda-ja, « né de la moelle » ou de l'exsudation.

Majjâ-ja,　　　id.

Majjâ-rajas, « impureté de la moelle ».

Bhûta-hara, « apporté par les démons ».

Yâtu-ghna, « destructeur des Yatus », démons.

Pâţhân, « gomme » (terme chamitique).

Yavana dvishţa, « dédaigné des Grecs » (1).

Udû-Khala, « gomme de l'Ud », aloès.

Ulûkhala, donné par le sanscrit, mais certainement corruption du précédent, qui est correct.

Musla.

Pura-nâgara-musla, « bdellium de ville ».

Açâ-pura-guggulu et *açâ-pura-sambhava*, « guggul du pays ».

Myrrhe des Indes (nom commun).

En résumé : toutes les autorités, c'est-à-dire les

___

(1) Par contre, l'ail, l'oignon, le poivre étaient *Yavaneshta* et *Yavana-priya* « les chéris des Grecs ».

botanistes, les meilleurs auteurs anciens, les peuples du Tibet et de la Chine, les Assyriens, le Périple, l'opinion générale, sont d'accord que l'emplacement nord-ouest indien fut celui de la croissance spontanée et abondante du végétal, et de la grande exportation du bdellium. — Or, précisément l'Inde possède l'arbre et son précieux produit avec une richesse dont nulle autre région n'approche. Les indigènes vont jusqu'à nous livrer une armée de noms et de termes descriptifs, sur lesquels nous avons pu en prélever plus de quatre-vingts. Plusieurs tribus du nord-ouest donnant même au parfum leurs noms propres, rendent sur les lieux de provenance l'erreur impossible.

Si l'antiquité demandait la substance à cette contrée, et si elle y était réellement avec profusion, c'est donc là que se trouvait le bdellium de Moïse et de l'Éden.

Les preuves d'ordre différent mènent, au reste, à la même conclusion.

TABLE

Orléans, Imprimerie Paul Pigelet, rue Saint-Étienne, 8.

www.ingramcontent.com/pod-product-compliance
Lightning Source LLC
LaVergne TN
LVHW010859060726
842526LV00002B/520